EEN CULTUUR VAN DISCIPELSCHAP

Bouwen aan een missionaire bewging door discipelschap in de stijl can Jezus

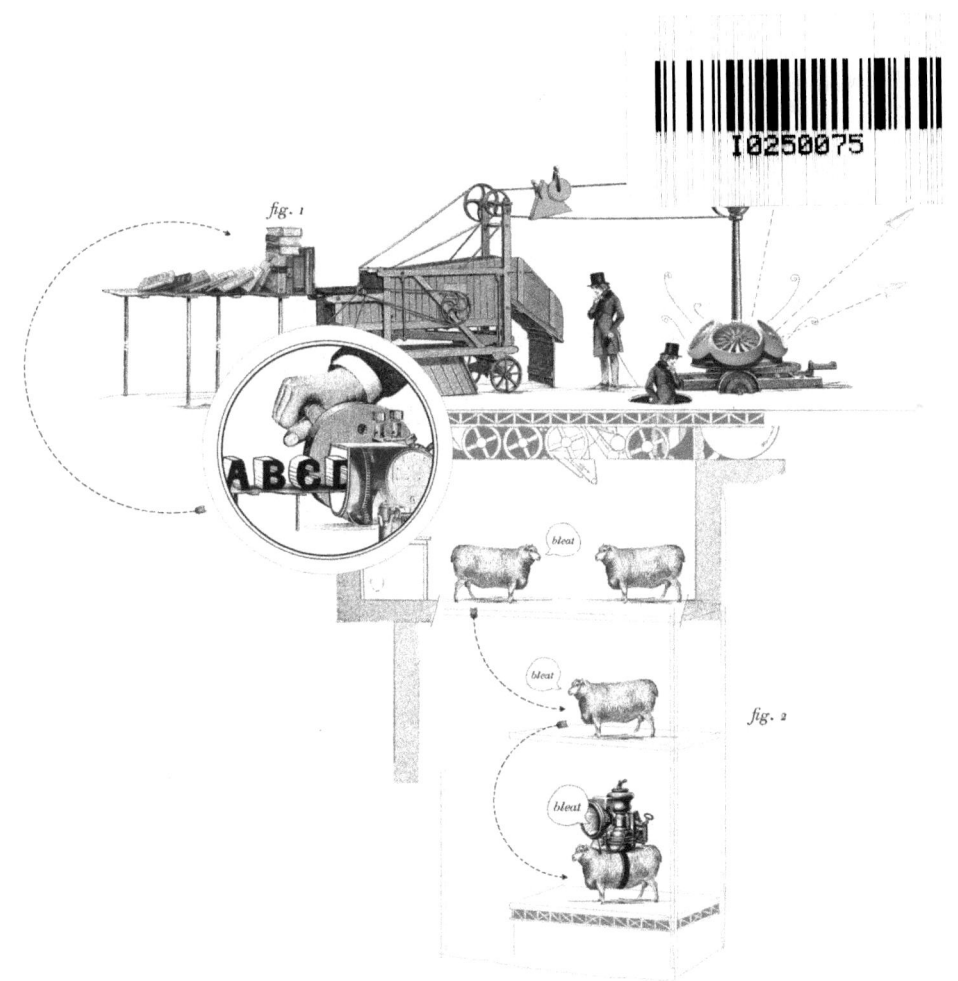

Mike Breen en het 3DM-Team

EEN CULTUUR VAN DISCIPELSCHAP
© 2011 Mike Breen
© 2013 3D Ministries International, LLC
© Nederlandse vertaling: 3DM Nederland / Nederland Zoekt

Alle rechten voorbehouden. Niets uit deze uitgave mag worden verveelvoudigd, opgeslagen in een geautomatiseerd gegevensbestand of openbaar gemaakt worden, in enige vorm of op enige wijze, hetzij mechanisch, door fotokopieën, opnamen of op enige andere manier, zonder voorafgaande schriftelijke toestemming van 3DM Nederland en Nederland Zoekt.

Alle bijbelcitaten zijn uit de Nieuwe Bijbelvertaling 2004 (NBV) tenzij anders vermeld.

Vertaling: Steven Mudde
Eindredactie: Remmelt Meijer
Deze vertaling is tot stand gekomen in samenwerking met het team van Nederland Zoekt en met hulp van vrijwilligers. De publicatie gebeurt in nauwe samenwerking met 3DM Europe en 3DM Publishing.

Oorspronkelijke titel: *Building a Discipling Culture. How to release a Missional Movement by discipling People like Jesus did.*

Vormgeving omslag: Blake Berg, 3DM
Vormgeving binnenwerk: Pete Berg, 3DM

3e druk 2017
ISBN 978-90-821020-0-0

INHOUD

Verlangen voor Nederland i

Deel 1 Discipelschap

    De uitdaging 3

    Jezus' voorbeeld 7

    Hoe wij leren 13

    Bouwen aan een discipelschapscultuur 25

Deel 2 Leervormen

    Taal creëert cultuur 33

    Geestelijke doorbraak 41

    Diepere relaties 53

    Levensritme 69

    Leven vermenigvuldigen 81

    Persoonlijke roeping 95

    Het ultieme gebed 111

    Geestelijke gezondheid 121

    Missie door relatie 133

Deel 3 Huddels

    Sectie 1: Sleutelbegrippen 147

    Sectie 2: Startgids 157

    Sectie 3: Samenvattend voorbeeld voor huddels 169

Appendix 1 189

Appendix 2 195

Vertaling van kernwoorden. 207

VERLANGEN VOOR NEDERLAND

Bouwen aan een cultuur van discipelschap. Dit is volgens mij een belangrijk thema en een uitdaging voor de brede christelijke gemeenschap op dit moment. Discipelschap begint bij mensen zoals jij en ik. Als Paulus zegt: "volg mij na, zoals ik Christus navolg" (1 Korinthe 11:1), dan schetst hij daarmee waar het om gaat in discipelschap. Christus navolgen op zo'n manier dat het uitnodigend is naar anderen om jou na te volgen. Dat is tegelijk confronterend! Is mijn leven het navolgen waard?

Gelukkig mag ik die vraag beginnen bij wie ik mag zijn door Gods liefde. Ik mag geloven dat God de Vader mij aanneemt tot zijn kind. Vanuit dat geliefd zijn, word ik in beweging gezet.

Volgens Mike Breen zit de kern van discipelschap in twee vragen: Wat maakt God mij duidelijk en wat ga ik als reactie hierop doen? Hij baseert dat op de tekst uit Marcus 1:15 waar Jezus zegt: "De tijd is aangebroken, het koninkrijk van God is nabij, kom tot inkeer en hecht geloof aan dit goede nieuws". Dit heeft te maken met eerlijk kijken naar jezelf en dat vervolgens spiegelen aan wat Gods bedoeling is met je leven. Steeds opnieuw ontdekken hoe hij spreekt door de Bijbel, door het gebed, door omstandigheden, advies van anderen of op een bijzondere manier. En als reactie daarop ook daadwerkelijk gaan doen.

Veel mensen willen verder met het christelijk geloof. Meer ontdekken, ervaren, doen. Omdat ze geraakt zijn door het goede nieuws van Jezus tijdens cursussen of door hun eigen levensgeschiedenis heen. Toch is de vraag die zo vaak blijft hangen: hoe breng ik dat in de praktijk?

Juist op dat punt biedt dit boek van Mike Breen handvatten om persoonlijk en vooral samen met anderen te leren leven

> **IK MAG GELOVEN**
> **dat God de Vader mij aanneemt tot zijn kind. Vanuit dat geliefd zijn, word ik in beweging gezet.**

als discipel van Jezus. Hij verbindt waarden met eenvoudige leervormen die helpen om processen in je eigen leven of in de gemeenschap te herkennen. Die helpen om onbalans in je leven te ontdekken.

Naast waarden reikt Breen instrumenten aan. In dit boek is er extra aandacht voor de huddel, omdat juist dat bij de bouw van een cultuur van discipelschap een krachtig middel kan zijn. Dat is voor ons Nederlanders een wat nieuw middel, ook al zullen onderdelen wel herkenning oproepen. De huddel bevat elementen van wat wij kennen als supervisie, intervisie en coaching. Het biedt een veilige plek, waar mensen er zelf voor kiezen aanspreekbaar te zijn op hun leven en de keuzes die ze maken. Neem eens de tijd om dit voertuig te bekijken en er proef mee te rijden.

De doelgerichte inzet van de huddel in de christelijke gemeente is naar mijn mening een sleutel om te komen tot een cultuur van discipelschap. Dat komt met name doordat steeds de verbinding met 'boven' gemaakt wordt. Want steeds komen weer die twee vragen naar voren waarmee we vanuit Gods perspectief naar ons eigen leven en naar onze verantwoordelijkheden kijken: wat maakt hij duidelijk en wat ga ik als reactie daarop doen?

De schrijvers van dit boek zijn soms wat directief als het gaat om hoe de huddel functioneert. Dat kan wat on-Nederlands aanvoelen. Toch is mijn ervaring dat het echt een meerwaarde heeft om eerst gewoon aan hun hand mee te lopen. Eerst ontdekken hoe en waarom ze de huddel zo opzetten, wat de dynamiek is en het effect. Het mooiste is het als je zelf een huddel kunt ervaren door mee te doen in een groep met een ervaren huddelleider.

In de opstartfase is het goed om gericht mensen uit te nodigen om samen te ontdekken wat een huddel is. Mensen die zelf willen ontdekken en op hun beurt potentiële leiders zijn voor volgende huddels. Want een belangrijke vrucht van een goede huddel is nieuwe leiders. Wat ik zelf steeds meer ontdek is dat de huddel een voertuig is voor leiders van middelgrote en kleine groepen. Juist vanuit de huddels gaan mensen met een open en lerende houding leiding geven aan degenen die hen worden toevertrouwd. Door gestructureerd bezig te zijn met karakter, met vaardigheden en met geloof, komt er geestelijke groei in de groepen en in het persoonlijk leven van de deelnemers.

Dit boek is los verkrijgbaar en waardevol voor elke lezer en het is onderdeel van een breder aanbod vanuit een leergemeenschap die ook in Nederland wordt aangeboden. Mike Breen was jarenlang werkzaam in de praktijk als voorganger van kleine en grotere gemeenten. De afgelopen jaren beschreef hij dat waarin hij 'onbewust bekwaam' was geworden. Hij nam daarom in Europa en Amerika het initiatief voor leergemeenschappen om zo de visie, waarden en praktijkinzichten beschikbaar te maken voor een bredere groep.

Het doel hiervan is gemeenten, parochies, missionaire initiatieven en organisaties meerjarig te ondersteunen. Op basis van deze opzet starten Nederland Zoekt elk jaar een 2-jarige leergemeenschap. Bedoeld voor teams die lerend aan de slag willen in hun eigen plaats, kerk en context. Tientallen teams doen al mee in dit leerproces. Ze gaan geleidelijk bouwen aan een cultuur van discipelschap en aan leiderschap dat ontstaat vanuit discipelschap. Zodat een gezond fundament ontstaat voor gemeenschappen die leven in verbonden-heid met God, elkaar en de wereld waarin we leven.

Dit boek is geen uitputtend theologisch werk over discipelschap. Het is een boek dat ontstaan is vanuit een combinatie van praktijk en bijbellezend en ontdekkend en bezig zijn. Naast dit boek verschijnen titels over huddels, leiderschap, missiegemeenschappen en het leiden van een beweging. Het betreft allereerst vertalingen van Engelse boeken en gaandeweg willen we ook delen van wat er in Nederland ontwikkeld wordt vanuit deze principes.

Veel mensen hebben de afgelopen jaren gehoord over *'missional communities'* of missiegemeenschappen zoals we ze in Nederland noemen. Ik denk dat middelgrote gemeenschappen een groeps-grootte vertegenwoordigen die van betekenis kan zijn in de Nederlandse context. Groepen van 20-40 personen die als een uitgebreide familie met elkaar optrekken, die een concrete missie omarmen voor een geografisch gebied of een specifieke doelgroep en die zelf weer bestaan uit kleinere groepen. Dit is niet een nieuw model, maar eigenlijk een ontbrekende groepsgrootte. Dat is theologisch en sociologisch ook goed te onderbouwen en het is een groepsgrootte die ook daadwerkelijk effect kan hebben. Dat is ook in de praktijk te zien, in Engeland en ook gaandeweg in Nederland.

Toch wil ik onderstrepen dat de missiegemeenschappen niet gaan werken als het wordt opgezet als losse activiteit. Ze zijn een effect van discipelschap. Ik hoop dat je als lezer iets proeft van het verlangen, de droom die hier achter zit. Het waren maar 11 vertwijfelde leerlingen die een opdracht van Jezus kregen om leerling te zijn en anderen tot leerlingen te maken. Een opdracht die zich als een beweging ging verspreiden over de toenmalige wereld. Wat kan de impact zijn op Nederland?

Ik droom van de impact op de samenleving, doordat mensen als leerlingen van Jezus leven: eenzaamheid die wordt doorbroken, niemand die te kort heeft, vrijheid voor mensen die gebonden zijn, herstel van relaties, verbinding tussen culturen. Is het christelijke geloof echt goed nieuws? Geeft het inderdaad nieuw perspectief?

> **IK DROOM VAN**
> **de impact op de samenleving, doordat mensen als leerlingen van Jezus leven: eenzaamheid die wordt doorbroken, niemand die te kort heeft, vrijheid voor mensen die gebonden zijn, herstel van relaties, verbinding tussen culturen.**

Ik proef verlangen bij allerlei mensen, kerken, parochies, organisaties om in beweging te komen en te ontdekken hoe we kunnen aansluiten bij wat God al aan het doen is. Een groot verlangen dat begint als een mosterdzaadje, dat begint bij mensen die de stem van God gaan verstaan en daar ook naar handelen.

Rudolf Setz
Nederland Zoekt / 3DM Nederland

DEEL 1
DISCIPELSCHAP

HOOFDSTUK 1
DE UITDAGING

In de westerse wereld wordt het christelijk geloof gewoonlijk bediscussieerd, ervaren en bekeken op manieren die niet de onze zijn. En, zoals je weet, leiden al die dingen waar we het over oneens zijn regelmatig tot verhitte discussies.

Protestants. Conservatief. Evangelisch. Postmodern. Emerging. Neo-gereformeerd. Neo-orthodox. Fundamentalistisch. Neo-monastisch. Zoeker-gericht. Bijbelgetrouw. Charismatisch. En zo kunnen we doorgaan.

Er zijn talloze zaken die ons scheiden: theologisch, filosofisch en praktisch. Soms heel reëel en belangrijk.

Ondanks al die dingen die ons scheiden, kunnen we niet ontkennen dat we allemaal voelen en waarnemen dat er enorme veranderingen plaatsvinden in de wereld van vandaag. Hoeveel ons ook scheidt, dit is een ervaring die we delen.

Onlangs lieten we een onderzoek doen om tot de kern van deze kwestie door te dringen. Ons doel was niet om te achterhalen wat ons scheidt. We wilden onderzoeken welke ervaringen we als orthodox-christelijke leiders samen delen. Wat zijn de vragen die ons verenigen?

Meer specifiek: los van denominatie, bijbeluitleg, theologie en praktijk, wat zijn de dingen waarvan orthodox christelijke leiders 's nachts wakker liggen?

We wilden geen nieuwe belijdenis schrijven die iedereen zou steunen. We zochten naar iets fundamenteels, iets zo intens emotioneel dat het ons verbindt. Welke vragen zijn zo reëel, zo enorm verontrustend en maken ons zo bezorgd, dat ze dwars door de dingen heen gaan die ons normaal van elkaar scheiden?

Wat zijn de vragen waar we 's nachts allemaal van wakker liggen?

Wat we vonden is niet bijster verrassend, maar de unanimiteit waarmee de vragen gesteld werden, was ongelofelijk. Dit zijn de vragen:

- Hoe ziet de kerk van de toekomst eruit?
- Hoe bereiken we mensen die Jezus niet kennen?

Terwijl we zochten, vragen bleven stellen en bundelden wat we hoorden, kwam er een andere vraag naar boven.

Het was de vraag waar mensen constant tegenaan liepen, maar niemand stelde hem expliciet. Terwijl hun woorden juist aangaven dat dit de vraag was, die beantwoord moest worden. Het is de vraag die niet gesteld is en niemand had de moed om hem te stellen. Het is de vraag waarvan niemand wil toegeven dat hij het antwoord niet weet.

Het is de vraag waar al het andere vanaf hangt.

Het antwoord leidt naar de toekomst van de kerk. Het antwoord leert ons hoe we mensen kunnen bereiken die Jezus niet kennen. Het antwoord is alles.

En toch hebben we ons nog niet gerealiseerd dat dit de vraag is die gesteld moet worden. Of we weten het wel, maar kunnen hem niet over onze lippen krijgen. Het is bijna gênant om de vraag te stellen. Zouden we het antwoord niet allang moeten kennen? Wij zijn toch de meest ontwikkelde mensen die ooit geleefd hebben? Waarom worstelen we met deze vraag en waarom kunnen we hem niet goed beantwoorden?

Dit is *de* vraag:

Hoe maken we tot discipelen?

ER IS GEEN 'PLAN B'

Het probleem is dat de meesten van ons zijn opgeleid en getraind om de organisatie van de kerk te bouwen en te dienen. We zijn niet getraind om discipelen te maken. Opleidingen, bijscholing en trainingen leren ons hoe we vrijwilligers moeten werven, de structuur in de kerk op orde brengen, preken en nieuwe mensen binnenhalen. We zien om ons heen het christendom afbrokkelen en het kerkelijk landschap is voorgoed veranderd. Daarbij worden we sterk bewust dat de meesten van ons zijn opgeleid voor een wereld die niet langer meer bestaat.

Maar de roep om discipelen te maken blijft bestaan. Dat verandert niet en dooft niet uit. Maak discipelen.

Hier gaat het om: als je mensen tot discipelen maakt, krijg je altijd de kerk. Maar als je doel de kerk is, krijg je zelden discipelen.

De meesten van ons zijn goed geworden in het bouwen aan de kerk. Toch is het enige waarin Jezus geïnteresseerd is dit: discipelen. Jezus telt niet de aanwezigen, gebouwen of budgetten, hij telt de discipelen. Wij dienen en leiden kerken, waar zondagochtend honderden of zelfs duizenden mensen komen. Maar we zullen deze vraag eerlijk moeten beantwoorden: ziet het leven van deze mensen eruit zoals het leven van de mensen in de Bijbel? Zijn wij goed in het samenbrengen van veel mensen op zondagmorgen of zijn we goed in het voortbrengen van het soort mensen waar je in de Bijbel over leest? Hebben we ons idee van een discipel veranderd in iemand die meedoet aan onze activiteiten, geld geeft en de armen voedt?

Effectief discipelschap bouwt de kerk en niet andersom. We moeten inzien dat de kerk het *gevolg* is van discipelschap en niet de *oorzaak* ervan. Als je de kerk bouwt, is het zeer de vraag of je discipelen maakt. De kans is groter dat je consumenten creëert, die afhankelijk zijn van de spirituele diensten die religieuze professionals aanbieden.

Tegenwoordig is één van de toverwoorden 'missionair'. We willen missionaire kerken, missionaire activiteiten en missionaire huisgroepen.

Maar het probleem in de westerse kerk is geen missionair probleem. We hebben een probleem met discipelschap. Als je goed weet hoe je mensen tot discipel moet maken, zul je altijd missionair zijn. Altijd. Ergens onderweg hebben we missionair-zijn gescheiden van discipel-zijn. Alsof het een van het ander te scheiden is. Voorgangers vonden dat de kerk niet meer naar binnen gericht moest zijn. Ze stopten met investeren in hun eigen mensen, zodat ze zich konden focussen op mensen buiten de kerk.

Natuurlijk, we moeten gericht zijn op mensen die Jezus nog niet kennen. Jezus zelf gaf ons het model ervoor: discipelen maken. Als je weet hoe je discipelen moet maken, zul je mensen bereiken die Jezus nog niet kennen. Dat is nu eenmaal wat discipelen doen. Dat is Jezus' hele plan. De toekomst van de kerk ontstaat daar waar discipelen zich in hun dagelijks leven laten vormen en leiden door de Heilige Geest.

Het begint allemaal met discipelen maken.

> **ALS JE MENSEN tot discipelen maakt, krijg je altijd de kerk. Maar als je doel de kerk is, krijg je zelden discipelen.**

> **WE HEBBEN GEEN missionair probleem. We hebben een probleem met discipelschap.**

Jezus heeft je niet geroepen om de kerk te bouwen. In feite noemt hij de kerk maar twee keer in de evangeliën. Eén keer gaat het over conflictoplossing. En de andere keer? Dan zegt *hij dat hij zijn kerk bouwt.* Onze taak, onze enige taak, de laatste aanwijzing die hij ons gaf, is dat we discipelen maken. En van daaruit ontstaat de kerk. Van daaruit ontstaat de toekomst van de kerk en komt er een missionaire geestdrift zoals we die nog nooit gezien hebben.

We willen je in dit boek de basislessen geven over hoe je mensen discipelschap leert, lessen die we zelf in de afgelopen vijfentwintig jaar geleerd hebben. Wij hebben ze geleerd in de smeltkroes van post-christelijk Europa. Onze ideeën en praktijk hebben zich gevormd op plekken waar maar 1% van de mensen een kerk bezocht, en daar lag het begin van een missionaire revolutie. Keer op keer hebben we ontdekt dat als je mensen discipelschap leert, het altijd tot missie leidt. We hebben het gezien in Europa, Afrika, Zuid-Amerika, Azië en de Verenigde Staten. Jezus' model om te zorgen dat de hemel op aarde losbreekt, dat het koninkrijk van God in gemeenschappen groeit, dat hij het met de wereld in orde maakt en dat mensen christen worden, is discipelschap. Punt. Dat was zijn volledige ideaal. Dus als je vooral bekeerlingen, gebouwen of budgetten telt, dan tel je niet wat Jezus telde, en je telt niet wat de wereld zal veranderen: discipelen.

We willen duidelijk zijn: We zeggen niet dat dit de enige manier is en zelfs niet de beste manier om discipelen te maken. Deze methode heeft voor ons gewerkt. Het heeft ons gevormd en geleerd om leerlingen van Jezus te zijn en het is nu succesvol in het vormen en veranderen van gemeenschappen wereldwijd. Het is geen perfect systeem, omdat perfecte systemen niet bestaan (en dat is des te meer waar, wanneer je je realiseert dat discipelschap een relatie is tussen gebroken mensen en een genadige God!). We bieden dit boek in alle bescheidenheid aan als een hulpmiddel om vooruit te komen en opnieuw de Grote Opdracht om discipelen te maken serieus te nemen.

HOOFDSTUK 2
JEZUS' VOORBEELD

Monty Roberts bracht het grootste deel van zijn jeugd door met het bijeendrijven van wilde paarden op de hoogvlaktes van de Verenigde Staten. Hij zag hoe zijn agressieve vader de nieuwe paarden aan een paal vastbond en opjoeg met een deken, zodat ze probeerden weg te rennen. Door dit uren en uren te doen, brak zijn vader de wil van het paard en kon hij ermee doen wat hij wilde. Monty zag ook een andere populaire manier om paarden te temmen. Het paard werd vastgebonden aan een boom of paal en geslagen totdat hij volledig gehoorzaamde.

Terwijl hij dit zag, bedacht hij dat er een andere manier moest zijn om paarden te temmen. Effectiever en met meer compassie.

Dus ging hij de vlakte op.

Monty observeerde de manier waarop wilde paarden met elkaar communiceerden. Hij lette speciaal op de positie van de leidende merrie als een nieuw paard bij de kudde wilde horen. Wanneer een jonge hengst de kudde benaderde, draaide de leidster zich naar hem toe, legde haar oren in haar nek en keek hem recht in zijn ogen: de taal en houding van uitdaging. De jonge hengst bleef dan staan en nam de houding van een jong veulen aan, krabbelde wat op de grond en boog in onderwerping. Daarop draaide de merrie haar flank naar hem toe en zette haar oren overeind: een uitnodiging. Haar houding was een krachtige vorm van kwetsbaarheid. Ze liet de hengst toe tot dat deel van haar lichaam dat roofdieren altijd zouden aanvallen. Ze was kwetsbaar en open.

Het jonge veulen accepteerde de uitnodiging en kwam dichterbij.

Dan draaide de merrie zich weer naar hem toe, legde haar oren plat in haar nek en keek hem recht aan: opnieuw uitdaging.

Dit spel van uitnodiging en uitdaging herhaalde zich totdat de twee elkaar aanraakten in de climax van het proces, de *join-up*. Vanaf dat moment werd de jonge hengst geaccepteerd in de kudde.

Monty begon te onderzoeken of hij dit proces ook kon gebruiken in het trainen van paarden. Hij ontdekte dat als hij de houding van de merrie aannam, de paarden zich onderwierpen. Als hij zijn zij naar hen toedraaide, schoven ze dichterbij.

Vandaag de dag kan Monty zelfs de meest mishandelde paarden in enkele minuten trainen. Het is een prachtig proces om te zien.[1] De agressieve methode van zijn vader staat in schril contrast met deze vriendelijke manier van 'paarden fluisteren'.

UITNODIGING EN UITDAGING

Laten we een stap terug doen en bedenken waartoe Jezus in staat was: in minder dan drie jaar heeft hij een groep mannen tot discipelen gemaakt, waarvan de meesten door niemand anders zouden zijn uitgekozen. Hij leerde ze om te DOEN en te ZIJN zoals hij. Op zo'n manier, dat toen ze de wereld in werden gezonden, ze de geschiedenis van de mensheid voor altijd hebben veranderd.

Hoe heeft Jezus dat gedaan? Zijn discipelen werden niet gebroken en gingen er niet vandoor. Hoe kwam het dat zijn uitdaging hen niet totaal overweldigde?

Simpel gezegd: als het om discipelschap gaat, was Jezus de ultieme 'paardenfluisteraar'. Jezus ging zo met hen om dat er een discipelschapscultuur ontstond met de juiste mix van uitnodiging en uitdaging. Dit wordt prachtig geïllustreerd in Matteüs 16 als aan Petrus wordt geopenbaard dat Jezus de Zoon van God is:

> *Daarop zei Jezus tegen hem: 'Gelukkig ben je, Simon Barjona, want dit is je niet door mensen van vlees en bloed geopenbaard, maar door mijn Vader in de hemel. En ik zeg je: jij bent Petrus, de rots waarop ik mijn kerk zal bouwen, en de poorten van het dodenrijk zullen haar niet kunnen overweldigen.*
> *Matteüs 16:17-18*

Door Petrus te bevestigen nodigt Jezus hem uit om dichterbij te komen. Maar Jezus gaat verder dan dat. Jezus geeft hem de naam 'rotssteen' (Petrus, vertaald vanuit het Griekse

---

[1] WheatonGuy18. "Monty Roberts Horse Whispering." YouTube. 11 April 2011

woord *petra*, betekent 'kleine rots'). Aan het eind van de Bergrede, in de gelijkenis van de wijze en de dwaze bouwer, verwijst Jezus naar zichzelf als de *petra*, de 'grote rots'. Jezus is de grote rots; Petrus is de kleine rotssteen. Jezus deelt zijn verbondsidentiteit als partner van God met Petrus. Petrus heeft nu dezelfde relatie met de Vader als Jezus met zijn Vader heeft en Petrus wordt uitgenodigd in een diepere relatie met Jezus. Dat gaat zo ver dat aan hem de sleutels van het koninkrijk worden aangeboden en hij toegang krijgt tot Jezus' autoriteit en kracht. Het moet een fantastisch moment voor Petrus zijn geweest.

En toch, een paar verzen later, nadat Petrus Jezus apart heeft genomen om te zeggen dat Jezus niet meer moet praten over zijn sterven in Jeruzalem, wordt Petrus enorm uitgedaagd.

> *Maar Jezus keerde hem de rug toe met de woorden: 'Ga terug, achter mij, Satan! Je zou me nog van de goede weg afbrengen. Je denkt niet aan wat God wil, maar alleen aan wat de mensen willen.'*
> *Matteüs 16:23*

Keer op keer zien we Jezus in de evangeliën optreden als een klassieke paardenfluisteraar. Hij nodigt zijn volgelingen uit tot een intiemere relatie met hem en daagt hen tegelijkertijd uit als het gaat om hun foute of ongezonde gedrag. Hij brengt zijn discipelen dichterbij zichzelf. Hij hield van ze, maar gaf ze ook de kans om de verantwoordelijkheden op zich te nemen die bij discipelschap horen.

> *Toen zei Jezus tegen zijn leerlingen: 'Wie achter mij aan wil komen, moet zichzelf verloochenen, zijn kruis op zich nemen en mij volgen. Want ieder die zijn leven wil behouden, zal het verliezen, maar wie zijn leven verliest omwille van mij, zal het behouden.*
> *Matteüs 16:24-25*

'Uitnodiging' wil zeggen dat je uitgenodigd wordt een relatie aan te gaan met iemand. Hierdoor krijg je toegang tot iemands leven met alle levendigheid, veiligheid, liefde en bemoediging die daarin meekomen. Je kunt alleen leren van de momenten waarop Jezus aan het werk is in iemands leven, als je ook toegang hebt tot die momenten. Maar door de uitnodiging hiertoe aan te nemen, accepteer je ook de uitdaging om te leven vanuit je identiteit als zoon of dochter van de Koning.

De cultuur die Jezus creëerde voor zijn discipelen om in te functioneren en groeien, was er één die zowel zeer uitnodigend als zeer uitdagend was. Als wij een cultuur van discipelschap willen bouwen, zullen we een goede balans tussen

> **JEZUS CREËERDE een cultuur die zowel zeer uitnodigend als zeer uitdagend was.**

uitnodiging en uitdaging moeten vinden. Jezus leidde zijn discipelen constant rond in wat wij het 'leiderschapsvierkant' noemen (zie hoofdstuk 8).

In de kern gaat effectief leiderschap over een uitnodiging tot relatie en een uitdaging om te veranderen. Een goede discipel nodigt mensen uit in een verbondsrelatie met hem of haar en daagt hen op zeer directe en genadige manieren uit om vanuit hun ware identiteit te leven. Als deze twee dynamieken niet samen opgaan, zul je mensen niet zien groeien naar de personen zoals God ze bedoeld heeft.

Wij gebruiken de volgende matrix om leiders inzicht te geven in de culturen die we in onze kerken creëren:

	veel uitnodiging	
weinig uitdaging	Predikanten kwadrant 'knusse cultuur'	Discipelschapskwadrant 'groeicultuur'
	Saaie kwadrant 'apathische cultuur'	Discipelschapskwadrant 'ontmoedigende cultuur'	**veel uitdaging**
	weinig uitnodiging	

Deze matrix maakt duidelijk waarom het ons zo veel moeite kost om de mensen in onze kerk discipelschap te leren. Voor veel kerken geldt dat ze het hun leden zo aangenaam mogelijk willen maken. Ze hebben het vermogen verloren om mensen op betekenisvolle manieren uit te dagen. Uitdaging komt wellicht vanaf het podium of de preekstoel. Maar mensen worden het beste uitgedaagd binnen de context van persoonlijke relaties.

Wij zijn in staat om een lastige preek aan te horen om vervolgens te besluiten er niets mee te doen. Dat er gepreekt is over vergeving, betekent niet dat er ook iemand is die ons erop bevraagt of we ook daadwerkelijk iemand die week erop vergeven. Als we het niet doen, zal niemand dat weten of er iets van zeggen. We worden wel uitgenodigd, maar kunnen met de boodschap doen wat we willen.

Dit geldt ook voor de meeste kleine groepen. Ze zijn goed in het creëren van gemeenschap en een veilige en fijne omgeving, maar niet in het bieden van uitdaging. Van groepsleiders wordt verwacht dat ze de groep zo leiden dat mensen, die nieuw zijn (en misschien nog geen christen) zich meteen thuis voelen. Welke nieuwkomer zou zich veilig voelen als hij een groep binnenstapt waar de leider hem constant uitdaagt? Een nieuwkomer heeft zijn *commitment* voor een dergelijke relatie nog helemaal niet gegeven.

Ondertussen zeggen veel kerken: 'Discipelschap vindt plaats in onze kleine groepen.' Helaas missen de meeste van hun kleine groepen het hoofdingrediënt als het gaat om discipelschap: uitdaging. We zeggen niet dat kleine groepen onbelangrijk zijn, alleen dat ze niet erg goed zijn in het creëren van een discipelschapscultuur zoals de Bijbel daarover spreekt.

Dit is ons punt: als we een knusse, uitnodigende en veilige kerk hebben, dan zal iemand daar de prijs voor moeten betalen. Tegenover de grote groep mensen, die zich in de kerk thuis voelt, staat een ander deel dat alle verwachtingen moet waarmaken en die atmosfeer constant moet creëren: kerkleiders, voorgangers, staf, oudsten, diakenen, bestuur, vrijwilligers. Hoe het ook maar heet in jouw kerk. Meestal doet 15-20% van de mensen het grootste deel van het werk. Zij voelen zich extreem uitgedaagd en bijna niet uitgenodigd. Waar ontvangen zij bemoediging en rust en wordt er in hen geïnvesteerd? Elke week moeten ze weer beter presteren dan de week ervoor. Zij zijn ontmoedigd, gefrustreerd en gestrest. Burn-out komt veel voor en er is een hoge mate van doorstroming.

Het maakt eigenlijk niet uit tot welk van deze twee kwadranten je behoort. Geen van beide is de ideale manier waarop Jezus wil dat je mensen leidt. Door het werken met duizenden kerkleiders over de hele wereld, weten we één ding zeker: er is niemand die per ongeluk een discipelschapscultuur heeft ontwikkeld zoals Jezus dat deed.

Niemand maakt per ongeluk discipelen. Discipelschap is een doelbewust streven.

Het leren balanceren tussen het uitnodigen en uitdagen van de mensen die we discipelen, is moeilijk, maar ook buitengewoon de moeite waard. Als je mensen wil bevrijden uit de klant/dienstverlener-relatie die in de kerk gegroeid is, dan moet je deze balans zien te vinden. Ga er vanuit dat je af en toe valt, richt je op 'weinig controle, veel aanspreekbaarheid' en investeer alles wat je hebt in het opbouwen van proactieve leiders.

G.K. Chesterton zei ooit: "Als iets de moeite waard is om te doen, dan is het de moeite waard om erin te falen." Niemand is geboren als een groot discipel. Het kost tijd en moeite. Je bent vanaf het eerste moment beter in één van beiden: uitnodigen of uitdagen en zult dus de andere kant moeten leren. Omdat discipelschap zo waardevol is, is het de moeite waard erin te investeren en beter te worden op de lange termijn.

> **NIEMAND MAAKT per ongeluk discipelen. Discipelschap is een doelbewust streven.**

Samengevat: bouwen aan een discipelschapscultuur is de enige manier om het soort gemeenschap te zien groeien dat Jezus en de schrijvers van het Nieuwe Testament zouden herkennen als kerk. Een dynamisch en levend organisme met bekwame leiders, een authentieke gemeenschap die vol is van het leven van God, een gemeenschap waar harten open staan voor God, voor elkaar en voor een wereld in nood.

HOOFDSTUK 3
HOE WIJ LEREN

Een kernpunt van discipelschap is de betekenis van het Griekse woord voor 'discipel': *mathetes*. Letterlijk vertaald betekent het *leerling*. Waar het vooral om lijkt te gaan, is dat we ons leven zodanig inrichten dat we ons *leven lang leren van Jezus*. Het is een bevrijdende gedachte dat we door de tijd heen en met hulp van Gods Geest ons Jezus' manier van leven kunnen eigen maken; de dingen doen die hij deed en worden zoals hij is. Maar de Bijbel zegt niet dat het ons komt aanwaaien.

Als je je verdiept in onderwijskunde, is het uiterst fascinerend om te zien hoe we als mensen leren. Nog interessanter is het om te zien dat deze leermethoden keer op keer in de evangeliën terugkomen.

Er zijn drie manieren te onderscheiden en we leren het beste als ze alle drie gecombineerd worden.

1. Door instructie leren
2. Praktisch leren
3. Natuurlijk leren

Door instructie leer je in het klassieke schoolsysteem, waarbij informatie overgedragen wordt van een leraar op een leerling. Bij praktisch leren kijkt een leerling de kunst af bij iemand, die al gevorderd is en krijgt hij of zij de kans om het zelf ook te proberen. Bij natuurlijk leren gaat iemand op in een nieuwe omgeving of cultuur en leert intuïtief door wat hij ziet en ervaart.

Leren in een schoolklas is gebaseerd op het doorgeven van feiten, gedachten, processen en informatie.

Een leraar literatuur op een Engelse middelbare school wil dat zijn leerlingen James

Joyce begrijpen als ze zijn *Ulysses* lezen, en dus leert hij ze welke verhaaltechniek Joyce gebruikt. De biologieleraar wil dat zijn leerlingen weten hoe energie ontstaat op celniveau. Dus legt hij uit wat de verschillende onderdelen van een cel zijn en richt zich speciaal op het mitochondrium.

Deze leermethode is ons allemaal bekend, wij zijn ermee opgegroeid. De theorie wordt door de leraar uitgelegd zodat de leerlingen er wat van leren.

We kennen ook de beperkingen van deze leermethode.

Stel dat je een leerling-loodgieter bent. Je hebt uren in de klas gezeten en alles geleerd over leidingsystemen, lekkende gootstenen en verstopte leidingen. Dan is er nogal een verschil tussen weten hoe je een leiding moet repareren en het daadwerkelijk doen. Op een gegeven moment is het kennen van de theorie niet meer genoeg.

Daarom is een leertijd zo belangrijk in het leerproces.

Je repareert niet zomaar een gootsteen door erover te lezen; je moet de kans krijgen om te oefenen en het lukt je waarschijnlijk niet in één keer zonder hulp. Daarom hebben allerlei beroepen hun eigen trainingsmethode. In de kern zeggen ze daarmee: "Als je wilt leren om dit te doen, dan heb je iemand nodig die het je voordoet. Informatie is belangrijk, abstracte theorieën en concepten zijn zeer behulpzaam, maar het moet uiteindelijk gaan werken in de echte wereld."

En daarom hebben we meester-loodgieters en senior-adviseurs. Aankomende artsen gaan niet alleen naar de universiteit, maar de route gaat ook verder via co-assistentschappen. Daarbij worden ze begeleid door artsen die zich al verder hebben ontwikkeld. Gelukkig maar — wij worden liever niet geopereerd door iemand die alleen boeken gelezen heeft.

Een creatieve vriend van ons werkt bij een reclamebureau en moest daarvoor naar een filmschool in Los Angeles. De manier waarop hij leerde om te filmen en het materiaal te bewerken, was door met een ervaren iemand samen te werken. Hij had zich ook zes maanden lang kunnen opsluiten in een kamer met het videoprogramma Final Cut Pro, een beetje Red Bull en een handleiding. Maar uiteindelijk was voor hem de beste manier om te leren door mee te lopen met iemand die ervaren was.

Als we willen leren hoe we iets moeten doen, zoeken we iemand die het al kan en zorgen we dat hij ons gaat leren hoe hij het doet.

In feite is een leertijd een kwestie van *investeren*. Iemand investeert zijn tijd, energie, vaardigheden en leven in ons en leert ons wat hij al kan.

De derde manier waarop we leren volgens onderwijskundigen en sociologen is natuurlijk leren door onderdompeling.

Als je het begrip onderdompeling wilt begrijpen, kijk dan eens naar kleuters die leren praten. Hoe komt het dat hun gebabbel eerst zo onnavolgbaar is, ze daarna woorden aaneenrijgen tot zinnen en dan zinnen tot een verhaal? Dat ze vragen gaan stellen en hun gedachten en gevoelens uitspreken?

Zonder les.

Zonder leertijd.

Op een gegeven moment is het er gewoon.

Plotseling kunnen ze praten.

Dit proces wordt 'natuurlijk leren' genoemd. Het is de meest subtiele manier van leren. Door onderdompeling worden onze kennis en onze persoonlijkheid het sterkst beïnvloed. Neem een groep studenten in het buitenland: als ze elkaar ontmoeten in het studentenhuis, vertellen ze elkaar de grappigste verhalen. Ze leren door onderdompeling.

"Je gelooft nooit wat ik vandaag gezegd heb."

"Nee? Hoe heb je hem genoemd?!"

"Het was in ieder geval niet zo erg als wat er vorige week gebeurde. Die vrouw keek me aan alsof ze me wilde vermoorden."

Door de tijd heen leren deze studenten de taal vloeiend spreken en dat is de kracht van onderdompeling.

Iemand die een ambacht wil leren, leert alleen al door onder-gedompeld te worden in het gezelschap van een groep ambachtslieden. Het gaat langzaam, heel subtiel, bijna onder de radar. Maar het gebeurt. Je leert de kneepjes van het vak, de taal en cultuur, simpelweg door aanwezig te zijn. Het is soms moeilijk te meten, maar natuurlijk leren is een krachtige manier van leren en vormen. De sleutel ertoe is *toegang hebben tot de cultuur, waardoor je gevormd wil worden*.

Een van de mensen die ons in de laatste eeuwen het meest heeft geleerd over discipelschap, is de predikant Dietrich Bonhoeffer. Vooral in zijn boek *Navolging* en het korte, maar briljante *Leven met Elkander*. Toch is het door het bestuderen van Bonhoeffers leven te dat zijn woorden het meest tot leven komen. Onlangs kwam een nieuwe biografie over Bonhoeffer uit, geschreven door Eric Metaxas. Lees eens dit citaat van Otto Dudzus, een van de mannen die Bonhoeffer discipelschap leerde:

"Wat hij ook had en wie hij ook was, hij maakte het toegankelijk voor anderen. Van de grootste waarde waren zijn beschaafde, elegante, hoogontwikkelde en ruimdenkende ouders. Hij introduceerde ons aan hen. Op de open avonden hing zo'n goede sfeer dat het voor ieder van ons een tweede thuis werd." (Het ouderlijk huis stond op vrijdagavond open voor familie en Bonhoeffers discipelen, ze aten, maakten muziek, zongen, discussieerden, hadden plezier en vertelden verhalen.)

Metaxas vervolgt:

> *"Zelfs toen Bonhoeffer in 1933 naar Londen verhuisde, bleven zijn ouders de studenten en de mensen in hun omgeving behandelen als familie. Bonhoeffer bracht geen scheiding aan tussen zijn christelijke leven en zijn gezinsleven. Zijn ouders ontmoetten andere intelligente theologiestudenten en de studenten ontmoetten Bonhoeffers bijzondere ouders."*

Dit is toegankelijkheid. Zo leren mensen door onderdompeling de gelaagdheid van discipelschap kennen. Mensen krijgen toegang tot een discipelschapscultuur.

Sociologen en onderwijskundigen zijn het erover eens dat we het beste leren als er een wisselwerking is tussen de drie verschillende leermethoden. Je moet de kale feiten kennen, omdat ze daadwerkelijk van betekenis zijn in de praktijk. Door met een deskundige mee te lopen, leer je hoe je de kennis in je hoofd goed in praktijk brengt. Als je met iemand meeloopt die je goed helpt, kun je in korte tijd veel leren. En als je dit, ten slotte, kan combineren met onderdompeling, waardoor je de taal, de nuances en de alledaagse praktijk intuïtief leert, dan leer je enorm veel.

Hoe leer je bijvoorbeeld het best een buitenlandse taal? Zeer waarschijnlijk door de drie manieren te combineren. Voordat je naar Barcelona verhuist, leer je eerst de basis van het Spaans in het klaslokaal. Dan vraag je een privéleraar om je te helpen bij de nuances van de taal. Uiteindelijk verhuis je naar Barcelona, waar de taal vloeiend en in al zijn facetten gesproken wordt. En na een jaar of twee spreek je vloeiend Spaans. Daarvoor waren alle drie manieren nodig.

Het is niet zo moeilijk om te bedenken waar dit toe leidt, toch?

Vandaag de dag wordt discipelschap vooral op de eerste manier aangeleerd: les in een 'klaslokaal'. En eigenlijk is dat het wel.

We leren van de preek op zondag. We leren van de bijbelstudie en we leren van de zondagsschool. We leren uit boeken en van DVD's. We leren van de lesprogramma's in de kerk.

Al deze leermethoden bestaan volledig uit het doorgeven van informatie in een soort klaslokaal. Een leertijd vindt praktisch niet plaats.

Is er dan geen sprake van natuurlijk leren? We zijn wereldwijd toch met honderden miljoenen christenen, die regelmatig in groepen bij elkaar komen? Op zondagmorgen in de kerkdienst. In de kleine groepen. Hopelijk zijn we buiten de kerk ook nog vrienden en ontmoeten we elkaar. Dat komt toch in de buurt van onderdompeling in een gemeenschap? We zeggen tegen mensen dat ze zich moeten aansluiten bij een kleine groep, om in die gemeenschap samen discipel te zijn. Daar zou toch iets van natuurlijk leren moeten plaatsvinden?

De harde werkelijkheid is dat natuurlijk leren alleen werkt in een gemeenschap waar mensen echt vaardig in iets zijn.

Denk maar weer aan een kleuter: van leren praten komt niets terecht als hij in een groep zit met alleen andere kleuters die ook nog niet kunnen praten. Met andere woorden, er zijn te weinig vaardige discipelen in de kerk om te kunnen spreken van natuurlijk leren.

Door de opbouw van hun organisatie lijken de meeste kerken te zeggen: "Als we de juiste informatie maar in hun hoofd krijgen, als we ze maar op de juiste manier leren denken, dan gaan ze vanzelf meer op Jezus lijken."

De juiste informatie = het juiste gedrag = discipelschap

Laten we dat analyseren: hoe ver zijn we hiermee gekomen?
Vertrouw jij een openhart-operatie toe aan een arts die geen praktijkervaring heeft, maar alleen in het klaslokaal heeft gezeten? *En toch is dat de manier waarop we ons discipelschapsproces hebben ingericht.*

Nadat ze dit gehoord hebben, zeggen de meeste kerkleiders: "Maar wij kunnen toch niet verantwoordelijk zijn om hen te voeden? Ze moeten leren zelfredzaam te zijn. Ze hebben zelf een verantwoordelijkheid om discipel te zijn. Ik kan het niet voor ze doen." Daar zit iets in, maar het doet aan de complexiteit van het probleem geen recht.

Wij nodigen mensen uit op een plek waar ze zich kunnen voeden met de Bijbel, gebed, gemeenschap en andere geestelijke disciplines, maar dat betekent niet dat ze ook daadwerkelijk gevoed worden. Dat is hetzelfde als kinderen in groep drie vertellen dat ze schuine letters moeten schrijven, zonder ze een manier aan te bieden waarop ze het kunnen leren. En de tijd die de meeste voorgangers nemen om iets uit te leggen, is bij lange na niet genoeg voor een kind om te leren schrijven. Een van de problemen die ontstaat als mensen christen worden, is dat we ze expliciet of impliciet een lijst met adviezen geven waardoor ze zelfredzaam moeten worden:

1. Lees de Bijbel
2. Bid
3. Geef tienden
4. Kom elke zondag naar de kerk
5. Ga op bijbelstudie
6. Vertel je vrienden over Jezus

Denk hier eens over na, dit zijn nogal forse vooronderstellingen? Waarom gaan wij er vanuit dat als mensen de Bijbel lezen, ze de Bijbel leren begrijpen? Hoe kunnen we er vanuit gaan dat als mensen dit enorm dikke boek lezen, ze bij het Levende Woord uitkomen?

We zeggen tegen mensen dat ze moeten bidden. Hele prekenseries gaan erover en misschien organiseren we zelfs speciale lessen. Maar we vergeten dat Jezus' eigen discipelen diep ondergedompeld waren in de joodse gebedscultuur. Toch was Jezus' manier van bidden zo diep, relationeel en verfrissend dat ze zeiden: "Alstublieft, alstublieft, leer ons bidden zoals u bidt." Het gebed zou het makkelijkst te begrijpen moeten zijn, als voorbeeld van wat we bedoelen. We vragen van mensen om te praten tegen een onzichtbare God en te doen alsof hij er gewoon bij is. Hier hebben mensen echt hulp bij nodig, en meer dan een preek, les of boek.

Waarom gaan wij er vanuit dat als we mensen informatie geven, ze weten wat ze moeten doen of het zelf kunnen uitzoeken? Ik kan best een boek lezen over het uitvoeren van een open hart operatie. Maar als jij een hartoperatie moet ondergaan, mag ik je dan opereren?

Wij zijn in onze westerse wereld sterk beïnvloed door de ideeën van Descartes. Wij geloven dat *kennis over* iets hetzelfde is als het *kennen van* iets of iemand. Wat we proberen te doen is mensen leren *over* God. *Over* gebed. *Over* zending. Maar het punt is dat *kennis over* iets niet genoeg is, het gaat om *kennen van* iets of iemand.

We willen niet alleen kennis over God, we willen God kennen. We willen ook niet alleen feitjes en weetjes verzamelen over onze kinderen, we willen ze door en door kennen. Daarom roept Paulus uit: "Ik wil Christus *kennen* en de kracht van zijn opstanding *ervaren*, ik wil *delen* in zijn lijden."

Discipelschap is geen verzameling van feiten, aannames en gedrag. Het is wie jij in de kern bent, het is volledig deel van je geworden. Als het informatie is, dan is het informatie die zijn weg in jou heeft gevonden en jou eigen is geworden. Op dezelfde manier zoals Johannes vertelt over de *logos* die is opgegaan in de persoon van Christus. "Het Woord is vlees geworden." Wat informatie was, is kennen geworden.

Toch hebben bijna alle kerken hun hele discipelschapsproces gebaseerd op de eerste leermethode: door instructie leren. Luister naar de les. Kom naar de bijbelstudie. Lees de Bijbel (hopelijk weet je hoe). Volg ook nog die en die les, en o ja, daar hebben we ook een serie voor bedacht.

Natuurlijk is in onze kerken niet het leven en de kracht te zien waar we in de Evangeliën en Handelingen over lezen. Niemand heeft enig idee hoe we de dingen moeten doen die Jezus zijn discipelen leerde. De meeste mensen zijn zich bewust dat ze anders moeten leven. Ze zijn zich bewust dat dit over belangrijke dingen gaat. Wij denken dat de meeste mensen ook willen weten hoe ze het moeten doen. Maar weten dat mijn carburateur kapot is, is niet hetzelfde als een nieuwe in mijn auto kunnen stoppen. Zo is er ook een groot verschil tussen weten dat vergeving onderdeel is van Jezus' boodschap en je vader vergeven voor de dingen die hij jou in je kindertijd heeft aangedaan. Jezus heeft nooit alleen tot doel gehad dat wij kennis zouden verzamelen. De bedoeling van zijn woorden is dat ze in ons werken en dat het niet blijft bij woorden alleen.

Wij willen niet dat mensen alleen intellectueel begrip hebben van vergeving, gebed, missie en gerechtigheid. We willen mensen die vergeven, kunnen luisteren naar God en daarop anticiperen; mensen die hem echt kennen. We willen mensen wiens harten breken voor de wereld en daar iets aan doen. We willen mensen in onze gemeenschap die lijken op de mensen die we zien in de Bijbel.

Kijk maar naar wat Jezus deed.

Hij riep twaalf kerels om hem te volgen en zijn *mathetes*, zijn discipelen, zijn leerlingen te zijn. Mensen die al de dingen leerden doen die hij deed en leerden hem als bron met zich mee te dragen door het werk van de Heilige Geest.

Veel van onze bronnen over de rabbijnse praktijk bieden pas concrete inzichten over de tijd na de eerste eeuw. Maar het is waarschijnlijk dat veel van wat we daarvan leren ook geldt voor wat Jezus met zijn discipelen deed. En discipelen leerden om alles te doen wat hun rabbi (leraar) ook deed.

Hoeveel stappen nam de rabbi op Sabbat? Zoveel namen zij er ook.

Hoeveel uur per dag mediteerden rabbi's en hoeveel uur memoriseerden en overdachten zij de heilige boeken? Precies zoveel uur zouden hun leerlingen dat ook doen en op dezelfde manier.

Hoe gingen zij met hun vrouw om? Zo deden zij het ook.

Hoe voedden zij hun kinderen op?

Je begrijpt het idee. Ze waren leergierig tot in de details; tot aan de lengte van hun haar, de gebedssjaal, het eten, de nachtrust en hun persoonlijke hygiëne toe. In bijna alles was hun leven een kopie van dat van de rabbi. Natuurlijk bleef hun eigen persoonlijkheid een rol spelen, maar het ging op deze manier.

Dus als Jezus' discipelen aan Jezus vragen (Lukas 11) hen te leren bidden zoals hij, is dat een heel normale vraag. In feite was hun verklaring: "Heer, leer ons bidden, zoals ook Johannes het zijn leerlingen geleerd heeft." Jezus antwoord was niet weer een preek over bidden. Hij leerde ze bidden zoals hij dat deed.

Dit gebeurde waarschijnlijk regelmatig.

In het leven van Jezus zagen ze een leven dat ze zelf ook wilden (ook al wisten ze dit in het begin nog niet). Hun gedrag leek dit te zeggen: "Als ik de dingen doe die hij doet, dan zal ik het juiste pad in mijn leven bewandelen en zal mijn leven meer en meer op dat van hem gaan lijken."

Wat hier gebeurt, is duidelijk een vorm van praktisch leren. Wil je een loodgieter worden? Zoek dan een meester-loodgieter en doe wat hij doet. Wil je een discipel worden? Zoek dan iemand wiens leven lijkt op het leven van Jezus en doe wat hij of zij doet. Het is de manier waarop Jezus' discipelen het deden.

Wij denken dat Jezus precies wist waarmee hij bezig was, en Matteüs 11 duidt daar ook op: "Kom naar mij, jullie die vermoeid zijn en onder lasten gebukt gaan, dan zal ik jullie rust geven. Neem mijn juk op je en leer van mij, want ik ben zachtmoedig en nederig van hart. Dan zullen jullie werkelijk rust vinden, want mijn juk is zacht en mijn last is licht."

Als je een beetje kennis hebt over Palestina in de eerste eeuw, dan weet je dat minstens 80% van de mensen in het boerenbedrijf werkte. Het was een agrarische cultuur en Jezus gebruikt regelmatig de kenmerken van die cultuur in zijn verhalen. Ook in deze passage, waar Jezus naar een juk verwijst — iedereen wist wat een juk was. Tegen de tijd dat de gewassen geplant werden, moest het land omgeploegd zijn. De massieve houten ploegen waren behoorlijk zwaar en meestal was alleen een groepje ossen in staat om de ploeg door de grond te trekken. Samen trokken de ossen de ploeg en ze werden bijeengehouden door een juk dat hen in toom hield.

De gewoonte van de boeren was om een jong en energiek dier te koppelen aan een oudere en ervaren os. Ze hadden ontdekt dat de jonge os veel van zijn kracht gebruikte aan het begin van de dag en halverwege geen energie meer over had. Ze maakten werkdagen van elf tot twaalf uur. Gekoppeld aan de oudere en ervaren os, werd de jonge os gedwongen om mee te gaan in het ritme en tempo van de dag. Zo leerde hij wat het juiste ritme was, hield het juiste tempo en kon de hele dag doorwerken. Het ritme van het leven werd doorgegeven van de een op de ander.

Na verloop van tijd werd de jonge os ouder en meer ervaren. Nu was het zijn beurt om aan een jonge os verbonden te worden en de cyclus begon opnieuw.

Eugene Petersons vertaling brengt dit beeld krachtig naar voren:

> *"Ben jij moe? Bek af? Opgebrand aan religie? Kom bij mij. Ga met mij mee en je krijgt je leven weer terug. Ik zal je laten zien hoe je werkelijk rust neemt. Loop met mij op en werk met mij mee – kijk hoe ik het doe. Leer het ongedwongen ritme van genade kennen. Ik leg niets op je dat te zwaar is of niet past. Houd mij gezelschap en je leert om vrij en licht te leven.*
> *Matteüs 11:28-30 (The Message)*

Kijk naar het beeld dat Jezus hier schetst. Als je ziet hoe Jezus zijn leven met zijn discipelen deelde, dan gaf hij ze duidelijk een leertijd van hoog niveau.

Jezus predikte het goede nieuws, genas de zieken, reinigde de melaatsen en dreef demonen uit. In Lukas 9 stuurt hij de twaalf discipelen erop uit om te doen wat ze hem al maanden hebben zien doen. In Lukas 10 stuurt hij er nog eens tweeënzeventig op uit. Hier zien we hem ook coachen. De discipelen keren weer terug en lijken verbaasd dat het werkt. "We weten dat Jezus dit kan, maar serieus... wij ook?" Ze brengen verslag uit aan Jezus en vertellen dat er een demon was waar ze moeite mee hadden, deze demon liet zich niet uitdrijven (Markus 9:17-29). Je ziet bijna voor je hoe Jezus zijn schouders ophaalt en zegt: "Oh ja, die demon, je moet eerst vasten en bidden voordat je die uitdrijft."

Zo hoort een leertijd eruit te zien, zo voelt dat.

Natuurlijk is hier sprake van leren door instructie. Denk maar aan de Bergrede, die hij richt tot zijn discipelen (eigenlijk Jezus' basiscursus over het koninkrijk van God).

> *"Toen hij de mensenmassa zag, ging hij de berg op. Daar ging hij zitten met zijn leerlingen om zich heen. Hij nam het woord en onderrichtte hen."*
> Matteüs 5:1

Jezus is constant zijn leerlingen aan het onderwijzen. Altijd scherpzinnige inzichten delend uit de wet en de profeten, zijn gedachten over de wereld waarin ze leefden en verhalen over het karakter van zijn Vader. Onderwijs is ongelooflijk belangrijk. Theologie is ongelooflijk belangrijk. Leerstellingen zijn ongelooflijk belangrijk.

Maar Jezus was niet in staat om zijn onderwijs, theologie en leerstellingen op te sluiten in een ongrijpbare en theoretische werkelijkheid. Door zijn onderwijs en theologie beschreef hij de werkelijkheid en liet zien hoe je daarin moest leven. "Wat is werkelijkheid? Het koninkrijk van God! En als je doet wat ik doe, dan kan je volop leven in die werkelijkheid."

En hoe ging het met natuurlijk leren door onderdompeling?

Je kunt beter vragen wanneer er geen onderdompeling plaatsvond. De discipelen waren bijna altijd bij Jezus. De manier waarop Jezus zijn tijd verdeelde geeft ons een belangrijk inzicht. Jezus nam regelmatig de tijd om zich terug te trekken met zijn leerlingen naar een plaats waar andere mensen hen niet zouden volgen. Daar kon hij zijn aandacht volledig aan hen wijden, werden de discipelen ondergedompeld in de relatie met hem en was hij volledig voor ze beschikbaar. Waarschijnlijk bestonden minstens achttien maanden van Jezus' publieke bediening hieruit. Dat betekent dat hij minstens de helft van zijn tijd doorbracht met deze twaalf gasten.

Zijn geloof in discipelschap was zo groot, dat hij er al zijn geld op zette. (En laten we niet vergeten dat zijn keuze zich ook heeft uitbetaald.)

Vaak gaat natuurlijk leren over het leren van de nuances en de finesses van iets. Je leert de grote lijn in het klaslokaal en je leert specifieke vaardigheden tijdens een leertijd. Door onderdompeling ontdek je hoe al deze dingen met elkaar samenhangen, tot in het kleinste detail.

> **DOOR ZIJN onderwijs en theologie beschreef Jezus de werkelijkheid en liet zien hoe je daarin moest leven.**

Er is in Markus een verbluffend voorbeeld van hoe onderdompeling werkt, in de eerste week van Jezus' bediening. Hij komt langs Kafarnaüm en doet daar de dingen die voor Jezus normaal zijn, maar buitengewoon voor ieder ander mens: onderwijs geven met autoriteit en gezag zoals niet eerder gehoord, alle zieken genezen (waaronder Petrus' schoonmoeder), demonen uitdrijven, *business as usual* op het kantoor van Jezus. Aan het eind van die eerste dag, heeft het nieuws zich verspreid door heel Galilea. Het huis wordt overspoeld door alle zieke, gewonde en gebroken mensen uit de omgeving. In de Bijbel staat dat de zon al is onder gegaan en hij ze allemaal genas. Op zijn minst kan je zeggen dat het geen verkeerde eerste dag was voor zijn bediening. Je zou kunnen zeggen dat er een opwekking plaatsvond in Kafarnaüm. En dan gebeurt er iets interessants.

Voor de zon weer opkomt, gaat Jezus naar een plaats waar hij even alleen kan zijn met zijn Vader. Ondertussen worden ook Petrus en de anderen wakker, ze kunnen Jezus niet vinden en gaan op zoek. En waarschijnlijk niet alleen zij, maar ook de andere mensen die al bij het huis van Petrus' schoonfamilie staan, wachtend op meer onderwijs en genezingen door Jezus. Eindelijk vinden ze hem en Petrus, waarschijnlijk opgewonden over wat er allemaal al gebeurd is, zegt: "Heer, iedereen is naar u op zoek. Zullen we teruggaan naar het huis van mijn schoonfamilie?"

Jezus antwoord is verbazingwekkend: "Nee, laten we dat maar niet doen. We vertrekken. Er zijn andere plaatsen waar we naar toe moeten."

Wat?!

Laten we eerlijk zijn. Als wij ergens begonnen waren en op de eerste dag kwamen *duizenden* mensen erop af, vanuit het niets, als wij de dingen hadden gezien die in Kafarnaüm gebeurd waren, dan waren we een campagne begonnen. Een website. Een folder. Een Twitter-account en een Facebook-pagina.

Jezus vertrekt.

Hoe wist hij dat hij moest vertrekken?

Vroeg in de morgen, nog voor zonsopkomst, staat hij op en brengt tijd door met zijn Vader. Daarop doet hij iets wat tegenstrijdig lijkt met het meest logische vervolg op de dag ervoor. Het is eigenlijk verbazingwekkend wat Jezus doet. Voor Jezus is succes geen samenkomst met duizenden mensen en een steeds groter wordende kerk. Succes is gehoorzaam zijn aan wat de Vader vraagt. Soms gaat dat gepaard met een groeiende kerk, meer gebouwen en meer populariteit. Vaak ook niet. Het gaat om gehoorzaamheid. Wij bepalen niet wat de Vader doet.

Jezus zag Kafarnaüm duidelijk anders dan wij zouden doen.

Toch zegt Jezus nergens dat hij een instructie van de Vader opvolgt. We kunnen dit alleen maar afleiden. Ons vermoeden is dat de leerlingen dit opgepikt hebben, omdat ze ondergedompeld werden in een leven met Jezus. Op die dag leek het misschien niet heel belangrijk, maar wij vermoeden dat ze het wel gezien hebben. Gezien en opgeslagen in hun gedachten en geest wat het betekent om te leven in het koninkrijk van God.

Petrus krijgt in Handelingen 10, terwijl hij aan het vasten en bidden is op een dak, heel specifieke instructies over het brengen van het goede nieuws naar de heidenen: namelijk aan een man met de naam Cornelius. Omdat Petrus een orthodoxe Jood was, ging dit in tegen alles waarmee hij opgegroeid was. En toch... hij ging.

Paulus loopt in Handelingen 16 vast op zijn reis naar de heidenen. Lukas vertelt ons:

> *Ze trokken door Frygië en de landstreek Galatië, omdat ze door de heilige Geest werden verhinderd Gods woord in Asia te verkondigen. Toen ze bij de grens van Mysië kwamen, wilden ze doorreizen naar Bitynië, maar dat stond de Geest van Jezus hun niet toe. Daarom trokken ze door Mysië tot ze de kust bereikten en in Troas aankwamen. Daar kreeg Paulus 's nachts een visioen, waarin een man uit Macedonië hem toeriep: 'Steek over naar Macedonië en kom ons te hulp!' Toen Paulus dit visioen had gezien, wilden we meteen naar Macedonië vertrekken, omdat we eruit opmaakten dat God ons geroepen had om aan de mensen daar het evangelie te verkondigen.*
> Handelingen 16:6-10

Beide situaties lijken veel op wat Jezus voorleefde.

Er lijkt een klip en klaar plan te zijn. Petrus wilde de Joden bereiken en Paulus had zorgvuldig een plan beraamd voor zijn reis. Maar Petrus heeft van Jezus geleerd hoe hij naar God moet luisteren en hem gehoorzamen en Paulus leerde dat van de eerste discipelen. Ze hadden geleerd dat het er in het Koninkrijk van God anders aan toe gaat dan wij gewend zijn en ze waren in staat om te antwoorden.

Ze kozen voor gehoorzaamheid boven de meest logische route.

Wij hebben geen bijbelvers gevonden waar Jezus deze les verwoordt zoals we het hier zien, al zijn er vele passages die het ondersteunen. Maar de discipelen werden ondergedompeld in het leven van Jezus en andere discipelen werden weer ondergedompeld in het leven van de mannen en vrouwen die met Jezus geleefd hadden (vergeet niet dat Paulus een flinke tijd met andere discipelen geleefd heeft voor hij aan zijn bediening begon). En deze mensen reflecteren op meer dan toevallige wijze het leven en de bediening van Jezus.

HOOFDSTUK 4

BOUWEN AAN EEN DISCIPELSCHAPSCULTUUR

Als je lijkt op veel van de leiders waar wij mee werken, dan zul je, naar mate je meer nadenkt en bidt over de roeping om discipelen te maken, meer en meer ontmoedigd worden door de uitdaging. Wij willen je een heldere route naar competent en effectief discipelschap aanbieden en je helpen om een strategie te ontwikkelen die zorgt dat het een duurzaam proces wordt.

Laten we het eens op deze manier bekijken.

In Malcolm Gladwells boek *Uitblinkers* is de centrale vraag: Waarom zijn mensen succesvol? Hij onderzoekt allerlei factoren die te maken hebben met succes. Eén van die factoren is van groot belang voor ons.

Gladwell probeert de mythe te ontrafelen dat mensen die als genie geboren worden ook per definitie succesvol zijn. Met allerlei prachtige anekdotes laat hij zien hoe dit door de eeuwen heen gespeeld heeft. Zijn conclusie is ongeveer als volgt: een persoon met zekere vaardigheden (je hoeft geen genie te zijn) + de juiste omstandigheden + 10.000 uur oefening (wat hij schat op zo'n 10 jaar) = een zeer hoge kans op succes.

Mozart had een muzikaal getalenteerde vader (de juiste omstandigheden) en was zelf een muzikaal wonderkind (zekere vaardigheden). Hij schreef zijn eerste symfonie als twaalfjarige, maar het duurde nog tien jaar tot hij zijn eerste symfonie schreef die werd beschouwd als een meesterwerk.

Hetzelfde geldt voor de Beatles.

Hetzelfde geldt voor Michael Jordan.

Hetzelfde geldt voor Bill Gates.

Zelfs als je het geluk hebt om als natuurtalent geboren te worden, dan zul je nog steeds tijd moeten investeren om je vak te leren en terecht moeten komen in de juiste omgeving. Wat wij willen doen is je helpen om het ambacht van discipelschap te leren en je bemoedigen om de tijd te investeren en het doorzettingsvermogen te leren. Beide zijn nodig om er echt goed in te worden. Tenslotte was dat waar Jezus' laatste woorden over gingen: maak discipelen. Als er ook maar iets is waar ieder van ons goed in zou moet worden, dan is dat het: discipelen maken die discipelen maken.

Vanuit onze ervaring kunnen we stellen dat als je discipelen wilt maken, als je een discipelschapscultuur wilt bouwen in jouw gemeenschap, dat je drie dingen nodig hebt:

1. Een discipelschapsinstrument (wij noemen het de huddel).
2. Een transparante levenshouding (mensen moeten toegang krijgen tot je leven, discipelschap ontstaat niet op afstand).
3. Een discipelschapstaal (bij ons heet dat de leervormen).

Jezus' benadering van discipelschap was het delen van zijn leven, maar niet iedereen had evenveel toegang tot hem. Hij koos voor een team van twaalf mensen en ging op een nog intiemere manier om met drie van hen: Petrus, Jacobus en Johannes. Na de twaalf kwamen de tweeënzeventig en na de tweeënzeventig de honderdtwintig. Daarna kwam de menigte. Hoe kreeg Jezus het voor elkaar om zijn tijd en aandacht te verdelen over al die mensen die iets van hem wilden? Hoe bestaat het dat wij dat ook doen?

Laten we eenvoudig beginnen. We nodigen een paar mensen uit om een discipelschapsrelatie met ons aan te gaan. Als Jezus er twaalf uitnodigde, dan gaan we er gemakshalve vanuit dat dat voor ons wat teveel is. Daarom nodigen we een paar mensen uit in een HUDDEL.

Een huddel is een groep van vier tot tien mensen, waarvan je ervaart dat God je roept om in hen te investeren. Je ontmoet ze regelmatig, minstens tweewekelijks, en coacht ze in de *setting* van een groep. De beste discipelschapsrelaties hebben een georganiseerde component en een informele. De huddelbijeenkomsten zijn de georganiseerde kant van het verhaal.

> **ALS ER OOK maar iets is waar ieder van ons goed in zou moet worden, dan is het: discipelen maken die discipelen maken.**

Uiteindelijk gaat dit over het bouwen aan een discipelschapsbeweging. Huddels groeien niet door er nieuwe mensen aan toe te voegen. Ze groeien doordat leden van je huddel hun eigen huddel starten. Waarom op deze manier? Omdat we het principe dat Jezus ons leerde serieus nemen: elke discipel maakt discipelen. Je kunt geen discipel zijn als je niet bereid bent om in andere discipelen te investeren. Dat is nu eenmaal de grote opdracht.

Praktisch gezien is dat de uitwerking van wat wij het 8:6:4 principe noemen.

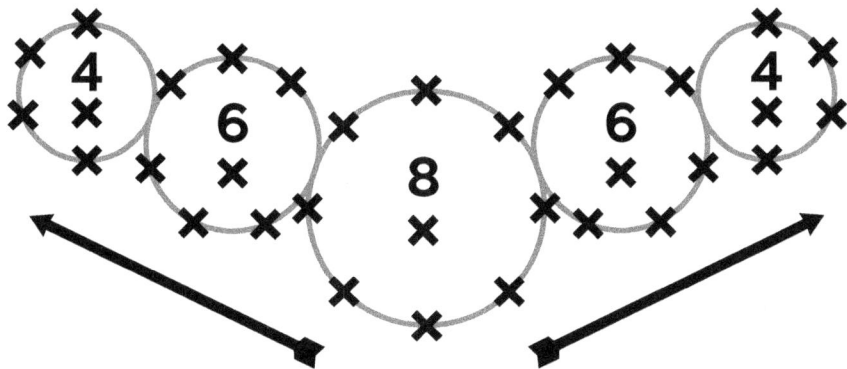

In onze opzet roept de seniorleider acht andere leiders bij elkaar. Deze acht leiders worden voorbereid om zelf zes mensen te verzamelen. Dat duurt meestal zes tot twaalf maanden. Als de tweede generatie huddels is opgezet, zetten deze 48 leiders, als ze daar klaar voor zijn, een huddel op met vier mensen. Na twaalf tot achttien maanden kunnen er tot 248 mensen in een huddel gecoacht worden.

We realiseren ons dat theorieën er op papier fantastisch uit kunnen zien, maar in de praktijk blijken ze niet altijd zo werken. Maar al gaat het niet exact op deze manier, vaak zijn we verrast over hoe goed de huddels zich door de tijd heen vermenigvuldigen. Neem een vriend van ons die twee jaar geleden met twee huddels begonnen is. Eén huddel bestond uit mensen van zijn eigen kerk en de tweede was voor voorgangers die interesse hadden in het leren van 'huddelen'. Zijn investering heeft ervoor gezorgd dat twee jaar later meer dan zeventig huddels zijn gestart en ze blijven zich vermenigvuldigen. Dat is het begin van een beweging.

Deel 3 van dit boek geeft gedetailleerd weer wat een huddel is, hoe het werkt, hoe je de mensen erin traint en hoe ze vermenigvuldigen. Daarover dus later meer.

De huddel heeft een belangrijke functie, maar is nog niet toereikend om mensen discipelschap te leren. Het informele en organische deel van het maken van discipelen vindt plaats buiten de huddel. Dat betekent dat je deze vier tot tien mensen veel meer *toegang* geeft tot je leven dan andere mensen, en waarschijnlijk ook meer dan je nu gewoon bent om te doen. Je zult strategisch moeten omgaan met je tijd als je wilt bouwen aan een discipelschapscultuur die op lange termijn vrucht draagt. Je zult je activiteiten moeten terugsnoeien zodat je de ruimte hebt om mensen uit te nodigen in je leven en in je huis.

Hoe gaat dat eruit zien?

Het is eerlijk gezegd niet veel meer dan mensen uitnodigen bij de dingen die je nu al doet. Nodig hen en hun gezin uit om bij jou thuis te komen eten. We vergeten vaak dat de momenten die niet specifiek 'discipelschapstijd' zijn, toch veel kunnen tonen van het volgen van Jezus. Als mensen bij ons thuis komen, zullen ze intuïtief aanvoelen hoe we onze kinderen opvoeden en van ze houden, hoe we ons leven inrichten. We dompelen ze onder in ons leven. Maar voordat er sprake van onderdompeling kan zijn, moeten we mensen toegang geven tot ons alledaagse leven.

Daarom is het zo belangrijk dat we een leven leiden dat het waard is om te imiteren! We nodigen mensen uit in ons leven en vragen ze om dat deel van ons leven te imiteren dat op het leven van Jezus lijkt.

Een ander toegang geven tot ons leven betekent niet dat we constant vrij voor ze plannen en altijd klaar voor ze staan (al kan dat in sommige situaties wel nodig zijn.) Als iemand in geestelijke nood is, nodig hem of haar dan uit om samen naar de supermarkt te gaan en ga in gesprek als je onderweg en aan het winkelen bent. Neem iemand mee in je alledaagse bezigheden. Mensen toegang geven tot je leven betekent niet dat je meer moet doen, maar dat je efficiënter en slimmer met je tijd omgaat.

Het is precies wat we Jezus zien doen.

Hij at. Hij maakte plezier. Hij genas mensen. Hij bad. Hij vertelde grappen. Hij vertelde verhalen. Hij bezocht vrienden. Hij voedde duizenden. Hij ging naar feesten, bezocht bruiloften. Hij ging naar de lokale synagoge. Hij ging op retraite met zijn discipelen. Hij huilde. Hij ging naar begrafenissen. Hij gaf advies. Hij beantwoordde vragen. Zijn discipelen zagen alles wat hij deed en namen dat in zich op. Ze werden ondergedompeld in een leven met Jezus. Het zou geen verrassing meer moeten zijn dat we hen in het bijbelboek Handelingen precies dezelfde dingen zien doen die hij ook deed.

Het proces van discipelschap stopte niet omdat het de officiële programma was afgelopen. Het op die manier inkaderen van discipelschap beschadigt juist het proces. Je nodigt iemand uit in je leven en leert hem hoe jij Jezus volgt in alle aspecten van je leven. Dat kan alleen als je toegankelijk bent.

> VOORDAT ER SPRAKE van onderdompeling kan zijn, moeten we mensen toegang geven tot ons alledaagse leven.

Ten slotte moet je het eens zijn over een gedeelde taal. Deze leer je aan de mensen in je huddel om een discipelschapscultuur te bouwen. In deel 2 van dit boek werken we verder uit hoe je een eigen taal een eigen cultuur creëert. We zullen uitleggen welke taal wij hebben ontwikkeld om een discipelschapscultuur te bouwen. In deel 3 werken we uit hoe je deze taal het best in je huddel kan gebruiken.

Conclusie: zo werkt discipelschap in zijn simpelste vorm:

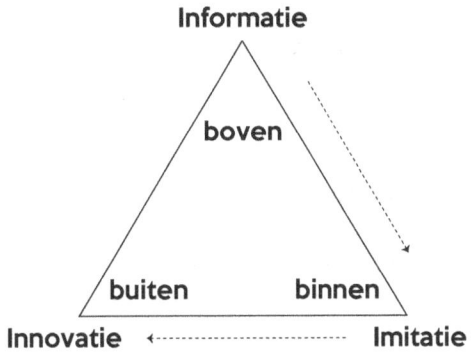

Zoals we al hebben besproken, zijn we in onze westerse cultuur vooral bezig met informatieoverdracht. We gaan er vanuit dat informatie zonder imitatie toch tot innovatie leidt. Maar Jezus onderwees zijn discipelen, vroeg ze om zijn leven te imiteren en zei toen: "Jullie zullen grotere dingen doen dan ik heb gedaan." Als we het boek Handelingen lezen, zien we in de eerste gemeenten zoveel dingen gebeuren, die Jezus ook heeft gedaan. Vervolgens zien we dat ze op zijn fundament gaan innoveren. Jezus 'leerprogramma' laat zien dat onderwijs belangrijk is en dat je de vaardigheden moet leren om de theorie in de praktijk te gebruiken. Dat doe je door te zien hoe iemand anders dat doet en die persoon te imiteren. Alleen als wij een basis van *informatie* en *imitatie* weten te bereiken, dan kan ook *innovatie* opbloeien.

Onze verwachting is, gezien de huidige staat van de kerk, dat de meeste christelijke leiders erg terughoudend zijn met imitatie en het aangaan van dit type relaties. Waarom? Eén van de redenen is dat we de gevolgen van 'kloon-gedrag' hebben gezien. Zo wordt het succesmodel van sommige kerken overgenomen door andere kerken en het einde van het liedje is dat ze minder effectieve klonen zijn geworden. De kerken die werken vanuit de gedachte 'zo lang als het werkt, is het goed', zullen er altijd achter komen dat het op een gegeven moment niet meer werkt. Omdat ze essentiële informatie missen die aan de wieg stond van het origineel, zijn ze niet in staat om zelf succesvol te innoveren.

Veel kerken komen van de regen in drup. In plaats van het proces van informatie en imitatie te doorlopen en dan te innoveren in hun eigen context, willen ze het van het begin tot het einde zelf doen. In plaats van het aanleren van doorleefde principes over discipelschap en missie, proberen ze opnieuw het wiel uit te vinden.

Onze suggestie is: als jij een discipel wilt zijn en als je wilt dat de mensen die jij leert discipel te zijn weer andere mensen leren om discipel te zijn, neem dan de route van informatie naar imitatie naar innovatie. Informatie is ongelooflijk belangrijk, maar alleen kennis is niet genoeg. We moeten zien hoe kennis over iets kan worden tot kennen van iets en iemand, in het alledaagse leven van iemand anders. Als wij gaan meelopen met zo iemand, groeien we niet alleen in kennis, maar kunnen we hem of haar ook nadoen. Uiteindelijk, nadat kennis over kennen van is geworden, kunnen we innoveren in nieuwe manieren van discipelschap en missie.

Hoe ziet dit er nu uit? Laten we een voorbeeld geven. De meesten van ons zijn waarschijnlijk mensen die geloven dat bijbellezen en een dagelijks gebedsleven belangrijk zijn in het geestelijke rijpingsproces. Dit aan jonge gelovigen voorhouden, betekent nog niet dat ze dit ook werkelijk kunnen. Dus wat doe je als iemand je vraagt hoe hij de Bijbel leert begrijpen en moet bidden? Zeer waarschijnlijk wijs je hem of haar op de verzen in de Bijbel die hierover gaan en misschien raad je een boek aan dat voor jou van waarde is geweest (informatie), maar je leert hem of haar ook hoe jij het doet! Je laat zien wat jij hebt geleerd om te doen en de kans is groot dat iemand die onervaren is, het op de manier gaat doen zoals jij het voordeed (imitatie). Dit sluit niet uit dat hij een tijdje later manieren kan vinden die beter aansluiten bij zijn persoonlijkheid (innovatie), maar ze beginnen bij een fundament waarop je kunt bouwen. Dit is het proces van discipelschap en dit is de weg waarop je mensen kan leiden.

Boven alles: weet dat goede leiders zich altijd bewust zijn van wie ze zelf zijn. Niemand anders kan voor jou een discipelschapscultuur bouwen. Het moet in je eigen leven beginnen en dan overstromen in de levens van de mensen die je leidt. Je zult niet het perfecte voorbeeld zijn, maar je kunt wel een levend voorbeeld zijn. Het is een moeilijke en uitdagende taak, maar als wij kijken naar ons eigen leven en naar dat van de leiders voor ons, dan weten we dat het uiteindelijk de moeite waard is.

DEEL 2
DE LEERVORMEN: ONZE DISCIPELSCHAPSTAAL

HOOFDSTUK 5
TAAL CREËERT CULTUUR

Sociologen zeggen dat taal cultuur creëert. We gebruiken taal, zowel verbaal als non-verbaal, om te communiceren. In het boek *Essentials of Sociology* staat:

Een gedeelde taal is vaak het meest duidelijke en zichtbare teken dat mensen een gezamenlijke cultuur hebben. Groepen die hun leden willen mobiliseren, staan er om deze reden vaak op dat hun eigen onderscheidende taal gesproken wordt. Volgens sommige taalkundigen is aan een taal niet alleen de cultuur te herkennen, maar geeft taal ook richting aan de ontwikkeling van een cultuur. Hun argument is dat de grammatica, structuren en categorieën die in iedere taal aanwezig zijn, weergeven hoe de sprekers van een taal de werkelijkheid waarnemen. Zo kent de taal van de Hopi-indianen geen verleden, heden en toekomstige tijd. Daardoor *denken ze anders* over het begrip tijd dan Engelstaligen doen (cursief toegevoegd).[2]

Het klinkt misschien raar dat taal cultuur schept, maar als je er op let, zie je het overal om je heen.

Het is eigenlijk helemaal niet zo moeilijk om een gemeenschappelijke cultuur te creëren. We ontwikkelen nu eenmaal een taalsysteem dat is gebaseerd op de voor ons belangrijke overtuigingen. We willen een beleefde, hoffelijke, drukke, productieve, verzorgde, respectvolle cultuur, en ontwikkelen er een taal omheen. Je kunt je leidinggevenden benaderen op manieren die geaccepteerd zijn en op manieren die niet geaccepteerd zijn. Je benadert je collega's op een bepaalde manier en andere manieren laat je na. Bepaalde kleding is geaccepteerd en andere niet. De bedrijfscultuur kent eigen woorden en uitdrukkingen, iedereen kent ze en iedereen gebruikt ze.

Wanneer mensen al deze dingen met elkaar delen en ze gemeengoed zijn geworden, is

---

[2] David B. Brinkerhoff, Lynn K. White, Suzanne T. Ortega, *Essentials of Sociology*, (Florence, KY: Wadsworth Publishing, 2007) 38-39.

WE CREËREN EEN cultuur, zelfs al gaat dat onbedoeld. De vraag is of we de cultuur die we creëren ook willen.

er een cultuur gecreëerd. De taal hoeft niet volledig verbaal te zijn: we weten hoe belangrijk non-verbale communicatie is.

Het is niet moeilijk om een gewelddadige cultuur te creëren. Zoals in de jaren negentig, toen de rap-oorlog woedde tussen de Amerikaanse oostkus en westkust. Het klinkt simpel, maar hier was sprake van een cultuur die voortkwam uit een gedeelde taal. Taal en cultuur werden steeds gewelddadiger naarmate de wereldvisie uitgesprokener werd en zich consolideerde.

We weten hoe een religieuze cultuur tot stand komt. De meeste kerken hebben een taal ontwikkeld die past bij het 'christelijke wereldje', en dan hebben we het over de tale Kanaäns. Wij hebben een religieuze taal ontwikkeld in plaats van een spirituele of discipelschapstaal. We gebruiken woorden die niemand buiten de kerk gebruikt. We kennen de regels, etiquette en kledingvoorschriften van de religieuze ruimte.

De Franse taal heeft iets romantisch en subtiels en dus kent de Franse cultuur een sfeer van romantiek en verfijning.

Als het over de kerk gaat, is het aan ons om te onderzoeken welke taal we gebruiken en hoe deze taal onze cultuur bepaalt. We creëren een cultuur, zelfs al gaat dat onbedoeld. De vraag is of we de cultuur die we creëren ook willen.

De werkelijkheid in onze kerken is dat we geen gemeenschappelijke taal hebben waarmee we een discipelschapscultuur kunnen ontwikkelen. Maar als we levende voorbeelden willen zijn en een omgeving willen creëren waarin mensen discipel worden, dan hebben we een taal nodig die makkelijk is door te geven.

Deze taal moet bestaan uit het DNA van Jezus' leer, de Bijbel, leiderschap, missie en discipelschap. Deze taal moet gedeeld worden door jou, de mensen die je tot discipelen maakt en uiteindelijk door iedereen in jouw gemeente. Als we een discipelschapscultuur willen ontwikkelen, hebben we een taal nodig die dat ondersteunt.

Het is één van de redenen van ons 'succes' in het maken van discipelen, dat wij zo'n gemeenschappelijke taal hebben. De taal die wij gebruiken heet de leervormen. Het is een geheel van acht verschillende vormen die elk een fundamenteel principe uit de leer en het leven van Jezus vertegenwoordigen. Ik (Mike) ben begonnen met het ontwikkelen van de leervormen in het begin van de jaren '80. In de afgelopen dertig jaar hebben de vormen zich ontwikkeld tot een eigen taal.

WAAROM ZIJN beelden zo effectief als discipelschapstaal?

Veel leiders, en misschien jij ook wel, rollen met hun ogen als ze dit horen. "Vormen? Wat? Vormen?! Doe even normaal." Wij begrijpen dat wel. Het klinkt ook als een zoveelste programma, hype of campagne. Toch willen we, in alle bescheidenheid, benadrukken dat er iets bijzonders groeit als mensen deze taal leren in de context van een discipelschapsrelatie in een huddel. Het leven van deze mensen begint eruit te zien als het leven van de mensen uit de Bijbel. *Want boven alles zijn huddels geen nieuw programma; het is discipelschap door relatie.* Er vindt transformatie plaats. Misschien is dit wel de eigenlijke vraag: waarom zijn beelden zo effectief als discipelschapstaal?

Laten we daar eens wat dieper op doorgaan. Wat is het volgende plaatje?

Bij de meeste mensen zal 'Mickey Mouse' meteen in gedachten komen. Nu een stapje verder. Hoeveel van de volgende vragen kun je beantwoorden?

- Wie tekende als eerste Mickey Mouse?
- Wat is de naam van zijn bedrijf?
- Wat is jouw favoriete film van dit bedrijf?
- Wat is jouw favoriete nummer van deze film?
- Zing het nummer.
- Wie is jouw favoriete karakter?
- Als je Mickey Mouse zou willen bezoeken, waar zou je dan naar toe gaan?
- Het bedrijf dat Mickey ontwierp, heeft een paar jaar geleden een filmstudio gekocht die computeranimaties maakt. Hoe heet dit bedrijf?
- Welke films heeft dit bedrijf gemaakt?
- Wat is je favoriete film?
- Wie is je favoriete karakter?

Hier zouden we nog heel lang mee door kunnen gaan. Uren en uren en waarschijnlijk zou je de meeste vragen kunnen beantwoorden.

Nu moeten we het volgende goed begrijpen: toen Jezus op aarde rondliep en onderwijs gaf, leefde hij in een mondelinge cultuur. De meeste mensen waren ongeletterd en boeken waren onbetaalbaar. Informatie werd dus mondeling doorgegeven van de ene persoon op de andere en van generatie op generatie. De mensen in Jezus' tijd waren enorm goed in het luisteren naar en het onthouden van verhalen.

Door de tijd heen heeft de mondelinge cultuur plaats gemaakt voor de schriftcultuur, waarin grote hoeveelheden aan informatie werden doorgegeven op geschreven wijze. De schriftcultuur heeft onze hersenen zo beïnvloed dat we in staat zijn veel informatie op te nemen door te lezen.

In de laatste honderd jaar zien we weer een verandering in cultuur. Van een schriftcultuur komen we in een beeldcultuur. Daardoor werken onze hersenen nu anders dan honderd jaar geleden. Onze herinneringen worden daadwerkelijk op een andere manier opgeslagen en gecodeerd dan in de mondelinge cultuur en de schriftcultuur. (Tot zover een overzicht van de wereldgeschiedenis...)

Daarom is het zo gek nog niet om de lessen van Jezus en de Bijbel te verbinden aan enkele eenvoudige beelden. Dit past heel goed bij hoe onze hersenen werken.

Neem het voorbeeld van Mickey Mouse. Die drie cirkels zijn als het ware een konijnenhol dat steeds dieper en dieper gaat. Nu ben je waarschijnlijk prima in staat om vanuit deze sociologische principes je eigen aansprekende en overdraagbare discipelschapstaal te bedenken. Maar voordat je dat doet, wij zijn meer dan dertig jaar bezig geweest met het ontwikkelen, kneden, verfijnen en het geschikt maken van deze taal voor een post-christelijke context. We hebben de taal zo aansprekend en overdraagbaar mogelijk gemaakt. De leervormen zijn als het ware elk een konijnenhol op zich. Je gaat erin, het is eerst nog klein, goed te overzien en makkelijk te begrijpen, maar dan neemt het je dieper en dieper mee in de Bijbel, het leven van Jezus en het evangelie. Daardoor kunnen we er meer informatie en lagen aan toevoegen, zodat het begrip van mensen over discipelschap en hun begrip over leven in de realiteit van Gods koninkrijk zich steeds verder verdiept. De leervormen dienen als een begin, als de ingang van een konijnenhol, maar daar eindigt het zeker niet mee. Misschien ben je nieuwsgierig geworden naar de inhoud van de vormen. Hierbij dan een introductie. Na een jaar deelname in een huddel is dit wat wij willen dat mensen weten en wat ze geleerd hebben om te *doen*:

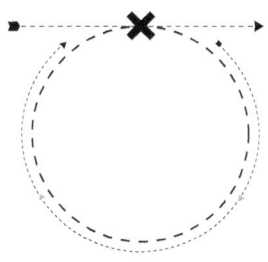

DE LEERCIRKEL: GEESTELIJKE DOORBRAAK

Leer om discipel te zijn door je leven lang van Jezus te leren. De sleutel tot leren is dat je altijd naar Gods stem luistert en daaraan gehoor geeft. We willen dat mensen kennis hebben over God en over de geschiedenis van ons geloof, maar we willen ook dat ze God kennen. Zoals Paulus zegt: "Ik wil Christus kennen en de kracht van zijn opstanding ervaren, ik wil delen in zijn lijden en aan hem gelijk worden in zijn dood." Dit is de basisvorm die in elke huddel terugkomt, omdat we continu vragen: "Wat zegt God tegen me en hoe ga ik daar gehoor aan geven?" [3]

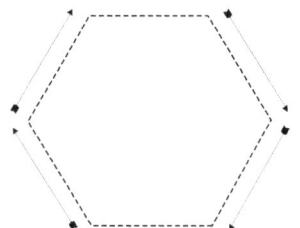

DE ZESHOEK: GEBED

Leer bidden met het Onze Vader als basismodel, zodat je werkelijk een relatie met de Vader opbouwt. Door dit te doen, leren we ook het belang van de Drieëenheid kennen en zien we hoe de Heilige Geest ons met de Vader verbindt.

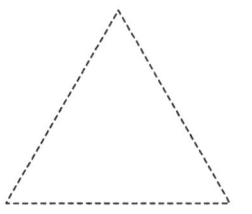

DE DRIEHOEK: DIEPERE EN GEBALANCEERDE RELATIES

Leer in diepere relaties te leven en vind een balans tussen het leven met God, leven in de kerk en leven met mensen die Jezus nog niet kennen.

DE HALVE CIRKEL: LEVENSRITMES

Leer een ritme van rust en werk, dagelijks, wekelijks en door het jaar heen. Dit betekent leren om elke dag te bidden en de Bijbel te lezen op een betekenisvolle manier. Het betekent dat we wekelijks een rustdag nemen waarop we onszelf rust geven. En we leren individueel en gemeenschappelijk een geestelijk leven kennen.

---

[3] Mike Breen, Continuous Breakthrough (Pawley Island, SC: 3DM Publishing Group, 2009)

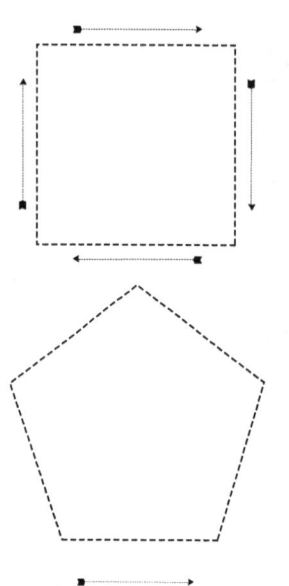

HET VIERKANT: DISCIPELSCHAPSVERMENIGVULDIGING

Leer het proces kennen dat Jezus gebruikte om mensen tot discipel te maken. Leer waar jij bent in dat proces en hoe je zelf mensen kunt leren om als discipel te leven.

DE VIJFHOEK: PERSOONLIJKE ROEPING

Leer de vijfvoudige bediening zoals die in Efeziërs 4 staat, begrijp wat de unieke manier is waarop God jou gemaakt heeft en wat dit betekent voor je persoonlijke roeping als missionaire discipel.

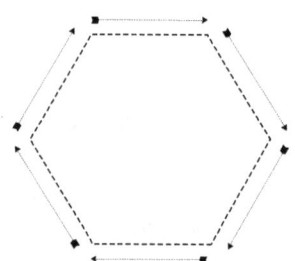

DE ZEVENHOEK: LEVEN IN EEN GEZONDE GEMEENSCHAP

Leer leven in, deelnemen en bijdragen aan de geestelijke familie waar je deel van uitmaakt.

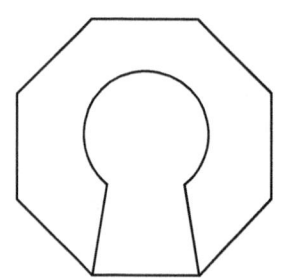

DE ACHTHOEK: ZENDING DOOR PERSONEN VAN VREDE

Leer uitstappen in doortastende zending, door personen van vrede te identificeren en hen te helpen bij de geestelijke doorbraken die God voor hen heeft voorbereid. Leer wat het evangelie is en hoe je dit op een eenvoudige en duidelijke manier kan overbrengen op de personen van vrede.

Elke vorm dient als de eenvoudige ingang naar een wijd vertakt konijnenhol, met daaraan verbonden een eindeloos aantal bijbelverzen, verhalen en praktijkvoorbeelden. Het is voor ons absoluut niet van belang of iemand urenlang kan praten over een of andere vorm. Onze vraag is: is iemand er een verpersoonlijking van, heeft hij of zij de leervorm en het bijbels onderwijs in zijn of haar leven geïncarneerd en is hij of zij in staat om de leefvormen in het leven van een ander te vermenigvuldigen? Dat was Jezus' criterium, en daarom ook dat van ons.

Besef dat jij misschien een gevorderde bent in de theologie, maar de meeste mensen in de kerk zijn dat niet. Deze eenvoudige leervormen vormen samen een discipelschapstaal die makkelijk te leren, te onthouden en door te geven is. Het draait nooit om onszelf, maar draait wel hierom: geven wij de mensen in onze gemeenschap de middelen die ze nodig hebben om andere mensen tot discipel te maken en te leiden naar hun missie. Voor hen dient deze taal.

In de volgende hoofdstukken bespreken we elke leervorm, beginnend met de basisvorm: de leercirkel. Voor onze discipelschapstaal zijn de leervormen van fundamenteel belang en omdat sommige mensen beter leren als ze kunnen luisteren in plaats van lezen, hebben we voor hen audiofragmenten over de leervormen op onze website staan.[4]

Tenslotte nog een heel praktische opmerking: als je een voorganger bent, dan raden we je ten sterkste af om de leervormen te gebruiken voor een prekenserie. Als je dat wel doet, geef je je gemeente te kennen dat dit weer een nieuw programma is. Nog belangrijker, het is nog meer informatie die ze moeten aannemen of negeren. De beste context om de leervormen te onderwijzen is in een huddel, waar alle drie de manieren van leren samen komen. We hebben dit zelf op pijnlijke wijze geleerd en hebben andere voorgangers dezelfde fout zien maken. Leer alsjeblieft van onze fouten!

---

[4] www.weare3dm.com/store (gratis)

HOOFDSTUK 6
GEESTELIJKE DOORBRAAK

DE LEERCIRKEL

Nadat Johannes gevangen was genomen, ging Jezus naar Galilea, waar hij Gods goede nieuws verkondigde. Dit was wat hij zei: 'De tijd is aangebroken, het koninkrijk van God is nabij: kom tot inkeer en hecht geloof aan dit goede nieuws'
Markus 1:14-15

Jezus riep mensen op om hem te volgen, en die mensen noemde hij discipelen, of letterlijk, 'leerlingen'. Als je dit boek leest en de bijbehorende huddelgids gebruikt, dan laat je de leiders in jouw gemeente kennismaken met een vocabulaire waarop je een discipelschapscultuur kunt bouwen. De roeping om discipelen te maken gaat gepaard met een dagelijks afleggen van ons eigen leven om Jezus te volgen. Toch worstelen veel leiders met het herkennen van Gods stem: vaak weten ze niet wanneer God aan het werk is in hun leven. De leercirkel helpt jou en je huddel om te leren van situaties en gebeurtenissen uit het alledaagse leven.

KAIROS ONDERBREKING

Er zijn verschillende Griekse woorden met de betekenis 'tijd'. Het woord *chronos* is daarvan wellicht de bekendste; het heeft de betekenis van opeenvolgende en achter elkaar komende tijd, de tijd zoals je die van je horloge afleest. Een ander woord is *kairos*, en dat heeft de betekenis van een gebeurtenis, een gelegenheid — een moment in de tijd waarop misschien alles verandert, omdat het daar de juiste tijd voor is. Het is een

> **KAIROS IS ALS**
> de eeuwige God op zo'n manier doordringt in jouw omstandigheden, dat bepaalde losse eindjes uit jouw leven bij elkaar gebracht worden in zijn hand.

kairos-moment als de eeuwige God op zo'n manier doordringt in jouw omstandigheden, dat bepaalde losse eindjes uit jouw leven bij elkaar gebracht worden in zijn hand. In *kairos*-momenten lijken de wetten van de chronos te zijn opgeheven.

Kairos-momenten kunnen positief en negatief zijn

Herinner je je nog je trouwdag? En de geboorte van je eerste kind? Een fantastische vakantie? Dit zijn allemaal *kairos*-momenten waarvan je elke minuut koestert. Sommige *kairos*-momenten hebben impact vanwege de verschrikkelijke consequenties. Denk aan het verliezen van een geliefde, een scheiding, ruzie met een collega en de verschrikkelijke gebeurtenissen op 11 september 2001. *Kairos*-momenten zijn zelden neutraal.

Kairos-momenten zijn te herkennen aan de impact die ze op je hebben

Stel: je kondigt de plannen voor een nieuwbouw aan in je kerk. In plaats van het verwachte enthousiasme blijft het stil en staren mensen je aan. Na de dienst verlaten mensen snel en stil de kerk. Je hebt wel door dat er gefluisterd wordt en mensen achter je rug over je praten. Je voelt bezorgdheid en angst. Dit is een *kairos*-moment. Je emoties zijn meestal een goede graadmeter voor een *kairos*-moment en vaak bieden de negatieve gebeurtenissen en de negatieve emoties het meeste potentieel om te groeien.

Kairos-momenten signaleren groeimogelijkheden

Deze groei vindt plaats op individueel en collectief niveau. Misschien maken jij en je team nu wel een *kairos*-moment mee: veranderingen in de staf, verlies van een gebouw, onverwachte groei. Of misschien was er een *kairos*-moment in je verleden, dat dient als start van een leerproces. Als jij en je huddel deze *kairos*-momenten leren herkennen als Gods interventies, dan kunnen jullie de leercirkel doorlopen en groeien. Je zult in staat zijn om deze kansen aan te grijpen en het leven van het koninkrijk te vieren dat erin mee komt.

Wat zegt de Bijbel over een lerende levensstijl? Jezus' eerste onderwijs was een antwoord op deze vraag. "De tijd is aangebroken, het koninkrijk van God is nabij: kom tot inkeer en hecht geloof aan dit goede nieuws" (Markus 1:15).

Dit vers kunnen we zien als een samenvatting van Jezus' onderwijs. Het zegt veel meer over 'leren' dan we in eerste instantie denken. In essentie zegt Jezus dat er een enorme kans voor ons ligt: Gods koninkrijk is binnen bereik voor ieder van ons. *'Het koninkrijk van God is nabij'* betekent dat als je met je hand in de juiste richting reikt, je hand tussen het gordijn van deze wereld door zal gaan en weer tevoorschijn komt in de nieuwe wereld. Er is een deur in de tijd die wij niet kunnen zien, maar de entree van Gods aanwezigheid is aanstaande. De leercirkel biedt een kader waarbinnen we kunnen verwerken wat God aan het zeggen is tijdens het *kairos*-moment en het helpt om op zo'n manier gehoor te leren geven dat we groeien in discipelschap.

De leercirkel laat zien:

- wat het is om een houding van 'levenslang leren' te hebben als een volgeling van Jezus,
- hoe we belangrijke gebeurtenissen kunnen herkennen als kansen om te groeien,
- en hoe we deze gebeurtenissen verwerken.

Wij, leiders, zijn vaak van het analytische type. We zijn geneigd om onze geloofsreis te zien als iets lineairs; er is een beginpunt (onze verlossing) en een eindpunt (de hemel).

verlossing  **hemel**

De Bijbel geeft te kennen dat de relatie van een discipel met God dynamischer is. Laat me het volgende beeld geven. Hier is een gelovige die er vanuit gaat dat hij op een recht en lineair pad loopt. Het zou kunnen dat hij een doel voor ogen heeft of dat hij gewoon loopt in de richting die hem het beste lijkt. Maar dan, zomaar uit het niets, vindt er een *kairos*-moment (▼) plaats.

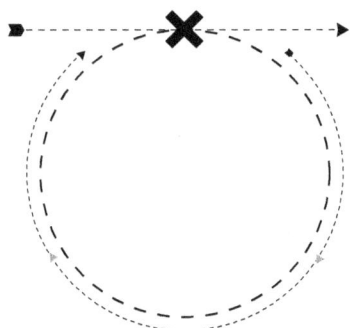

Hij kan op allerlei manieren reageren. Hij kan verder lopen en de kans op groei laten schieten. Hij kan stoppen. Hij kan teruggaan. En hij kan ook de leercirkel doorlopen. Jezus biedt een grote kans aan wie hem ook maar zoekt en wil volgen. Gods koninkrijk is dichtbij, en om naar binnen te gaan is het nodig om door een proces van inkeer en geloof te gaan.

Wanneer een *kairos*-moment plaatsvindt, gaan we vaak onderzoeken hoe het zover heeft kunnen komen, zodat we het een volgende keer kunnen voorkomen. Op die manier kijken we door de verkeerde kant van een telescoop. In plaats van terug, zouden we vooruit moeten kijken naar de groei die we kunnen ervaren door wat er gebeurd is. *Kairos*-momenten zijn een door God gegeven kans om binnen te gaan in een proces waarin we koninklijk leren leven.

SLEUTELS VAN HET KONINKRIJK

'De tijd is aangebroken, het koninkrijk van God is nabij: kom tot inkeer en hecht geloof aan dit goede nieuws.'
Markus 1:15

De leercirkel toont onze reis in het koninkrijk van God. Om het koninkrijk van God binnen te gaan, moeten we door een proces van bekering en geloof. Dit kan een moeilijk en uitdagend proces zijn dat vaker wel dan niet pijn doet. Het is dit proces dat ons leert ons leven neer te leggen en ons kruis op te pakken.

Een *kairos*-moment is de aanzet voor dit leerproces. Zoals we eerder hebben gezegd, kan dit zowel een positieve gebeurtenis zijn (promotie) als een negatieve (ontslag). Het kan een groots moment zijn (je trouwdag), maar ook kleiner (een gezellige avond met de kinderen). In het algemeen zijn *kairos*-momenten niet neutraal, ze laten een bepaalde indruk op ons na. Als een *kairos*-moment voorvalt, moeten we ervoor kiezen om de leercirkel te doorlopen. Vanaf dat moment staan we open om te leren.

Twee sleutelbegrippen in het vers uit Markus helpen ons om het leerproces te definiëren: *bekering* en *geloof*. Onthoud dat het Griekse woord voor bekering *metanoia* is. Het betekent dat iemand van gedachten verandert. Als kerkleiders ervaren we vaak sterke weerstand als we oproepen tot bekering, vanwege de negatieve ervaringen met een boodschap van veroordeling zonder genade. Onze mensen zullen anders reageren als ze ontdekken dat *metanoia* een hartsverandering betekent die zich uit in een andere levensstijl en gedrag. Leven als een discipel van Jezus betekent dat we constant groeien en innerlijk veranderen, omdat we meer en meer op de Leraar gaan lijken. Verandering is niet slechts een optie, het is een vitaal onderdeel in het leven van een volgeling van Jezus. Vanaf het moment dat we innerlijk veranderen, zal dat gaan doorwerken in wat andere mensen van ons zien.

Terwijl *kairos* een gebeurtenis aanduidt met een begin en een eind, zijn bekering (*metanoia*) en geloof (*pistis*) woorden die een proces aanduiden. De leercirkel is een proces, een manier van leven zonder specifiek begin en eind. Een discipel van Jezus worden is geen eenmalige actie, maar een lerende levenshouding aannemen. Dit leren begint met een verandering van het hart.

DE LEERCIRKEL DOORLOPEN

Na het ervaren van een *kairos*-moment in ons leven, is het de tijd om ervan te leren. Veel mensen kennen al de leercirkel die uit drie stappen bestaat: observeer, reflecteer en handel. De leercirkel is uitgebreid naar zes stappen. Er zijn drie onderdelen in het proces van bekering (observeren, reflecteren en bespreken) en drie in het proces van geloof (plannen, aanspreekbaar zijn en doen).

De eerste stap in het bekeringsproces is 'observeren'. Om ons leven te kunnen veranderen, moeten we weten hoe we er nu voor staan. Als een *kairos*-moment ons stilzet, is het de tijd om onze reacties, emoties en gedachten waar te nemen. We moeten eerlijk zijn over wat we zien, zodat we innerlijke verandering een kans geven.

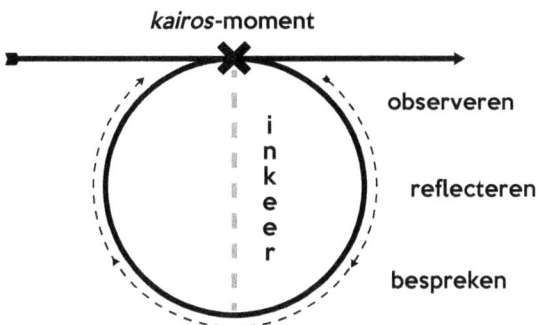

Als we weten hoe we ervoor staan, is het tijd om te reflecteren op onze observaties. We vragen onszelf af waarom we zo gereageerd hebben, waarom voelden we ons zo, wat maakte dat juist door deze gebeurtenis onze emoties naar boven kwamen? Het stellen van vragen is een hele goede manier om te reflecteren. Opnieuw: we zullen eerlijk moeten antwoorden om verandering een kans te geven. (Trouwens, voor introverte mensen voelt dit natuurlijker aan dan voor extraverte mensen, omdat het vraagt om tijd voor persoonlijke reflectie.)

Als observaties en reflecties moeten leiden tot blijvende verandering, dan hebben we andere mensen nodig in ons proces. Voor een bekering die blijvend is, hebben we iemand anders nodig met wie we ons proces delen. Het is belangrijk dat er in ons leven mensen zijn met wie we onze observaties en reflecties kunnen bespreken en die eerlijk zijn tegen ons. Huddels functioneren als de plek waar we open kunnen zijn over onze zonden, een plek om elkaar in alle eerlijkheid uit te dagen, onze worstelingen te delen en Gods genade en vergeving te ervaren. Hier zijn betrouwbare vrienden bij ons die met ons bidden, meevechten en ons niet in slaap wiegen met lege woorden. "Beken elkaar uw zonden en bid voor elkaar, dan zult u genezen." (Jakobus 5:16)

'Tot inkeer komen' hebben we nodig om te groeien als discipelen, maar dat is niet altijd makkelijk. We lopen liever weg dan dat we onze fouten, pijn en angsten erkennen. Net zoals we een bezoek aan de tandarts of het baden van de kat liever vermijden. Doordat we het proces van observeren, reflecteren en bespreken aangaan, tonen we niet alleen de lelijke kanten van ons leven aan anderen, we laten die ook aan onszelf zien.

Onze trots gaat vaak met ons op de loop en in een cultuur waar degenen die weer van ons leren ons als voorbeeld zien, zijn we geneigd om onze eigen zonden en fouten te bedekken en ons vooral bezig te houden met het oplossen van de problemen in het leven van de ander. Veel van ons geven liever een positief beeld van hun eigen leven in plaats van simpelweg authentiek te zijn in hun relatie met God.

Maar wij zijn als leiders niet geroepen om te vluchten voor onze eigen angst en pijn: zo hard en ver mogelijk weglopen en hopen dat het weggaat. Dr. Larry Crabb schrijft: "Een geestelijke gemeenschap bestaat uit mensen die de integriteit hebben om schoongewassen te worden. Dit komt onder spanning te staan doordat mensen hun eigen tekortkomingen en falen meer haten dan het tekortkomen en falen van anderen. Deze laatsten ontdekken daardoor dat er een bron van zuiver water stroomt onder hun meest corrupte gedrag."[5]

Wat een geweldig beeld van discipelschap: onszelf overgeven aan de vergeving van God, wandelen in zijn genade en een veilige plek creëren voor mensen in onze gemeenschappen om hetzelfde te doen. Dit kan alleen gebeuren als wij bereid zijn om zelf als eerste het proces van bekering te doorgaan. Leiders bepalen culturen. Als je wilt dat jouw huddelleden eerlijk vertellen over hun leven en kwetsbaar zijn, dan zal dat bij jou moeten beginnen.

JE WEG VINDEN

> *Broeders en zusters, wat heeft het voor zin als iemand zegt te geloven, maar hij handelt er niet naar.... Zo is het ook met geloof: als het zich niet daadwerkelijk bewijst, is het dood. Maar dan zegt iemand: 'De een gelooft, de ander doet.' Laat mij maar eens zien dat je kunt geloven zonder daden; ik zal u door mijn daden tonen dat ik geloof.*
> *Jakobus 2:14, 17-18*

Dat we iets ervaren of met andere woorden: dat we een *kairos*-moment beleven, betekent nog niet dat we ook wat leren. Een bekering op zichzelf brengt nog geen verandering. Bekering is alleen het eerste deel van de cirkel. Stoppen met het proces na een moment

---

[5] Larry Crabb, *The Safest Place on Earth* (Nashville, TN: W Publishing Group, 1999), 30-31

van inkeer zet de deur slechts open voor een herhaling van de situatie en maakt het moeilijker opnieuw tot inkeer te komen.

Na het onderkennen van een punt, na observatie, reflectie en bespreking ervan — het proces van bekering en berouw voor God - moeten we doorgaan naar de linkerkant van de cirkel en geloven dat verandering mogelijk is. Geloof is de tweede helft van de cirkel, het volgende proces in een levensstijl van discipelschap.

> DAT WE EEN *kairos*-moment beleven, betekent nog niet dat we ook wat leren.

"Het geloof," zegt de schrijver van de brief aan de Hebreeën, "legt de grondslag voor alles waarop we hopen." Het is niet zomaar een leuke overtuiging, maar het fundament waarop onze hoop gevestigd is. Geloof dat niet te zien is, is volgens Jakobus geen geloof. Geloof is actie en het juiste handelen brengt ons in het koninkrijk.

Sommige mensen zeggen dat 'geloof' gespeld zou moeten worden als R-I-S-I-C-O. Wij zijn het daar niet mee eens. Als je handelt in geloof, dan doe je wat jij denkt dat God van je vraagt om te doen. Het is niet risicovol om Gods wil te doen. (Het is juist een groot risico om God te negeren en onze eigen wil te doen.) Als er dan toch een alternatieve spelling voor geloof moet zijn, gebruik dan: Z-E-K-E-R.

Net zoals er voor bekering drie spaken zijn in het wiel, zijn er ook drie spaken voor geloof. De eerste is plannen. Op basis van onze observaties, reflectie en bespreking, moeten we een plan maken om onze innerlijke verandering richting te geven.

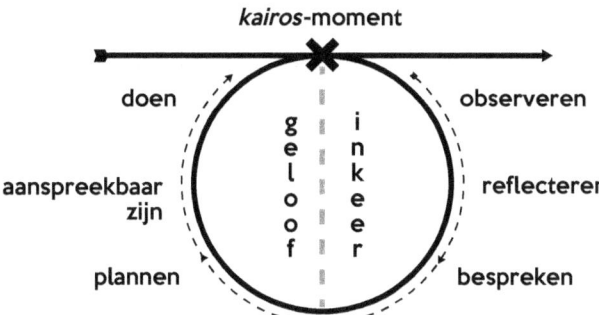

Stel dat je schulden zich opstapelen en dat gaat zover dat er op een gegeven moment een brief van een deurwaarder op de mat valt. Als je bedenkt hoe het zover heeft kunnen komen, laat de Heer je een leegte in jezelf zien die je probeert te vullen met winkelen. Het plannen begint ermee dat je bedenkt hoe je de gevoelens kan herkennen die leiden tot teveel winkelen en hoe je daarop gaat reageren. Of als God je heeft laten zien dat je met meer bemoediging moet reageren op een staflid van je team, dan ontwikkel je concrete plannen over het hoe en wanneer. Plannen gaat eigenlijk altijd over eerst het koninkrijk van God zoeken, wat het onderwerp ook is.

De meesten van ons ontdekken ten diepste door de *kairos*-momenten dat we iets of iemand hebben gebruikt als vervanging van God. Als winkelen jouw vervanging voor God is, maak dan een plan om alleen de belangrijke dingen te kopen, betaal alleen met contant geld en laat de Heer de leegte in je opvullen.

Wil een plan kans van slagen hebben, dan is het belangrijk dat minstens één persoon ons aanspreekt op onze keuze. De dingen die in ons gebeuren, moeten naar buiten komen. Verandering vindt niet plaats in het geheim. Angst om dat wat in je is met anderen te delen, omdat je vindt dat je gedachten en gevoelens te privé zijn, weerhoudt je ervan om te groeien. Al de fouten die de grote mannen en vrouwen in de Bijbel maakten, zijn voor eeuwig openbaar. Bedenk maar eens hoe Petrus zich moet voelen terwijl dag in dag uit mensen lezen en bespreken hoe hij Jezus verloochend heeft. Aanspreekbaar zijn is belangrijk voor Jezus, zo stuurde hij de discipelen er in tweetallen op uit. Met iemand anders delen wat er in je leeft en je fouten erkennen is misschien moeilijk in het begin, maar je kunt niet zonder, als je wilt groeien. De leercirkel zal niet goed werken als er een spaak wegvalt of afgebroken wordt. We kunnen niet stoppen met aanspreekbaarheid en toch zeggen dat we leerlingen van Christus zijn. Zo simpel is het.

Als het plan is bedacht en er is een relatie waarin we aangesproken worden op onze keuzes, dan is het natuurlijke gevolg dat we in actie komen.

Geloof komt altijd aan de oppervlakte en leidt altijd tot actie. Het kan niet worden opgepot. Gedachten en intenties die we binnenhouden en waar we niets mee doen - dat is geen geloof, hoe graag we dat ook denken. ("Mijn geloof is persoonlijk," is een favoriet excuus. Maar het slaat nergens op. Geloof wordt altijd uitgedragen en nooit opgepot.)

DE LEERCIRKEL OP DE BERG

Een bijbels voorbeeld van de leercirkel: Jezus en zijn volgelingen staan aan het begin van een lange dag. Hij gaat een berg op en begint het onderwijs te geven dat wij nu de Bergrede noemen. Dit onderwijs duurt een dag lang en Jezus vertelt wat de hoofdpunten zijn van de radicale levensstijl waar hij zijn volgelingen toe roept. Hij bespreekt onderwerpen als moord, overspel, scheiding, liegen, wraak, het liefhebben van je vijanden, geven aan de armen, gebed en vasten en de liefde voor het geld. Terwijl de mensen luisteren beginnen ze waarschijnlijk dat gevoel van spanning te ervaren dat een *kairos*-moment aankondigt. (Als je dat voelt, kan dat leiden tot een gevoel van angst en bezorgdheid.) Daarom benoemt Jezus de situatie. "Maak je geen zorgen over jezelf en over wat je zult eten of drinken, noch over je lichaam en over wat je zult aantrekken. Is het leven niet meer dan voedsel en het lichaam niet meer dan kleding?" (Matteüs 6:25) Er is iets gebeurd en dat veroorzaakt zorgen, angst en spanning. De discipelen moeten leren over de problematiek achter zorgen maken en daarom begint Jezus met een observatie.

"Kijk naar de vogels in de lucht: ze zaaien niet en oogsten niet en vullen geen voorraadschuren, het is jullie hemelse Vader die ze voedt." (Matteüs 6:26) Na blootgelegd te hebben wat er gebeurt in de harten van zijn volgelingen, neemt Jezus ze mee in een proces dat hen zal bevrijden. Eerst vraagt hij ze om naar de vogels te kijken. Ongetwijfeld zijn ze daar verbaasd over. Jezus helpt zijn discipelen om hun eigen leven te observeren door ze te wijzen op iets anders dat ze begrijpen. De vogels van de lucht zaaien niet, maaien niet en vullen geen voorraadschuren en toch worden ze door hun hemelse Vader gevoed. Dit is een eenvoudige en duidelijke observatie en het helpt de discipelen om hun eigen angsten en gebrek aan geloof te herkennen. Op deze manier zorgt het observeren van een kairos-moment dat we onszelf gaan onderzoeken.

Het reflecteren begint als Jezus vraagt: "Zijn jullie niet meer waard dan zij?" Dit is natuurlijk een retorische vraag en het antwoord is 'ja'. (Vragen stellen is de beste manier om reflectie op gang te brengen.) Vogels zijn van waarde, maar wij zijn van meer waarde. Jezus helpt de discipelen om de dingen in perspectief te zien.

Reflectie leidt tot bespreking. "Wie van jullie kan door zich zorgen te maken ook maar één el aan zijn levensduur toevoegen? En wat maken jullie je zorgen over kleding?" (Matteüs 6:27-28) We lezen niets over een gesprek tussen Jezus en zijn leerlingen over dit onderwerp, maar de gebruikelijke onderwijsmethode was in die dagen een spel van vraag en antwoord. Een bespreking was een basisonderdeel van het leersysteem en daarom kunnen we veilig veronderstellen dat er tijdens de Bergrede ook gesprek is geweest, alleen heeft Matteüs ervoor gekozen om dit niet te vermelden. Mensen hebben het nodig om over dingen door te praten zodat ze het voor zichzelf op een rijtje krijgen. Wij proberen de dingen te veranderen waar we ons zorgen over maken, maar Jezus zegt dat degene die zich zorgen maakt moet veranderen. Er ontstaat verandering in ons als we vragen gaan beantwoorden zoals: "Wat maakt dat ik me zorgen maak terwijl ik weet dat God alles in zijn hand heeft?"

"Zoek liever eerst het koninkrijk van God en zijn gerechtigheid, dan zullen al die andere dingen je erbij gegeven worden" (Matteüs 6:33). Hoe groeien we toe naar een leven dat niet gebaseerd is op zorgen, maar op geloof? Dit vers illustreert het belang van plannen. Een plan wordt gebouwd op een visie. We plannen om iets te bereiken. Jezus zegt dat we

> **PLANNEN MAKEN op basis van het koninkrijk en in een rechte verhouding tot God betekent dat de zorgen voor morgen ons niet hoeven te domineren.**

met ons plan zijn koninkrijk en zijn gerechtigheid moeten zoeken. Gerechtigheid betekent rechte verhoudingen. Plannen maken op basis van het koninkrijk en in een rechte verhouding tot God betekent dat de zorgen voor morgen ons niet hoeven te domineren. God zorgt voor alles, inclusief voor ons! Dat is de essentie van onze visie: dat Jezus de ware Heer van ons leven wordt.

In de conclusie van de boodschap zegt Jezus dat we aanspreekbaar moeten zijn op onze manier van leven, spreken en denken. "Oordeel niet, opdat er niet over jullie geoordeeld wordt." (Matteüs 7:1) Leef niet zo dat je constant andere mensen vraagt verantwoording af te leggen over wat zij doen. Maar leef vanuit de erkenning dat je zelf om verantwoording gevraagd zal worden. Hypocrieten zien de fouten van anderen en missen die van zichzelf. Jezus roept ons om aanspreekbaar te zijn op onze daden.

Daarna vertelt hij een verhaal over twee mannen die allebei een huis bouwen. Eén bouwt op zand en de ander op steen. Vaak leggen we het accent in dit verhaal op het feit dat we onze eigen huizen, onze levens op Jezus onze Rots moeten bouwen. Maar wat Jezus benadrukt is dat we zijn woorden moeten horen en ernaar moeten handelen. De wijze man luistert naar wat Jezus zegt en geeft er gehoor aan.

LEVEN IN EEN SPIRAAL

Vanaf het moment dat je je bewust bent van de leercirkel en die in praktijk brengt, kan je leven eruit gaan zien als een spiraal. Een serie loopings die bij elkaar gehouden worden door de tijd. Elke keer dat je de leercirkel doorloopt, groei je een beetje en ga je een beetje meer op Christus lijken. Ons leven gaat in feite over gebeurtenissen die met elkaar verbonden zijn door de tijd en onze reactie daarop. De juiste reactie — bekering en geloof – brengt ons dichter in het koninkrijk. Eén of meer stappen in de leercirkel overslaan betekent zeer waarschijnlijk dat je keer op keer met dezelfde dingen blijft worstelen.

> **EÉN OF MEER stappen in de leercirkel overslaan betekent zeer waarschijnlijk dat je keer op keer met dezelfde dingen blijft worstelen.**

Hoe nemen we het kruis op en worden we volledig toegewijde studenten van Jezus? Geef je over aan het proces van verandering. Omarm de vrucht die de Geest in je wil doen groeien. En op de momenten dat het zwaar wordt omdat je de zonden in je leven tegenkomt, zet dan door. Vlucht niet voor de strijd in je binnenste. De beloning zal groot zijn als jij en je huddel samen volhouden. In feite, als je eenmaal de goedheid van de Heer hebt geproefd, zoals de man die een parel van grote waarde vond, dan zul je alles verkopen wat je hebt om het te houden en het nog dieper te kennen.

Dit zijn voorbeelden van Jezus en de discipelen die door de leercirkel gaan.

De epilepticus (Mattëus 17:14-21; Markus 9:14-29)
De epileptische aanval (*kairos*)
Ongelovig en dwars volk! (observeren en reflecteren)
Heer, waarom konden wij die geest niet uitdrijven? (bespreken)
Dit soort kan alleen door gebed worden uitgedreven. (plannen)
Het principe van het mosterdzaadje (aanspreekbaar zijn, doen)

Zonden vergeven (Mattëus 18:15-20; Mattëus 18:21-35)
Er is gezondigd, een voorval herinnerd (*kairos*)
Als je broeder tegen je zondigt, ga naar hem toe (observeren en reflecteren)
Heer, hoe vaak moeten wij vergeven? (bespreken)
Daarom, vergeef je broeder vanuit je hart (plannen, aanspreekbaar zijn en doen)

Een moeder vraagt om status (Mattëus 20:20-28)
De vraag aan Jezus (*kairos*)
De verontwaardiging van de discipelen als ze het horen (observeren en reflecteren)
Jezus roept ze bij elkaar voor onderwijs en gesprek (bespreken)
Maar niet bij jullie! (plannen)
Wie de eerste wil zijn, moet aller dienaar zijn (aanspreekbaar zijn en doen)

De rijke jongeling (Mattëus 19:16-29)
Het gesprek (*kairos*)
Als de discipelen het horen staan ze versteld (observeren en reflecteren)
Wie kan gered worden? (reflecteren)
Wij hebben alles achter gelaten; waar kunnen wij naar uitzien? (bespreken)
Als je huizen, familie en velden achterlaat (plannen, aanspreekbaar zijn en doen)

HOOFDSTUK 7
DIEPERE RELATIES

DE DRIEHOEK

Toen Jezus in het gebied van Caesarea Filippi kwam, vroeg hij zijn leerlingen: 'Wie zeggen de mensen dat de Mensenzoon is?' Ze antwoordden: 'Sommigen zeggen Johannes de Doper, anderen Elia, weer anderen Jeremia of een van de andere profeten.' Toen vroeg hij hun: 'En wie ben ik volgens jullie?'
Matteüs 16:13-15

Wie is Jezus voor jou? Jouw antwoord op deze vraag bepaalt, meer dan welke strategie of plan ook, de groei van je kerk. Het antwoord in praktijk brengen te midden van je huddel en de bredere gemeenschap is net zo belangrijk. Jezus' levensstijl was volkomen consequent. Zijn volgelingen zagen het hem dag in dag uit voorleven. Als we de uitdaging aangaan om een discipel van Jezus te worden en de mensen in onze huddel te leren om hetzelfde te doen, dan moeten we ons leven vormen naar dat van onze Meester. Jezus leven werd bepaald door drie relaties: boven — met zijn Vader; binnen — met de door hem gekozen volgelingen; buiten — met de gebroken wereld om hem heen. Dit drie-dimensionale beeld voor een gebalanceerd leven komen we overal in de Bijbel tegen. Het toont ons hoe we vruchtbaar kunnen zijn in onze bediening, onze relaties en onze persoonlijke geestelijke wandel. We zien deze drie dimensies terug in de verhalen over Jezus uit de Evangeliën. Neem bijvoorbeeld dit verhaal uit Lukas 6.

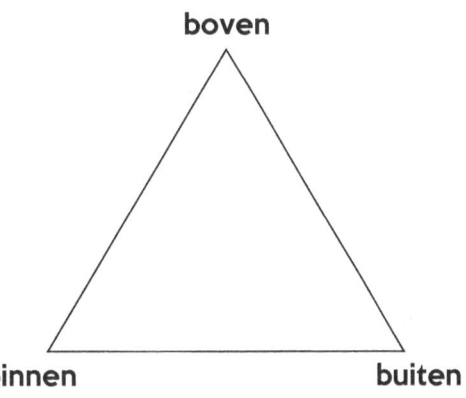

> BIDDEN WAS IN HET leven van Jezus net zo belangrijk als ademen. Hij ademde de aanwezigheid van zijn Vader in en ademde zijn wil weer uit.

JEZUS GAAT NAAR BOVEN

Op een van die dagen trok Jezus zich terug op de berg om te bidden. De hele nacht bleef hij tot God bidden.
Lukas 6:12

Jezus bad met regelmaat. Deze keer ging hij de berg op om te bidden en hij bracht de hele nacht door in gebed. Van Markus leren we dat als de discipelen 's ochtends wakker werden, Jezus al vertrokken was om te bidden. Lukas vertelt ons dat Jezus vaak gevonden werd op eenzame plaatsen, waar hij bad. Bidden was in het leven van Jezus net zo belangrijk als ademen. Hij ademde de aanwezigheid van zijn Vader in en ademde zijn wil weer uit.

Jezus was constant in contact met zijn Vader met wie hij op een hele persoonlijke, intieme en natuurlijke manier sprak. De bron van Jezus' vruchtbaarheid is gelegen in zijn 'boven-relatie' met de Vader. Jezus deed wat hij de Vader zag doen. Hij introduceerde daarnaast ook zijn discipelen in deze persoonlijke relatie met God. En hij roept ons tot dezelfde intimiteit met de Vader die hij altijd al gekend heeft. Het is aan ons om altijd in die relatie te leven.

Onze boven-relatie met Jezus is de manier waarop wij in hem blijven. Wij (de ranken) moeten in hem (de wijnstok) blijven als we vrucht willen dragen (Johannes 15). Al onze inzet blijkt waardeloos als we niet verbonden zijn met boven. Er is geen andere manier. Doen we het anders, dan zullen we geen vrucht dragen.

JEZUS NODIGT MENSEN BINNEN

Toen de dag aanbrak, riep hij de leerlingen bij zich en koos twaalf van hen uit, die hij apostelen noemde: Simon, aan wie hij de naam Petrus gaf, diens broer Andreas, Jakobus en Johannes, Filippus en Bartolomeüs, Matteüs en Tomas, Jakobus, de zoon van Alfeüs, en Simon, die de IJveraar genoemd werd, Judas, de zoon van Jakobus, en Judas Iskariot, die een verrader werd.
Lukas 6:13-16

Jezus had gebeden, zoals beschreven in Lukas 6, en riep toen twaalf volgelingen als zijn eerste 'huddel'. Markus geeft duidelijker aan wat het doel is van deze groep: "Hij stelde twaalf van hen aan als apostel; ze moesten hem vergezellen, en hij wilde hen ook uitzenden om het goede nieuws bekend te maken." (Markus 3:14)

Jezus koos twaalf discipelen voor de drie jaar van zijn publieke bediening. Om bij hen te zijn, tijd met ze door te brengen en een sterke relatie met een ieder van hen op te bouwen. Dit was wat anders dan de gemiddelde theologieopleiding. Jezus kwam als mens en liet ons zien hoe we als mensen met elkaar in gemeenschap moeten leven. Uit de grote groep van mensen die hem volgde, koos hij er tweeënzeventig om te bouwen aan zijn koninkrijk (Lukas 10). Vanuit die groep koos hij er twaalf en van de twaalf waren er drie met wie hij een sterkere vriendschap had — Petrus, Jakobus en Johannes. Met hen deelde Jezus zijn eten, nam tijd voor ontspanning en ontmoette hun families. Met andere woorden: hij leefde met de door hem gekozen mensen. Dit was de binnen-relatie in zijn leven.

JEZUS STREKT ZICH UIT NAAR BUITEN

> *Toen hij met hen de berg was afgedaald, bleef hij staan op een plaats waar het vlak was. Daar had een groot aantal van zijn leerlingen zich verzameld, evenals een menigte mensen uit heel Judea en Jeruzalem en uit de kuststreek van Tyrus en Sidon. Ze waren gekomen om naar hem te luisteren en zich van hun ziekten te laten genezen; ook degenen die gekweld werden door onreine geesten werden genezen, en de hele menigte probeerde hem aan te raken, want er ging een kracht van hem uit die allen genas.*
> *Lukas 6:17-19*

Jezus verloor nooit het zicht op zijn Vaders visie: zich uitstrekken naar een wereld in nood. Jezus bad tot zijn Vader voordat hij een team bij elkaar riep dat zou meewerken aan het koninkrijk. Uit een grote groep van discipelen koos Jezus zijn vrienden aan wie hij liet zien hoe hij leefde. Maar hij kwam ook onder de menigte, gaf onderwijs, voedsel, genezing en troost. Jezus wachtte niet totdat de geestelijk doden naar hem toekwamen. Hij ging naar hen toe en zorgde voor hen. De Joodse leiders haatten hem erom.

Wij zijn gemaakt om driedimensionaal te leven. Als een van de dimensies mist of onderdrukt wordt, dan gaat het met de andere twee niet zoals zou moeten. Als we niet alle drie de dimensies van de driehoek kennen — boven, binnen en buiten — zijn we uit balans en zwalken we door het leven. Als je ooit in een auto gereden hebt waarvan de wielen uit balans waren, dan weet je waar we het over hebben. Het levert niet alleen een vervelende rit op, maar kan de auto flink beschadigen en gevaarlijke situaties opleveren. Jezus' model voor een gebalanceerd leven voor leiders is ook het model dat nodig is voor een gezonde kerk.

> **ALS WE NIET ALLE drie de dimensies van de driehoek kennen — boven, binnen en buiten — zijn we uit balans en zwalken we door het leven.**

TWEEDIMENSIONALE KERKEN

De meeste kerken zijn sterk in twee van de drie dimensies, boven, binnen en buiten. Elke kerk gaat door perioden heen waarin een of twee dimensies meer aandacht krijgen. Maar de kans is groter dat een kerk de sterke dimensies van haar leiderschap reflecteert. Dus als je als kerkleider niet in balans leeft of je geeft meer aandacht aan een van de dimensies, dan is de kans groot dat je gemeente ook uit balans is. Toch wil Jezus niet dat we tevreden zijn met twee van de drie dimensies als zijn volmaakte plan is dat we volledig in balans leven en alle drie de dimensies volledig functioneren. Jezus liet zien hoe en hij roept ons op om te leven in de volheid van drie dimensies. Laten we een paar veelvoorkomende tweedimensionale kerken nader bekijken.

BOVEN EN BINNEN

De kerken, die van oudsher het werk en de gaven van de Heilige Geest benadrukken, zijn belangrijke fakkeldragers geweest op het terrein van boven en binnen. Deze kerken zijn voorgegaan in eigentijdse aanbidding met emotioneel geladen muziek en introspectieve teksten. Ze hebben het gesprek met God aangemoedigd, zowel het spreken met als het luisteren naar hem. 'Een woord van God ontvangen' vertegenwoordigt het boven.

Deze kerken zijn ook goed in het bouwen van gemeenschap. Op basis van hun gedeelde interesse komen mensen op een natuurlijke manier bij elkaar in een kleine groep. Bijbelstudie (boven) en broederschap (binnen) gaan hand in hand. Maar de nieuwkomers ervaren vaak dat het moeilijk is om door een kleine groep geaccepteerd te worden. Wat betreft de aanbidding kunnen mensen komen en gaan wanneer ze willen, ze blijven anoniem. Hoe beter en belangrijker de aanbidding, des te groter het aantal mensen. En hoe groter het aantal mensen, des te vrijblijvender het wordt. Samenvattend hebben de kerken die de gaven en de bediening van de Heilige Geest benadrukken sterke boven- en binnen-relaties, maar zijn ze zwak op het gebied van buiten.

BOVEN EN BUITEN

Er is nog een groep kerken, die veel nadruk legt op de boven-dimensie van de driehoek. Het zijn kerken die traditioneel veel waarde hechten aan de onfeilbaarheid van de Bijbel. Zij hebben een belangrijke aandeel gehad in het beschikbaar maken van de Bijbel voor een zo groot mogelijk publiek, door goed leesbare vertalingen en door praktisch en helder onderwijs. Van deze kerken hebben we veel geleerd over gebed, want ze benadrukken Matteüs 7:7: "Vraag en er zal je gegeven worden, zoek en je zult vinden, klop en er zal voor je worden opengedaan." Hoewel het er anders uitziet dan bij de eerste groep, hebben ze een sterke boven-dimensie.

Deze groep kerken voelt zich ook betrokken bij de wereld buiten hun kerkmuren. Door campagnes te voeren en getuigenisdiensten te organiseren, maken ze het mogelijk dat we het evangelie aan de verlorenen brengen. Ze steunen het wereldwijde zendingswerk met veel geld en leveren veel zendelingen. Mensen in deze kerken willen hun vakanties nog wel eens gebruiken voor kortdurende zendingsreizen. Ze zijn erg sterk in buiten.

Maar de binnen-dimensie is in deze kerken niet sterk ontwikkeld. Het lijkt er soms op dat aanwezig zijn bij een bijbelstudiegroep meer last dan lust is. Zelfopoffering wordt erg belangrijk gevonden, het lijkt niet alleen voor individuen, maar ook voor de hele gemeenschap te tellen. Het 'wij' is van minder belang dan 'zij' en dus is de binnen-dimensie uit balans.

BINNEN EN BUITEN

Dan zijn er ook nog kerken die veelal verbonden zijn met een oude en brede kerkstroming. Zij benadrukken het belang van sociale actie. Deze kerken worden vaak gevonden in het hart van de stad, ze zijn soms zelfs de enige kerk binnen de stadsgrenzen. Ze doen fantastisch werk door voor de zwakken en de verlorenen te zorgen, werk dat de publieke instellingen niet kunnen doen. Veel mensen voelen zich tot deze kerken aangetrokken, omdat de kerk een schuilplaats is in een gevaarlijke samenleving. Deze kerken zijn erg sterk in de binnen en buiten-dimensie.

Maar net zoals de eerste twee groepen zijn deze broeders en zusters ook uit balans als het gaat om hun bediening. De aandacht voor Gods openbaring is niet hun kracht. Het gebed is vaker een automatisme dan een persoonlijk verzoek. Bijbellezen is onderdeel van de liturgie, maar er wordt weinig bij uitgelegd. Bij deze kerken is boven de zwakke schakel.

JE EIGEN KERK EVALUEREN

Neem een moment om over je eigen kerk na te denken. Zijn jullie sterk in woordverkondiging, gebed en aanbidding? Dat is de boven-relatie. Hoe goed zijn jullie in het bouwen aan de gemeenschap, het luisteren naar en gehoor geven aan de behoeften van de mensen in de kerk? Dat is binnen. Brengen jullie het evangelie buiten de kerkmuren naar de wereld er omheen? Dat is buiten. Als je kijkt naar deze symptomen, waarin is jullie kerk dan het sterkst? Waarin het zwakst? Erkennen waar je uit balans bent is de eerste stap naar een nieuwe balans.

Hetzelfde kun je doen om de initiatieven binnen je kerk te evalueren. Stel dat iemand uit je huddel naar je toekomt met de vraag waarom er geen groei is in zijn of haar kleine groep — gebruik dan de driehoek om uit te zoeken of er sprake is van een onbalans. Vraag de leider dat voor je te evalueren op een schaal van 1-10. Hoe zit het met boven? Hebben ze regelmatig tijd voor aanbidding en bestuderen ze samen de Bijbel? Doe hetzelfde met binnen. In hoeverre staan ze open voor elkaars behoeften en wordt er in die behoeften voorzien? Daarna doe je buiten. In hoeverre, op een schaal van 1-10, reiken ze uit naar de mensen buiten hun kleine groep? Zijn ze bewust bezig met het delen van het evangelie? Een gezonde groep scoort een 7 of hoger op alle drie de gebieden. Als ze een 6 of lager scoren is het waarschijnlijk nodig om te investeren in een betere balans.

Er is geen magische formule voor kerkgroei, het is in feite erg simpel. Alle gezonde kerken, kleine groepen en bedieningen groeien. Om gezond te zijn moeten de relaties in balans zijn zoals te zien in de driehoek: boven-binnen-buiten.

OP NAAR BOVEN

> 'Wat kan ik de HEER aanbieden, waarmee hulde brengen aan de verheven God? (...) Er is jou, mens, gezegd wat goed is, je weet wat de HEER van je wil: niets anders dan recht te doen, trouw te betrachten en nederig de weg te gaan van je God.
> Micha 6:6,8

Toen Jezus zijn discipelen riep, nodigde hij hen uit om met hem op te lopen. "Kom, volg mij!' (Marcus 1:17). Dit impliceert dat Jezus in beweging is, aan het wandelen en dat wij met hem mee moeten lopen. In deze tekst uit Micha lezen we wat er van ons verwacht wordt als volgelingen van Jezus. Het is een leven met balans in onze relaties: boven, binnen en buiten.

"Recht doen" — buiten
"Trouw betrachten" — binnen
"Nederig de weg gaan van je God" — boven

BEGIN TE LOPEN

Jezus nodigt ons uit om met hem te wandelen. Dit gaat niet alleen over praten met God. Er staat niet in Micha dat we "nederig met God moeten praten." Wij hebben de relatie met God beperkt tot praten met en luisteren naar hem. Als we de relaties met de belangrijkste mensen in ons leven ook alleen met praten invullen, zijn dat onvolledige relaties. Hetzelfde geldt voor onze relatie met God. Praten is niet genoeg — we zullen echt met hem moeten wandelen. Wandelen met Jezus is bedoeld als een bron van vreugde en niet als een verplichting.

> WANDELEN MET **Jezus is bedoeld als een bron van vreugde en niet als een verplichting.**

Frank Laubach was in het begin van de twintigste eeuw een zendeling onder moslims op de zuidelijke Filippijnen. Hij joeg vastbesloten de dagelijkse intimiteit met God na die Jezus zijn volgelingen voorleefde. Als een gewijde geestelijke beleed hij dat hij vaak het delen van Gods vreugdevolle aanwezigheid had veronachtzaamd. Zijn geschreven werk moedigt ons aan om "de onzichtbare Metgezel binnenin je" te leren kennen. "God," zo schrijft hij, "is oneindig veel belangrijker dan Zijn advies of Zijn gaven; inderdaad, Hij, Hijzelf is het grote cadeau. Het grootste en kostbaarste voorrecht van het praten met Christus is de intimiteit die we met hem kunnen hebben. We mogen een schitterende opeenvolging van hemelse minuten kennen. Hoe dwaas zou het zijn als we de meest ontroerende vreugde van het leven zouden verliezen, terwijl we er misschien alleen maar een wandeling voor hoeven te maken?"[6]

Wandel met Jezus. Nodig hem uit om deel te zijn van het leven van iedere dag. Laat hem je vergezellen als je in de auto zit, als je werkt of sport. Als we werkelijk bedoeld zijn om in relatie met hem te leven, zou dat dan ook niet gaan over ons 'gewone' leven en niet alleen over de momenten die we als geestelijk apart zetten? Leer jouw mensen om zich volledig te geven op hun eigen geloofsweg, als wel op de reis die jullie samen maken.

HOE BOVEN ERUIT ZIET

Wij werden geschapen om actief deel te nemen aan de boven-dimensie in een gebalanceerd leven. A.W. Tozer zei het op de volgende manier: "God schiep ons voor zijn vreugde, hij schiep ons zo dat wij net als hij in heilige gemeenschap de vreugde kunnen ervaren van de zoete en mysterieuze vermenging van verwante persoonlijkheden. Hij wilde dat wij hem zouden zien en met hem leven en ons leven halen uit zijn glimlach."[7]

---

[6] Brother Lawrence en Frank Laubach, *Practising His Presence* (Goleta, CA, Christian Books, 1983), 44.
[7] A. W. Tozer, The Pursuit of God (Harrisonburg, PA: Christian Publications, Inc., 1948), 34.

Herinner jij je Gods glimlach? Als we die niet recent ervaren hebben, dan zijn we misschien niet meer in staat om aan anderen te vertellen hoe zij die ook kunnen ervaren. Hoe geven we dit vorm in ons leven? Hoe geef je dit vorm met hen die je tot discipelen maakt? Je zou zeggen dat als ons hoogste doel is God verheerlijken en ons voor altijd in hem verheugen, dat de hedendaagse kerk dan disproportioneel veel tijd steekt in het eerste deel van dat statement (God verheerlijken) en weinig aandacht geeft aan het tweede (ons in hem verheugen).

Veel christelijke leiders trappen in de val om zo op te gaan in hun bediening dat ze te weinig tijd besteden aan zich in God verheugen. De voorbereiding voor de dienst neemt de plaats in van de verrukking in zijn aanwezigheid. Gebed is voornamelijk iets dat voor anderen wordt gedaan en doordat de aanbidding routine is, is er niet zozeer minachting dan wel onverschilligheid.

Wij begrijpen heel goed hoe dat kan gebeuren. Maar we weten ook dat een kerk zonder boven een kerk is met gebrek aan visie en doel. Het goede nieuws is dat dit niet alleen jouw verantwoordelijkheid is. Begin bij het vorm geven van de boven-relatie in je huddel en moedig de grotere gemeenschap aan om in handel en wandel met Jezus te leven. Probeer ook een balans te vinden met de andere twee dimensies, dan zal onder de leiders in jouw kerk de eensgezindheid voor het doel en de passie voor de visie toenemen.

HOE BOVEN ERUIT ZIET

Vandaag de dag staan niet-kerkelijke mensen niet zozeer achterdochtig tegenover Christus als wel tegenover christenen. Kerken die de aanwezigheid van God praktiseren hebben een grote aantrekkingskracht op een generatie die hongeriger is dan ooit om te kennen en gekend te worden door een God die het waard is om te vereren. Donald Miller vertelt in zijn boek *Puur* een verhaal dat illustreert welke invloed het kennen van Jezus kan hebben.

Een man die ik ken, genaamd Alan, ging het land rond om vragen te stellen aan kerkelijk leiders. Hij ging naar succesvolle kerken en vroeg de predikanten wat ze deden en waarom datgene wat ze deden zo goed werkte. Het klonk allemaal behoorlijk saai, behalve dat ene bezoekje dat hij bracht aan een man genaamd Bill Bright, de leider van een grote gemeente. Alan vertelde dat hij een grote man was, vol van leven, die luisterde zonder zijn ogen af te wenden. Alan stelde een paar vragen. Ik weet niet welke, maar zijn laatste vraag aan dr. Bright was wat Jezus voor hem betekende. Alan zei dat dr. Bright daar geen antwoord op kon geven. Hij zei dat dr. Bright begon te huilen. Hij zat daar in zijn grote stoel achter zijn grote bureau en huilde.

Toen Alan me dat verhaal vertelde, vroeg ik me af hoe het zou zijn om zo van Jezus te houden. Ik vroeg me eerlijk gezegd af of die Bill Bright gewoon gek was of dat hij Jezus persoonlijk kende, zo goed dat hij bij het horen van zijn naam in huilen uitbarstte. Toen wist ik dat ik Jezus ook zo wilde kennen, met mijn hart, niet alleen met mijn hoofd. Ik voelde dat dat de sleutel tot iets was. [8]

> **HERINNER JIJ JE**
> **Gods glimlach?**

Zoals zoveel in het leven als discipel, is het principe van leven in intimiteit met Jezus eenvoudig maar moeilijk. Je kunt God uitnodigen op elk moment van de dag. Het feit is dat hij er al is en dat het behoorlijk onbeleefd is om hem te negeren. Hij is nooit te druk om met je te praten, hij houdt van de dingen waar jij van houdt, hij wil een deel zijn van jouw leven — dat wil hij echt.

BALANS IN ONZE BINNEN-RELATIES

Op een van die dagen trok Jezus zich terug op de berg om te bidden. De hele nacht bleef hij tot God bidden. Toen de dag aanbrak, riep hij de leerlingen bij zich en koos twaalf van hen uit.
Lucas 6:12-13

Jezus begreep de behoefte van ieder mens naar relatie. Wij verlangen naar een thuis. De behoefte aan gezonde relaties met andere gelovigen binnen het lichaam, de Kerk, is een ander aspect van de binnen-dimensie in een gebalanceerd leven. Het is fundamenteel voor het ontwikkelen van een discipelschapscultuur; het trainen en uitzenden van discipelen die discipelen kunnen maken. Het is in de binnen-dimensie dat Jezus zijn volgelingen de vaardigheden aanleerde die ze nodig hadden om aan de Kerk te bouwen. Als Jezus ons voorbeeld is, dan moeten we hem volgen in het aangaan van verbondsrelaties met elkaar.

Het verbond is in de Bijbel een basisprincipe. Van het verbond met Abraham in Genesis 15 tot het nieuwe verbond dat werd bezegeld met het bloed van Christus. We worden er constant aan herinnerd dat God een verbond, een contract, met ons heeft gesloten. Maar een verbond houdt veel meer in dan een contract. Het is een verbintenis vol genade, van een volledige identificatie met elkaar, waarin alle bezittingen worden gedeeld, loyaal, wat het ook kost. God laat zien dat deze relatie bij zijn wezen hoort doordat hij mens wordt. Deze binnen-relatie — met elkaar in liefde leven — noemt Jezus het enige teken waardoor je christenen kunt herkennen. "Aan jullie liefde voor elkaar zal iedereen zien dat jullie mijn leerlingen zijn" (Johannes 13:35).

....

[8] Donald Miller, *Puur* (Amsterdam: Ark Boeken, 2008), 245. (Oorspronkelijke titel: *Blue Like Jazz*)

> DEZE BINNEN-relatie — met elkaar in liefde leven — noemt Jezus het enige teken waardoor je christenen kunt herkennen.

EEN CULTUUR ZONDER VERBINDING

Als Jezus, de grootste leider aller tijden, prioriteit gaf aan relaties, wat kunnen wij daarvan dan leren? Gezonde relaties, in balans, zijn essentieel voor effectief leiderschap. Wij zijn gemaakt voor relaties, voor leven in een gemeenschap met anderen. De kleinst deelbare eenheid in het koninkrijk van God is twee. Wij functioneren niet goed als we tot onszelf veroordeeld zijn. Jezus bracht dit principe in de praktijk en hij leerde het aan zijn discipelen. Hij stuurde de discipelen er niet in hun eentje op uit om het werk te doen dat hij ze geleerd had. Zelfs als hij iemand op pad stuurt om een ezel op te halen, stuurt hij er twee. Jezus' volgelingen zijn niet geroepen om solisten te zijn.

In onze tijd breken de binnen-relaties meer en meer af. We zijn een land van gebroken gezinnen, ontbonden vriendschappen en steeds onafhankelijkere individuen. We laten ons leven vullen met reality-tv, en dat zijn dan onze relaties. Veel geloofsgemeenschappen zijn niet veel meer dan bijeenkomsten van geïsoleerde individuen. Terwijl online het aantal gemeenschappen groeit neemt eenzaamheid epidemische proporties aan. We zijn een samenleving van mensen zonder verbindingen die verlangen naar verbinding.

Je hoeft geen onderzoek te doen om te weten dat dit waar is. Mensen in jouw gemeenschap lijden omdat hun binnen-relaties zwak zijn. Onze cultuur zal blijven zoeken naar nieuwe manieren om dit gapende gat in te vullen als wij het niet gaan vullen. "De boodschap van het evangelie bevestigt dat God ons wil helpen en leiden in de worsteling van het leven en dat hij ons uitnodigt in een relatie met hem. De Bijbel leert ook dat we onszelf en onze bestemming niet vinden als we alleen zijn, niet eens als we samen zijn, maar vooral als we contact hebben met God middels contact met een ander. Gemeenschap is een natuurlijk onderdeel van het christelijke geloof en het is de uitdaging van de kerk om dit naar boven te halen en zich hieraan toe te wijden."[9]

> WE ZIJN EEN samenleving van mensen zonder verbindingen die verlangen naar verbinding.

JEZUS GAF DE EEN MEER DAN DE ANDER

De uitdaging komt dichterbij; het is nu eenmaal zo dat je niet aan anderen kunt leren wat je zelf niet ervaren hebt. Heb jij goede vrienden bij wie je volledig open durft te zijn? Veel van de voorgangers waar wij mee werken zijn in het verleden ge-

---

[9] Craig Detweiler en Barry Taylor, *A Matrix of Meanings: Finding God in Pop Culture* (Grand Rapids, MI: Baker Academic, 2003), 81

kwetst. Ze hebben de conclusie getrokken dat het het veiligst is om geen goede vrienden te hebben onder de mensen die ze leiden. Maar het is geen oplossing. Littekenweefsel waar niet goed voor gezorgd wordt, levert nieuwe complicaties op, ziekte en pijn. We hebben Gods genezing nodig als we gewond zijn geraakt in relaties en daarna gaan we door. We kunnen vriendschappen niet vermijden omdat we ooit gekwetst zijn.

Voorgangers en leiders zijn soms de eenzaamste mensen in de gemeenschap. Wij zijn in de leugen getrapt dat we een professionele afstand moeten houden. En we willen ook niet beschuldigd worden dat we lievelingetjes hebben. Kijk opnieuw naar de relaties die Jezus had. Hij had drie hele goede vrienden: Petrus, Jakobus en Johannes. Wat vonden de andere negen hiervan? Blijkbaar maakte het Jezus niet uit wat zij dachten. En wat vonden de tweeënzeventig van de twaalf? Jezus had een diepere relatie met de twaalf dan met de tweeënzeventig, maar hij deed niet zijn best om 'fair' te zijn. Hij had goede vriendschappen nodig en schrok er niet voor terug om met de drie, de twaalf en de tweeënzeventig verschillende gradaties van vriendschap aan te gaan. Als christelijke leider kun je niet je behoefte aan goede vriendschappen ontkennen omdat anderen misschien jaloers worden. Als je onderwijs wilt geven over het binnen-aspect, dan zul je dat moeten doen door mensen uit te nodigen in een discipelschapsrelatie met jou.

'JOIN ME, THE KARMA ARMY'

Mocht je vinden dat we ons idee van gemeenschap overdrijven, luister dan naar dit verhaal over het eenvoudige idee van deze Engelsman.

Danny Wallace zat in een periode tussen twee banen in. Hij was net gestopt met zijn werk als producer bij BBC-TV in Londen, toen hij hoorde dat zijn oudoom Gallus Breitenmoser was overleden op negentigjarige leeftijd. Danny vertrok naar Zwitserland voor de begrafenis en hoorde daar over de bizarre visie die zijn oudoom had nagejaagd.

Het was kort na de Tweede Wereldoorlog en Gallus was moe van de hardheid van het stadsleven. Hij wilde werken en leven in een gemeenschap met mensen die respect voor elkaar hadden. Hij was eigenaar van een stukje grond en hij besloot daar een leefgemeenschap rond een boerderij op te zetten. Zijn doel was dat honderd mensen zich bij hem zouden aansluiten. Er kwamen er maar drie.

Na week gaf hij het op, maar zijn familie bleef zijn leven lang doorpraten over Gallus en zijn gekke idee. Ook op zijn begrafenis werd er nog om gelachen. Dit was de eerste keer dat Danny hoorde over de visie van zijn oudoom voor een leefgemeenschap. Hoe meer Danny erover nadacht, hoe sterker hij gedreven werd om ook mensen bij elkaar te brengen. Als eerbetoon aan zijn oudoom Gallus, plaatste hij een kleine advertentie in een kleine Londense krant:

> *Sluit je bij me aan (Join Me). Stuur een pasfoto naar...*
> *(met vermelding van zijn adres)*

Een paar dagen later kreeg Danny een brief van Christian Jones. Hij stuurde Danny zijn pasfoto en de menukaart van een Indiaas restaurant in zijn deel van Londen. Danny had zijn eerste volgeling. Hij lanceerde een website en in korte tijd had hij meer dan 101 volgelingen. Daarmee overtrof hij het doel van zijn oom. Waarom sloten mensen zich bij hem aan? Er waren geen bijeenkomsten gepland en niemand kreeg een taak. Tot zover was de leden alleen nog maar gevraagd om een foto op te sturen. Dat was alles en binnen een paar weken hadden meer dan honderd mensen dat gedaan. Ze sloten zich bij een groep aan met geen andere reden dan erbij te horen.

Danny wist niet wat hij meemaakte en was van zijn stuk gebracht. Zijn leden verwachtten van hem dat hij betekenis zou geven aan de gemeenschap. Maar het *had* geen betekenis, totdat Danny er een bedacht. Hij stuurde een e-mail waarin hij zijn plannen ontvouwde voor het collectief. Hun naam werd *The Karma Army* en hun doel was om elke vrijdag een willekeurige daad van vriendelijkheid te doen. Deze vrijdagen heetten nu Goede Vrijdagen. *The Karma Army* gaf enkele aanwijzingen. Leden konden een broodje kopen en dat uitdelen aan iemand op een bankje. Anderen kochten een krant en gaven die aan mensen in het park. Lunches werden gekocht, tassen werden gedragen en stoepen werden geveegd. Iedereen deed het zonder tegenprestatie, omdat ze lid waren van *The Karma Army*.

Nu is www.join-me.co.uk de website waar mensen lid kunnen worden van *The Karma Army*. Nog steeds melden zich mensen van over de hele wereld aan, ondanks dat er geen clubcontributie, structureel geplande bijeenkomsten en geen andere regels zijn. Of misschien groeit het juist wel omdat die er niet zijn.

> **WAAR IS DE KERK terwijl de wereld om ons heen zo'n honger heeft naar levensechte gemeenschappen?**

Mensen doen alles voor *community*. Er is zoveel honger naar levensechte gemeenschappen. Mensen sluiten zich al aan, puur omdat ze ervoor gevraagd worden. Waar is de kerk terwijl de wereld om ons heen zo'n honger heeft? Waarom vragen we niet aan mensen om zich bij ons aan te sluiten? Danny Wallace en zijn *Karma Army* hebben het begrepen: we hebben het binnen-aspect nodig voor een gebalanceerd en vervuld leven. Als christenen hierin niet de weg zullen wijzen, zal *The Karma Army* dat wel doen.

Een cultuur van discipelschap

BALANS NAAR BUITEN TOE

Jezus' leven was driedimensionaal. Hij deed niets buiten zijn Vader om. Hij bracht een team samen van mensen die zijn vrienden zouden worden in een koninkrijksgemeenschap. Na het contact met zijn Vader (boven) en nadat hij zijn vrienden bij elkaar had gebracht (binnen), begaf Jezus zich onder het volk en deed daar het werk van het koninkrijk: het verkondigen van de blijde boodschap, onrecht bestrijden, onderwijs geven, de zieken genezen en de liefde van de Vader doorgeven aan de wereld. De meeste mensen die je leidt, willen graag het boven-aspect van de driehoek leven. En misschien zijn ze ook bereid om een stapje extra te zetten voor de relaties met hun intimi — het binnen-aspect. Maar de gedachte dat ze hun geloof laten zien in relaties buiten hun veilige kringetje, kan behoorlijk angstaanjagend zijn.

Een van de meest zichtbare aardverschuivingen in onze cultuur vindt plaats op het terrein van evangelisatie. In het verleden zagen niet-gelovigen de kerk als de plek om naar toe te gaan met hun geloofsvragen. Veel van onze evangelisatiemodellen zijn gebaseerd op die veronderstelling. Helaas navigeren veel van die methoden op oriëntatiepunten die er niet meer zijn: gedeelde normen en waarden, basisonderwijs door de kerk, een gedeelde geestelijke taal. We gaan door met het geven van antwoorden op vragen die de meeste onkerkelijke mensen al niet meer stellen. We hebben te maken met een generatie ongelovigen die nooit de deur van een kerk zal binnengaan, tenzij ze buiten de kerk een goed contact hebben gehad met een christen. Het idee van evangelisatie beangstigt de meeste christenen. Evangelisatiemethoden waarvoor ze zichzelf competent achten zijn zeldzaam. Daarom zijn hun evangelisatie-activiteiten vaak beperkt tot het meenemen van iemand naar de kerk, in de hoop dat een professionele christen hem of haar het evangelie uitlegt. Maar op het moment dat Jezus' strategie van buiten-relaties wordt uitgelegd, verdwijnt de angst meestal. Wanneer ze worden bemoedigd om relaties op te bouwen met mensen met wie ze zich op natuurlijke wijze verbonden voelen, komt het uitdragen van het evangelie ineens dichterbij. We moeten onszelf niet dwingen ons te richten op de mensen die er niet voor open staan: we kunnen een verbinding maken met iemand die al door God is voorbereid.

> **WE HEBBEN TE maken met een generatie ongelovigen die nooit de deur van een kerk zal binnengaan, tenzij ze buiten de kerk een goed contact hebben gehad met een christen.**

DE ONGEMAKKELIJKE BALANS

Jezus zei dat hij ons vissers van mensen zou maken. In zijn dagen werd er voornamelijk met netten gevist en niet met hengels, zoals wij dat gewoon zijn. De vissers lieten samen de netten in het water zakken, sleepten ze door de zee naar de boot en haalden ze binnen. Met een sleepnet haal je onvermijdelijk vissen van allerlei grootte binnen, samen met een flinke hoeveelheid zeeafval. De scherpe ogen van de visser scanden de vangst. Het was afmattend werk, maar de vissers gingen er nooit vanuit dat de vis (of alleen de juiste vis) vanzelf in hun netten zwom. Als wij onze veilige plekken opzoeken — de kerk, de groeigroep, onze christelijke subcultuur — dan zijn we niet waar de verlorenen zijn. We moeten onze veilige omgeving verlaten en naar de plekken gaan waar mensen nog niet weten dat God zoveel van ze houdt dat hij niet kan stoppen met aan hen te denken. Ons leven moet een naar buiten gerichte relationele dimensie hebben die anderen naar ons toe trekt.

LEVEN MET EEN DOEL

We keren nog eens terug naar Danny Walace en zijn Join Me. In een relatief korte tijd stuurden duizenden nieuwe leden hun foto naar Wallace om lid te worden van dit gevarieerde gezelschap, met leden over de hele wereld. Elk lid had een boven-relatie met Danny, of ze hem in de pub in Londen ontmoetten, tijdens zijn boek-promotiereis in Amerika of via e-mailcontact. In elk geval was er sprake van een duidelijk boven-element met de schepper/visionair. (Bedenk dat individuen die onze transcendente God niet kennen, zich vaak binden aan een ander mens om in hun behoefte aan een boven-relatie te voorzien.)

De binnen-dimensie is duidelijk te vinden in de bijeenkomsten. Deels georganiseerd, maar nog vaker spontane bijeenkomsten in kroegen en cafés. Daar ontstonden vriendschappen tussen mensen die elkaar nog niet kenden.

Maar Join Me zou nooit zoveel leden hebben gehad als de groep geen doel had gekregen, een gezamenlijk streven, een manier om uit te reiken naar de mensen buiten de gemeenschap. Danny realiseerde zich dit en bedacht The Karma Army. Elk lid wordt aangemoedigd om een Goede Vrijdag-overeenkomst te sluiten. Waarin ze beloven dat ze elke vrijdag minstens één willekeurige daad van vriendelijkheid doen aan iemand die ze niet kennen.

Danny geeft dit beeld van Goede Vrijdagen:

door het hele land gebeurden kleine dingen... kleine momenten van vreugde in steden en dorpen. Kleine gebeurtenissen die wat meer kleur gaven aan mensen hun leven, ook al was het maar voor een paar seconden. Er werden biertjes gekocht voor vreemden. Boodschappentassen gedragen. Betaald voor een kopje thee. Bonbons uitgedeeld op straat. Bloemen bezorgd bij oude mensen. Cake achtergelaten voor iemands deur. Natuurlijk had geen van deze gebeurtenissen invloed op wereldschaal, maar... ze onderstreepten op de een of andere manier wel dat we leven. Onbekenden die aardig voor elkaar zijn. Zonder speciale reden.

Door heel Groot-Brittannië en zelfs door heel Europa houden duizenden mensen zich aan hun Goede Vrijdag-overeenkomst. Ze doen hun eenvoudige daden van vriendelijkheid zonder er meer voor terug te verwachten dan het warme gevoel achteraf. The Karma Army is niet-religieus, niet politiek. Het gaat over het binnenwandelen van een pub, een biertje kopen, dat bij iemand op tafel zetten met een korte groet en dan weer doorlopen. Het gaat over iemand je krant aanbieden wanneer jij hem uit hebt. Het gaat niet om een 'dankjewel', de eer of om een kaartje voor de hemel. Het gaat niet over het veranderen van de mensheid, het gaat over mens zijn.[10]

Danny Wallace en zijn leden begrijpen het. Wij moedigen je niet aan om al de dingen te doen die zij doen. Maar toch lijkt het ons dat zij doen wat het lichaam van Christus zou moeten doen. Zij hebben gezien dat het leven alleen volledig is als alle drie de relationele dimensies aanwezig zijn. Zij hebben boven, binnen en buiten een plek gegeven in hun leven. Wij zijn allemaal gemaakt om een relationele balans in het leven te hebben. Op de een of andere manier heeft *Join Me* ontdekt wat bij veel kerken ontbreekt.

Leven met alle drie de dimensies komt niet vanzelf, maar het is wel waarvoor God ons gemaakt heeft. En als het niet vanzelf komt, moeten we er ons best voor doen. Het vraagt toewijding en inzet van ons om boven, binnen en buiten in balans te brengen en te houden. Als één dimensie ontbreekt of onderdrukt wordt, werken de andere twee niet zoals zou moeten. Een balans tussen boven-, binnen- en buiten-relaties vormt jouw leven en dat van de gemeenschap waarin je leeft naar het voorbeeld dat Jezus gaf. Het zou onze intentie moeten zijn om alle drie de dimensies te leven. Als we dat doen, zullen we vrucht gaan dragen.

> **LEVEN MET ALLE drie de dimensies komt niet vanzelf, maar het is wel waarvoor God ons gemaakt heeft.**

[10] Danny Wallace, *The Joy of Sects: The Join Me Story*, Join Me, www.join-me.co.uk/story.html

HOOFDSTUK 8
LEVENSRITME

DE HALVE CIRKEL

De allereerste opdracht die God aan ons gaf, was "wees vruchtbaar en word talrijk." Wij zijn niet geschapen om simpelweg te bestaan. Onze Schepper verwacht van ons dat we voortbrengen en groeien. Jezus vertelde een verhaal over drie dienaren die elk een geldbedrag kregen van hun heer. Twee van de drie gingen met het geld aan de slag om te investeren en winst te maken. De derde (zijn meester noemt hem later lui en slecht) ging op zijn geld zitten, produceerde niets en liet niets groeien. De twee die meer hadden dan waar ze mee begonnen waren, werden beloond en de luie dienaar werd gestraft. Het is duidelijk dat we geen luie en slechte dienaren moeten zijn; we zijn gemaakt om vrucht te dragen.

Iemand die hard werkt, hoeft nog geen *workaholic* te zijn. Ook al denken veel christelijke leiders van wel. De statistieken laten het resultaat zien van de 24/7-werkhouding die veel leiders hebben. Onderzoeken geven aan dat iedere maand meer dan duizend voorgangers met hun werk in de kerk stoppen. Het is voor ons het bewijs dat er een burn-out binnen deze beroepsgroep epidemische proporties aanneemt.

PRODUCTIVITEIT, STRESS EN TRAAGSCHUIM

Iedereen ervaart druk in zijn leven, maar het is niet altijd slecht om druk te ervaren. Druk, zoals wij het ons herinneren van de natuurkundeles, is simpelweg kracht die wordt uitgeoefend op een object om zijn vorm of richting te veranderen. Het gaat pas mis als het object niet meebeweegt. De juiste hoeveelheid spanning op een vioolsnaar creëert een mooie toon. Te weinig spanning geeft een lage zoemer en te hoge spanning geeft een schel geluid. We kunnen stress niet vermijden en dat moeten ook niet proberen. Het is

WE ZIJN *human doings* **geworden in plaats van** *human beings.*

een deel van ons leven. Maar we zijn niet gemaakt om teveel stress te verdragen. Onderzoekers geven aan dat de gezondheid van 43% van de volwassenen nadelige gevolgen ondervindt door stress. Stress-gerelateerde ziekten zijn de aanleiding van 75 tot 90% van de doktersbezoeken.[11] Het aantal stress-gerelateerde sterfgevallen in het Verenigd Koninkrijk wordt geschat op 180.000 per jaar. Waarom laten we zoveel stress toe in ons leven?

Zo'n gestresste levensstijl is ook aanwezig onder christenen. We kunnen wel zeggen dat we onze "zorgen op hem afwentelen," maar we doen het niet. We citeren uit Matteüs: "Mijn juk is zacht en mijn last is licht", maar we blijven zware lasten op onze schouders tillen. Er is iets enorm scheefgegroeid.

God heeft ons gemaakt om productief te zijn. Maar wij bouwen onze identiteit rondom onze activiteiten. We leven niet in de waarheid zoals God ons gemaakt heeft. We zijn *human doings* geworden in plaats van *human beings*. We hebben een bijbels handvat nodig dat ons een levensritme helpt ontwikkelen waarin vrucht dragen en rusten in balans zijn. We moeten zeker zijn over onze identiteit, gebaseerd op het lijden van Jezus aan het kruis en op zijn belofte dat hij van ons houdt en ons accepteert. We moeten stoppen met een gejaagde levensstijl en het zoeken naar acceptatie door wat we doen.

Wij zien in de Bijbel een levenspatroon, waartoe wij voorbestemd zijn vanaf het moment dat we geboren worden. We zien het in het leven van Adam en Eva voor de zondeval en we zien het in het leven van Jezus hier op aarde. Dit is het levenspatroon dat wij aangeven met de halve cirkel. Een pendule die in een natuurlijk ritme heen en weer zwaait.

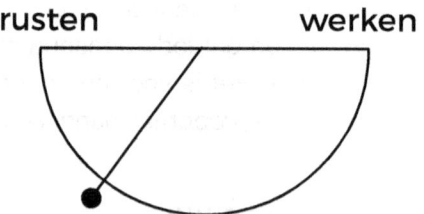

rusten   werken

God zei: 'Laten wij mensen maken die ons evenbeeld zijn, die op ons lijken; zij moeten heerschappij voeren over de vissen van de zee en de vogels van de hemel, over het vee, over de hele aarde en over alles wat daarop rondkruipt.' God schiep de mens als zijn evenbeeld, als evenbeeld van God schiep hij hem, mannelijk en vrouwelijk schiep hij de mensen. Hij zegende hen en zei tegen

---

[11] Health ExpressionsTM, "Work-related Stress", 2004

hen: 'Wees vruchtbaar en word talrijk, bevolk de aarde en breng haar onder je gezag: heers over de vissen van de zee, over de vogels van de hemel en over alle dieren die op de aarde rondkruipen.' Ook zei God: 'Hierbij geef ik jullie alle zaaddragende planten en alle vruchtbomen op de aarde; dat zal jullie voedsel zijn. Aan de dieren die in het wild leven, aan de vogels van de hemel en aan de levende wezens die op de aarde rondkruipen, geef ik de groene planten tot voedsel.' En zo gebeurde het. God keek naar alles wat hij had gemaakt en zag dat het zeer goed was. Het werd avond en het werd morgen. De zesde dag. Zo werden de hemel en de aarde in al hun rijkdom voltooid. Op de zevende dag had God zijn werk voltooid, op die dag rustte hij van het werk dat hij gedaan had. God zegende de zevende dag en verklaarde die heilig, want op die dag rustte hij van heel zijn scheppingswerk.
Genesis 1:16-2:3

God, de HEER, bracht de mens dus in de tuin van Eden, om die te bewerken en erover te waken.
Genesis 2:15

Toen de mens en zijn vrouw God, de HEER, in de koelte van de avondwind door de tuin hoorden wandelen, verborgen zij zich voor hem tussen de bomen. Maar God, de HEER, riep de mens: 'Waar ben je?'
Genesis 3:8-9

We lezen in Genesis dat God op de zesde dag de mens naar zijn *beeld* schiep. Bij dit woord 'beeld' moeten we even stilstaan. Het is namelijk erg belangrijk voor ons gebruik van de halve cirkel. Wij denken bij het woord *beeld* aan wat we zien in de spiegel of aan een portret. Bij een foto van iemands gezicht zeggen we dat het wel of niet lijkt. Maar bij de eerste groep mensen die deze tekst hoorden, kwam dit niet in gedachten. In de tijd van Mozes waren er geen spiegels, portretschilders en fotostudio's. In deze dagen kreeg iemand een idee van hoe hij/zij eruit zag door naar andere mensen te kijken. Maar dit is niet de betekenis van het woord *beeld* zoals dat in Genesis 1 wordt gebruikt. Een betere vertaling zou 'afdruk' of 'indruk' zijn. Het is het beeld van God die de afdruk van zijn hand op ons achterlaat terwijl hij ons vormt uit klei. Wij dragen een afdruk op ons die alleen gevuld kan worden door de hand van God. Maar al sinds de zondeval proberen we Gods aanraking te ontwijken en vullen we de afdruk met allerlei ontoereikende oplossingen. Dit zien we al gebeuren bij de eerste man en vrouw, onze voorouders.

Heb je wel eens een matras van traagschuim bekeken? Je legt je hand bovenop het matras en als je je hand weghaalt, blijft de afdruk van je hand in de matras staan. Jouw hand is de enige hand die deze afdruk perfect kan invullen. Dit geldt ook voor ons. We hebben een afdruk in ons leven die alleen gevuld kan worden door de hand die deze afdruk gemaakt heeft. Maar anders dan bij traagschuim zullen wij Gods afdruk nooit verliezen.

WERKEN OM MENS TE ZIJN

God wandelt in de avondkoelte door de tuin die hij geschapen heeft. Hij verlangt naar het gezelschap van hen die hij schiep, Adam en Eva. De tekst doet vermoeden dat dit vaker gebeurde en dat het een dagelijkse routine was. Aan het eind van de dag verscheen de Heer en hij verwachtte dat zijn geliefden een blokje met hem om zouden gaan. God maakte zichzelf iedere avond zichtbaar zodat Adam en Eva zich verbonden met hem voelden. Ze werden er elke dag aan herinnerd dat God's hand hun leven vulde.
Zo is het bedoeld tussen Schepper en schepselen sinds het begin van de tijd. Dit moment van afzondering en rust na een dag lang werken was niet slechts een optie; "mocht je een momentje kunnen vinden, zo niet dan geeft het niet." Het is in ons gelegd. Het is hoe God ons leven heeft geschapen.

Maar op deze avond kwamen onze voorouders niet opdagen. Ze verstopten zich voor de enige hand die hen kon vullen en compleet kon maken (krijgt deze zin niet een hele nieuwe betekenis nu je het beeld van Gods handafdruk voor je ziet?) Na de confrontatie met God werden ze vervloekt om te werken tussen doorns en distels, zwetend in de hitte van de zware arbeid. Maar dit is niet zoals het bedoeld was om te zijn.

Werk is op zichzelf geen vloek. Voor de zondeval, nog voor Adam en Eva besloten dat ze het zonder de hand van God op hun leven konden doen, gaf God hen instructies over het zorg dragen voor de tuin. Werk is ingesteld voor de zondeval. Wij zijn geschapen om doelgericht bezig te zijn, wat een gevoel van vruchtbaarheid zal opleveren. Dit brengt ons tot de volgende conclusies:

1. *Door werkloosheid valt ons leven onder de norm.* Wanneer mensen werkloos raken, is het alsof ze hun door God gegeven roeping om een productief leven te leiden loslaten. Dit is ook waarom het voor mensen zo zwaar is om werkloos te zijn. Ze raken hun productiviteit en vruchtbaarheid kwijt; het is alsof ze niet meer volledig mens zijn. Geen wonder dat werkloosheid en depressiviteit hand in hand gaan.

WIJ ZIJN geschapen om doelgericht bezig te zijn, wat een gevoel van vruchtbaarheid zal opleveren.

2. *Met pensioen gaan bestaat niet.* Als je vrijwillig je werk achter je laat, zal het niet lang duren voor je de eerste verschijnselen van een depressie ervaart. Hoeveel je ook golft of vist, het haalt het niet bij vruchtbaar zijn. En laten we

maar niet beginnen over hele dagen voor de televisie slijten. Als je stopt met alle productieve activiteiten in je leven, dan loop je weg bij je door God geven roeping. Je kan dan geen succesvol leven leiden. In feite overlijden veel mensen binnen één of twee jaar na hun pensionering, omdat ze nalaten vruchtbaar te zijn.

In de film *Secondhand Lions* zijn de broers Hub en Garth (briljant gespeeld door Micheal Caine en Robert Duvall) met pensioen neergestreken in Texas. Ze hebben jaren gediend in het Franse vreemdelingenlegioen. Op een gegeven moment spant de opvliegende en heetgebakerde Hub zich teveel in. Hij raakt bewusteloos en komt in het ziekenhuis terecht. Nadat Hub weer is ontslagen gaan ze naar huis en stoppen onderweg bij een barbecue restaurant om wat te eten. Daar probeert Garth uit te vinden wat Hub dwars zit.

> Garth: "Broer, wat is er aan de hand? Ben je bang om te sterven?"
> Hub: "Natuurlijk niet! Ik heb geen angst om dood te gaan."
> Garth: "Wat is er dan?"
> Hub: "Ik ben bang om nutteloos te zijn."[12]

Pas als Hub een nieuw doel vindt in zijn leven — de opvoeding van zijn achterneefje Walter — hervindt hij ook weer de wil om te leven.

3. *Er moet ook werk zijn in de hemel.* Als je rekent op een eindeloos lange kerkdienst, dan moeten we je teleurstellen. Er werd gewerkt voor de zondeval en daarom werken we ook na de grote verlossing. Dit leven is een voorafschaduwing van het leven dat gaat komen.

Werk is een strategisch onderdeel van het mens-zijn. Wij zijn geschapen voor een productief leven. Zo niet, dan missen we onze door God gegeven roeping en de standaard norm van mens-zijn. Wij zijn geschapen, op de zesde dag van de schepping, om te werken. Maar het belangrijkste gebeurde op de zevende dag.

God schiep man en vrouw op de zesde dag, in een tuin vol wilde en bijzondere schepselen, vol van heerlijk eten. Hij gaf ze instructies in het omgaan met de dieren en planten in de tuin. Hij gaf ze de opdracht om vruchtbaar te zijn. Maar op de eerste volledige dag die Adam en Eva zouden leven, rustte God. En met hem nam de hele schepping een welverdiende pauze van haar activiteiten. Dit was onze eerste volledige dag, een rustdag. Daarna begon het werk. Hieruit ontleden we een belangrijk levensprincipe: wij moeten werken vanuit de rust en niet rusten van het werken.

....

[12] *Secondhand Lions.* Screenplay by Tim McCanlies. Dir. Tim McCanlies. Perf. Michail Caine en Robert Duvall. New Line Cinema, 2003.

MOORDENAAR, OVERSPELIGE, WORKAHOLIC

Rust is Gods gezonde vertrekpunt voor ons. Wij zijn *human beings* en geen *human doings*. Dit is de orde die God voor ons heeft vastgesteld: eerst rust en dan werk. Maar wij hebben het omgedraaid. We zijn trots op ons hoge werkethos en zien het zelfs als een teken van goddelijkheid. Het ware teken van goddelijkheid — God imiteren — is dat we onze levens indelen naar zijn voorbeeld. Voor God is rust van essentieel belang. Zo belangrijk dat het in zijn top tien staat. Het gebod over de Sabbatsrust staat in hetzelfde rijtje als 'pleeg geen moord', 'steel niet' en 'pleeg geen overspel'. Met andere woorden, God vindt een workaholic net zo slecht als een moordenaar of overspelige. Rust is van groot belang als we willen leven als een discipel.

De eerste ervaring die we als mens opdeden met onze Schepper, was een dag van rust. Om gehoor te kunnen geven aan de opdracht om vruchtbaar te zijn, moeten we vertrekken vanuit een plaats van rust. Rusten in God — in zijn aanwezigheid verblijven — is de enige manier waarop we succesvol kunnen zijn in wat hij ons gevraagd heeft om te doen. Hoeveel van ons plannen voor hun vergaderingen, conferenties en ander werk, dagen van rust en ontspanning in? Daagt dit je uit?

Jij staat onder druk om succesvol te zijn in je bediening. Jij bent op zoek naar manieren om je kerk te doen groeien, aan je onderneming te bouwen of meer mensen te bereiken met het goede nieuws. Een goede zaak, je bent bestemd om vruchtbaar te zijn. God wil meer dan jij dat je bediening groeit. Groei is een teken van leven. Maar om productief te kunnen zijn, wat God wil dat je bent, zul je moeten leven in het ritme van de halve cirkel.

DE SLINGERBEWEGING

Denk eens aan het ritme van een pendule die heen en weer zwaait. De vorm die de pendule creëert is een halve cirkel. Aan het ene eind van de boog staat 'vruchtbaarheid'. Aan het andere eind 'verblijven'. Het ene kan niet zonder het ander. We verblijven in Christus en gaan er dan op uit om vrucht te dragen. We dragen vrucht, dan worden we teruggesnoeid en beginnen aan een periode van verblijven. Rust, werk, werk, rust. Het is een ritme dat we ook terugzien in de natuur.

> 'Ik ben de ware wijnstok en mijn Vader is de wijnbouwer. Iedere rank aan mij die geen vrucht draagt snijdt hij weg, en iedere rank die wel vrucht draagt snoeit hij bij, opdat hij meer vruchten draagt. Jullie zijn al rein door alles wat ik tegen jullie gezegd heb. Blijf in mij, dan blijf ik in jullie. Een rank die niet aan de wijnstok blijft, kan uit zichzelf geen vrucht dragen. Zo kunnen jullie geen vrucht dragen

als jullie niet in mij blijven. Ik ben de wijnstok en jullie zijn de ranken. Als iemand in mij blijft en ik in hem, zal hij veel vrucht dragen. Maar zonder mij kun je niets doen. Wie niet in mij blijft wordt weggegooid als een wijnrank en verdort; hij wordt met andere ranken verzameld, in het vuur gegooid en verbrand. Als jullie in mij blijven en mijn woorden in jullie, kun je vragen wat je wilt en het zal gebeuren. De grootheid van mijn Vader zal zichtbaar worden wanneer jullie veel vrucht dragen en mijn leerlingen zijn.'
Johannes 15:1-8

GROEI IS noodzakelijk om vrucht te kunnen dragen. En groei ontstaat als je weet hoe je in God moet verblijven.

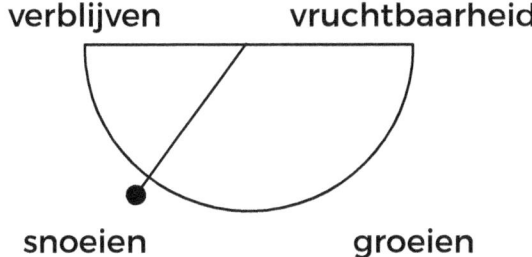

Vruchtbaarheid ontstaat in fases en seizoenen: verblijven, groeien, vrucht dragen, snoeien, verblijven. Dit is het ritme van de zwaaiende pendule, de halve cirkel. Het gaat allemaal over timing. Wij kunnen geen vrucht dragen als we geen tijd nemen om in rust te verblijven. Maar we kunnen niet alleen maar verblijven, want dan draag je geen vrucht. Een tak die geen vrucht draagt wordt afgesneden en in het vuur gegooid.

Het is een interessant gegeven dat nergens in Johannes 15 over groei wordt gesproken. Groei lijkt het resultaat te zijn van het juiste ritme. Groeien is niet hetzelfde als vrucht dragen. Soms houden we geestelijke groei voor de vrucht zelf, maar dat is het niet. We moeten groeien voordat we vrucht dragen. Neem een appelboom, die draagt de eerste drie jaar geen vrucht. Wijnstokken worden de eerste twee tot drie jaar teruggesnoeid voordat ze vrucht kunnen dragen. Zo kunnen het wortelsysteem en de takken zich beter ontwikkelen. Groei is noodzakelijk om vrucht te kunnen dragen. En groei ontstaat als je weet hoe je in God moet verblijven.

TOESTEMMING OM NIET TE PRODUCEREN

Laten we ons wat verder verdiepen in de manier van druiven verbouwen ten tijde van Jezus' leven. In de eerste eeuw werd een wijnstok opgekweekt, geplant en kreeg hij drie jaar de tijd om te groeien voordat hij vrucht moest dragen. Die eerste jaren werden de beginnende druiventrossen telkens teruggesnoeid. Na drie jaar waren de takken sterk genoeg om het gewicht van de druiventrossen te kunnen dragen zonder te breken. Na de oogst werden de takken weer teruggesnoeid en kreeg de wijnstok de tijd om zich te voeden en te rusten voor weer een nieuw seizoen van groei, bloei en vrucht dragen.

Een wijnstok weet niet beter dan dat hij vrucht draagt. Hij hoeft niet enorm zijn best te doen om er maar een druif uit te krijgen. Maar als we naar ons eigen leven kijken, dan lijkt het voortbrengen van vruchtdragende discipelen een zware inspanning te vergen. Als vrucht dragen voor ons niet vanzelfsprekend is, zou dat dan niet komen doordat we het rustseizoen hebben overgeslagen? Zouden wij woekerende planten kunnen zijn, te zwak om ook maar een druifje te kunnen dragen, laat staan een hele tros? Gesnoeid worden is niet de leukste tijd van je leven. Zelden promoten kerken een 'Gesnoeid in 40 dagen' tijd of stellen kleine groepen zich voor met 'laat je bij ons snoeien'. Maar een wijnstok die niet regelmatig gesnoeid wordt, krijgt dunne en zwakke takken.

Wij moeten inzien wanneer het onze tijd is om gesnoeid te worden. Ook al lijkt het in eerste instantie niet productief om er tijd aan te besteden. Zijn we tenslotte niet geschapen om ons voor het koninkrijk in te zetten met alles wat we hebben? In één woord: nee. Wij zijn bestemd om ons leven in te delen zoals Jezus dat deed. God is niet onder de indruk van al onze inspanningen en daadkracht. Wij gaan pas de vrucht dragen waar hij ons voor gemaakt heeft, als we leven op de manier die hij met ons voor ogen heeft. Een tak kan zichzelf niet snoeien. Als hij zijn eigen zin zou krijgen, zou hij groeien en groeien en alleen maar verzwakken totdat hij niet meer in staat zou zijn om vrucht te dragen.

Onze kerken moeten een snoeiperiode kennen. Een tijd waarin de meeste, zo niet alle activiteiten stilliggen. Een tijd van rust en verblijven in Jezus. Dit is tegenstrijdig met de meeste theorieën over kerkgroei. Hoe kan een kerk nou groeien door een periode de deuren dicht te doen? Maar dit is wel precies wat er gebeurt in de meeste kerken, waar wij de leiders steunen in hun discipelschap en hen introduceren in het principe van de halve cirkel. We moedigen ze aan om een periode te stoppen met alle kleine groepen en om de eredienst sterk te vereenvoudigen. Meestal bestaat de dienst alleen nog uit het zingen van enkele liederen en een kort woord van bemoediging. Veel leden gaan op vakantie of gebruiken de tijd om bij vrienden of familie te zijn. Het lijkt alsof alles stil staat, maar intussen ontvangen de mensen die door het jaar heen actief zijn voor het onderwijs, de aanbidding en andere activiteiten, nieuwe energie. Zonder een periode voor hun geest om braak te liggen, zou er een hele matige oogst opkomen in het nieuwe jaar.

> **ONZE KERKEN** moeten een snoeiperiode kennen. Een tijd waarin de meeste, zo niet alle activiteiten stilliggen. Een tijd van rust en verblijven in Jezus.

Door te verblijven in hem, gaan we groeien. Door te groeien dragen we vrucht. En na het vrucht dragen worden we weer gesnoeid. Dit is het patroon van de halve cirkel. Als de Heer je leidt in een tijd om gesnoeid te worden en in hem te verblijven, geef je aan hem over. Hij zal je vullen met nieuwe genade.

JE PERSOONLIJKE MANIER VAN RUSTEN

Voordat jij en je huddel het ritme van de halve cirkel in praktijk gaan brengen, is het belangrijk om te ontdekken hoe je tot rust komt. We hebben verschillende manieren van rusten. Bepalen of je een meer introvert of extravert persoonlijkheidstype hebt, is de eerste stap. Introverten en extraverten verschillen in hun manier om nieuwe energie te krijgen.

Wie meer extravert is haalt nieuwe energie uit de externe wereld van mensen en activiteiten. Daar tegenover krijgen introverte mensen energie van hun interne wereld van gedachten, reflecties en ideeën. Denk daarbij aan de volgende vergelijking. Extraverten leven van nature op zonne-energie, hun energiebron komt bij voorkeur van buitenaf. Introverten leven op een interne batterij, hun energiebron zit in henzelf en om te rusten verminderen ze externe prikkels.

Introverten en extraverten verwerken informatie naar hun eigen voorkeur. Extraverten denken hardop. Meestal kunnen ze pas zeggen wat ze werkelijk bedoelen als ze al hun gedachten uitgesproken hebben. De meeste extraverten hebben weleens iets gezegd waar ze achteraf enorme spijt van hadden. Extraverten laten het leven bruisen, ze kennen veel mensen en vinden het leuk om veel verschillende dingen te proberen. Een ontspannen weekend is voor een extravert in ieder geval inclusief contact met vrienden en allerlei andere sociale interactie.

Aan de andere kant verwerken introverten hun gedachten het liefst in zichzelf. Als je een introvert de ruimte wilt geven om zichzelf te uiten, zul je hem wat tijd moeten geven om de dingen te overwegen buiten een groep. Ze hebben een voorkeur voor schriftelijke communicatie omdat dit hen de kans geeft om hun boodschap te vervolmaken voordat ze hem versturen. Introverten brengen diepte aan in het leven en meestal hebben ze een kleine groep goede vrienden. Tussen mensen die ze goed kennen en waar ze zich op hun gemak bij voelen, kunnen ze zeer onderhoudend en gezellig worden. In grote groepen waar ze weinig mensen kennen is het voor hen steevast hard werken, omdat er een kleine kans is dat ze hechte vriendschappen zullen opbouwen in een kort tijdsbestek. Als ze een hobby ontdekken die hen fascineert, wijden ze zichzelf er vaak aan toe en worden er naar verloop van tijd echt expert in. Introverten ontspannen zich in hun eentje of met

> **ALS HET GAAT OM ontspanning, om tot rust komen, dan maakt het begrijpen hoe God ons heeft gemaakt het verschil.**

een klein groepje mensen dat ze goed kennen. Vaak houden ze van lezen en van het kijken naar een goede film.

Als het gaat om ontspanning, om tot rust komen, dan maakt het begrijpen hoe God ons heeft gemaakt het verschil. Als je extravert bent, ga er dan niet vanuit dat je je weer opgeladen voelt na een avondje in afzondering. Je zult hunkeren naar interactie met anderen en je misschien nog wel slechter voelen door het gemis aan menselijk contact. Natuurlijk moeten we tijd apart zetten om alleen met de Heer te zijn. En als we hem beter en beter leren kennen, zullen dit de meest verfrissende momenten blijken te zijn. Maar het is genade als we gewoon kunnen zijn zoals God ons gemaakt heeft. Als jij tot rust komt door te barbecuen met vrienden, alsjeblieft, steek die barbecue dan aan. Als jij een introverte persoon bent van wie z'n batterij weer opgeladen moet worden, zeg dan zonder schuldgevoel 'nee' tegen de uitnodiging voor diezelfde barbecue.

HET RITME IN ACTIE

Gods bedoeling met ons is dat we een ritme kennen op elk niveau van ons leven.

Dagelijks
Elke dag zou een ritme moeten kennen waarin rust en werk, relaties en ontspanning een plek hebben. Het moet een gezond ritme zijn dat vorm geeft aan de prioriteiten in ons leven. Deze structuur brengt een orde aan in de dag, het is onze persoonlijke leefwijze. Wij moedigen leiders vaak aan om de dag op te delen in acht uur slaap, acht uur werk, vier uur activiteit en vier uur loslaten.

Wekelijks
De zeven dagen van de week is het volgende niveau waarin we een ritme aanbrengen. Er moet minstens een rustdag zijn en andere dagen zijn er om te werken. Onze wekelijkse routine moet ruimte creëren voor speciale familieleden, de kerk en de naasten waartoe God ons oproept om van te houden als van onszelf.

> **HET IS VAN BELANG dat we ons bewust inzetten voor een bijbels patroon van rusten en werken, zodat het geen saaie routine wordt.**

Maandelijks
Deze langere perioden geven de mogelijkheid om op een ander niveau te variëren en contrast aan te brengen. Opnieuw, het is van belang dat we ons bewust inzetten voor een bijbels patroon van rusten en werken, zodat het geen saaie routine

wordt. Tijden van viering en retraite horen in de planning terug te komen zodat we die niet vergeten.

Seizoenen
Dit zijn de momenten in het jaar die het mogelijk maken om langere tijd te rusten. De seizoenen zijn onderdeel van Gods schepping. We moeten gelijksoortige seizoenen inbouwen in ons leven. De seizoenen zijn onder andere: adolescentie en volwassenheid, single zijn en getrouwd zijn, ouderschap en de kinderen uit huis. De start van een nieuwe baan vraagt misschien meer tijd dan de baan die je al jaren hebt. Je zoekt altijd naar een balans tussen rust en werk.

HOE JEZUS RUSTTE

In het leven van veel mensen in de Bijbel vinden we voorbeelden van de halve cirkel terug. Jezus leefde het principe van de halve cirkel. Als wij zijn discipelen willen zijn, doen we er goed aan om zijn voorbeeld te volgen: in de Vader verblijven en vrucht dragen. Jezus praktiseerde een ritme in zijn leven. Hij wist hoe hij zijn leven moest structureren als het gaat om bij zijn Vader zijn en werken in het koninkrijk.

Rust door op retraite te gaan
(Markus 1:12-13)
Voordat Jezus begon met zijn bediening, trok hij veertig dagen de woestijn in. Hier werd hij door Satan op de proef gesteld en gesterkt door de Heilige Geest. Hij was alleen, weg van andere mensen en bracht tijd met zijn Vader door. Hij wist precies wat hij moest doen. Hij wist waar hij moest starten. Hij nam de tijd om zich terug te trekken bij zijn Vader. Het eerste wat hij moest doen voor hij met zijn bediening begon was een retraite. Jezus verliet de woestijn en was vol van de Heilige Geest.

Wat heeft dit ons te zeggen? Wij hebben allemaal tijd nodig om ons terug te trekken, om te rusten in Gods aanwezigheid, onze aandacht op hem gericht. Zoals Jezus: aan de start van een nieuwe bediening, taak of fase in ons leven, hebben we de tijd nodig om kracht te ontvangen van de Vader en onze motieven onder ogen te zien.

Een dagelijks moment om in stilte bij God te rusten
(Markus 1:35-39)
In deze passage lezen we dat Jezus vroeg in de morgen opstaat om naar een eenzame plaats te gaan waar hij kan bidden. De tweede dag van zijn bediening stond voor de deur

> **WIJ HEBBEN** allemaal tijd nodig om ons terug te trekken, om te rusten in Gods aanwezigheid, onze aandacht op hem gericht.

Levensritme | 79

en nu al kwam er een menigte naar hem toe, maar Jezus stond vroeg op en kneep er tussenuit. Voordat hij ook maar iets anders deed, voordat hij zijn dag begon, kwam hij tot rust bij zijn Vader en sprak met hem. Het beroep op onze tijd en energie zal altijd groter zijn dan dat we te geven hebben. Harder en langer werken is niet het juiste antwoord. Jezus zei: "ik doe alleen de dingen, die ik mijn Vader zie doen." Er werd hem bij zijn doop niet verteld wat hij de komende drie jaar allemaal moest doen. In plaats daarvan moest hij zich iedere morgen terugtrekken en de prioriteiten van die dag op een rijtje zetten.

De discipelen leren te rusten
(Markus 6:30-32)

Als je kijkt naar het patroon dat zijn discipelen ontwikkelden, dan is het duidelijk dat Jezus hen leerde om hetzelfde te doen. In deze tekst rapporteren de discipelen aan Jezus wat ze allemaal hebben meegemaakt nadat hij hen (Markus 6:7) op pad had gestuurd. Het was een komen en gaan van zoveel mensen dat ze niet eens de kans kregen om te eten. Jezus zei hen dat ze hem moesten volgen naar een eenzame plaats om te rusten en te eten. Dit gebeurde in het midden van wat wij een opwekking zouden noemen. Rust had prioriteit in Jezus' leven en het is aan ons om hem daarin te volgen.

Andere bijbelse voorbeelden waarin Jezus het patroon van de halve cirkel aanhoudt zijn:

- Markus 2:13 — Jezus verblijft alleen bij het meer voordat hij onderwijs geeft.
- Markus 3:7 — Jezus trekt zich terug met zijn discipelen.
- Markus 3:13 — Jezus gaat de berg op en roept zijn discipelen.
- Markus 4:35 — Jezus laat de menigte achter door in een boot te stappen.
- Markus 5:1 — Jezus bij het meer.
- Markus 5:21 — Jezus steekt het meer weer over naar de andere kant.
- Markus 6:45-46 — Jezus stuurt zijn discipelen vooruit, stuurt de menigte weg en gaat een berg op om te bidden.

RUST HAD prioriteit in Jezus' leven en het is aan ons om hem daarin te volgen.

HOOFDSTUK 9
LEVEN VERMENIGVULDIGEN

HET VIERKANT

Jezus riep hen bij zich en zei tegen hen: 'Jullie weten dat de volken onderdrukt worden door hun eigen heersers en dat hun leiders hun macht misbruiken. Zo mag het bij jullie niet gaan. Wie van jullie de belangrijkste wil zijn, zal de anderen moeten dienen, en wie van jullie de eerste wil zijn, zal ieders dienaar moeten zijn, want ook de Mensenzoon is niet gekomen om gediend te worden, maar om te dienen en zijn leven te geven als losgeld voor velen.'
Markus 10:42-45

Jezus' leiderschapsstijl geeft ons krachtige middelen om onze mensen door de uitdagingen van deze tijd te leiden. Het oude adagium: "waarheen de leiders gaan, daarheen gaat de kerk", is waar. In Jezus' ogen is leiderschap geen positie, lezen we in Markus 10, maar een manier waarop je met anderen omgaat. Onze prioriteit als leiders is, dat we een veranderd leven leven voor het oog van degenen die we leiden. Velen van ons zullen daarom hun manier van leidinggeven moeten veranderen.

WIJ BESTUREN ALLES

Onze cultuur heeft zich ontwikkeld tot een management -georiënteerde samenleving. Wij willen groei, productiviteit en human resources managen. Toch richten mensen zich in tijden van crisis niet tot managers voor hulp. In die tijden hebben we leiders nodig. Soldaten volgen in oorlogstijd geen managers. En op de Eerste Hulp is een leider nodig, die in een fractie van een seconde beslissingen neemt over leven en dood.

De kerk hunkert naar leiders van wie de levens de moeite waard zijn om te imiteren. Dan Kimball zegt het op de volgende manier: "Leiderschap in de emerging church gaat niet langer over strategieën, kernwaarden, mission statements of gemeentegroei-principes. Het gaat over leiders die in de eerste plaats leerling van Jezus zijn met een toegewijd en missionair hart, dat gebroken wordt voor de cultuur waarin ze leven. Al het andere komt hieruit voort en niet andersom."[13]

We hebben leiders nodig die stoppen met het besturen van een kerk en zich gaan wijden aan het leren van discipelschap aan mensen. Het is tijd om in alle nederigheid aan God toe te geven dat we gefaald hebben in het trainen van mensen op de manier zoals Jezus dat deed. Of het kwam door onwetendheid of angst, we zijn voor de veilige keuzes gegaan; studenten moeten theologisch goed onderbouwd zijn en in staat zijn effectief het instituut kerk te besturen, in plaats van dat ze de juiste handvatten krijgen om anderen discipelschap te leren.

EEN VIERKANT VOOR LEIDERSCHAP

Het is zeer noodzakelijk dat het leiderschap in onze cultuur wordt hersteld en opgebouwd, en dat geldt ook voor de kerk. In feite is de kerk de beste aanbieder van een leiderschapsmodel. Wij hebben het leiderschap van Jezus als voorbeeld en kunnen dat delen met de rest van de wereld. Als wij de levensstijl van Jezus als leider gaan imiteren, dan zullen de mensen buiten de kerk dat zien en erop reageren. Dit is geen exclusieve boodschap voor de top van de kerk — Jezus roept iedereen om een leider te zijn. De opdracht om heen te gaan en discipelen te maken is een opdracht voor leiders — je bent bezig met leiden wanneer je iemand tot discipel maakt.

Jezus is de beste leider die de wereld ooit heeft gezien. Hij was ook nog eens de beste leiderschapstrainer of discipelmaker. Als we zijn voorbeeld en onderwijs volgen, kunnen we leiders worden naar Gods bedoeling. In Jezus' leiderschap is zijn vier verschillende fases te herkennen. Daarom gebruiken we hierbij het vierkant als vorm, elke zijde van het vierkant leidt op een natuurlijke wijze tot een volgende zijde.[14]

JE BENT BEZIG MET leiden wanneer je iemand tot discipel maakt.

Fase één
'De tijd is aangebroken, het koninkrijk van God is nabij: kom tot inkeer en hecht geloof aan dit goede nieuws.' Toen Jezus langs het Meer van Galilea liep, zag hij Si-

---

[13] Dan Kimball, *The Emerging Church* (Grand Rapids, MI: Zondervan, 2003), 248)

[14] In het vierkant met de vier kernzinnen herken je een combinatie van de leerfasen van Maslow en het Situationeel leiderschap model van Blanchard

mon en Andreas, de broer van Simon, die hun netten uitwierpen in het meer; het waren vissers. Jezus zei tegen hen: 'Kom, volg mij! Ik zal van jullie vissers van mensen maken.' Meteen lieten ze hun netten achter en volgden hem. Iets verderop zag hij Jakobus, de zoon van Zebedeüs, en zijn broer Johannes, die in hun boot bezig waren met het herstellen van de netten, en direct riep hij hen. Ze lieten hun vader Zebedeüs met de dagloners achter in de boot en volgden hem.
Markus 1:15-20

Deze passage beschrijft een ontmoeting van Jezus met zijn eerste discipelen. Hij kiest hen kennelijk niet op basis van hun goede cv of geestelijke gaven. Hij biedt ze wel een relatie met hemzelf aan en een visie om te volgen. Hun enthousiasme voedt hun vertrouwen en ze stoppen per direct met hun bezigheden. Ze stappen uit de boot, leggen hun netten neer en gaan met hem mee. Ze zijn vol vertrouwen, maar onbekwaam — ze hebben nog geen ervaringen waarop ze hun vertrouwen kunnen baseren. Zijn ze bang? Waarschijnlijk wel. Als ze wisten wat er allemaal zou gaan gebeuren, zouden ze dan ook met hem zijn meegegaan? Wie zal het zeggen? Hoe dan ook, op dat moment spreekt Jezus duidelijk en direct, hij neemt ze mee. Jezus is directief en niet echt democratisch. Het begin van zijn leiderschap is niet gebaseerd op consensus. Hij begint niet te overleggen over zijn strategie en tactiek. Hij laat ze niet stemmen over zijn onderwijs over het koninkrijk. Hij zegt alleen: "Kom, volg mij en ik zal van jullie vissers van mensen maken." Dat is duidelijke taal. We zien dit alleen aan het begin van zijn bediening, later is hij niet meer zo direct. Hij leidt door een voorbeeld te zijn: op reis onderwijs geven, genezen en demonen uitdrijven. Ondertussen volgen de discipelen hem, zien hoe hij het doet en observeren alles.

De discipel
D1 – Vol vertrouwen en onbekwaam

- Veel enthousiasme
- Veel vertrouwen
- Weinig ervaring
- Weinig competenties

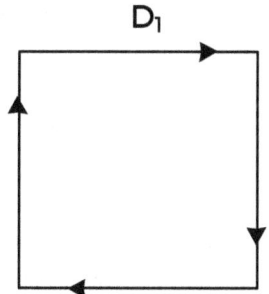

In het begin ken je als volgeling hoogten en diepten. Je stapt in het vierkant als je in aanraking komt met een aansprekende visie, een nieuwe fase of een nieuw doel in je leven. Het kan een nieuwe manier van werken zijn, een nieuw team om mee samen te werken, een nieuwe huisgroep, enzovoorts. Bepaalde eigenschappen kenmerken deze fase. Je hebt vertrouwen en bent vol goede moed, de nieuwe visie opent nieuwe vergezichten. Maar je hebt nog geen ervaring en daardoor nog niet de juiste competenties. Herinner jij je bijvoorbeeld nog de eerste dag van je studie of de eerste keer dat je voorging in een dienst? De kans is groot dat je er echt zin in had en dat gaf je vertrouwen – op dat moment kon je de hele wereld aan. Maar al snel ervoer je je eigen gebrek aan ervaring en competentie. Enthousiasme is een goed begin, maar er is meer nodig.

De leider
L1 – Directief

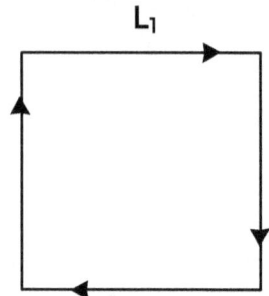

- Veel aansturing
- Veel voorbeeld
- Weinig consensus
- Weinig uitleg

Aan het begin van zijn bediening volgden de discipelen Jezus als antwoord op zijn oproep. Hij gaf directief leiding. Aan het begin van iets nieuws — of het nu een huddel, een team, een bijeenkomst of een taak is — moeten we directief leiding geven. Dit betekent dat we duidelijk de richting aangeven en vol vertrouwen onze weg gaan. Dat is iets anders dan opdringerig zijn of vervelend. De volgelingen zijn enthousiast en willen graag de goede dingen doen. Onthoud daarbij dat managers dingen goed doen en dat leiders de goede dingen doen. In deze tijd moet het juiste voorbeeld consistent worden gegeven.

Dit kan voor sommige mensen problemen opleveren. Vanwege al onze slechte ervaringen met autoritaire leiders, is directief leiderschap al snel verdacht. En de hoge waarde die we in onze westerse cultuur hechten aan de rechten van het individu, is automatisch in tegenstelling met directief leiderschap. We leven in een democratie en gaan er vanuit dat we dit door moeten voeren in alles wat we doen.

Maar als we aan het begin van een nieuwe reis staan, hebben we een sterke en overtuigde leider nodig die ons de weg wijst. Er komt een tijd van meer consensus, overleg en luisteren naar de mening van je volgelingen, maar die is er nu nog niet. Wie wil leiden zoals Jezus dat deed, moet dat doen met vastberadenheid en vertrouwen. Jezus stemde niet met zijn leerlingen af wat zijn volgende stap zou zijn. Hij liet geen onderzoek doen naar de behoeften van mensen. Hij begon met het vertrouwen en de directheid waar het ons vaak aan ontbreekt.

Leiders moeten begrijpen wat er van hen verwacht wordt bij een nieuwe start. Jezus liet dit zien door zijn karakter en stijl van leidinggeven. Zijn wij betere leiders dan hij? Weersta de neiging om alles uit te leggen wat je doet of overal de mening van je volgelingen over te vragen. Vertel wat je plan is en blijf daar bij. Als mensen je willen volgen, dan doen ze dat. Zo niet, dan kunnen ze ergens anders terecht.

Dit is waarom Jezus zei dat leiders gebroken en nederige dienaren moeten zijn. Als je begint met directief leidinggeven, zonder nederig te zijn, dan zul je alleen overblijven. Er zijn momenten dat een leider de door hem gekozen weg moet gaan, maar niet uit arrogantie. Onthoud dat je als leider een vertegenwoordiger bent van de Goede Herder.

Fase twee

> *Vrees niet, kleine kudde, want jullie Vader heeft jullie het koninkrijk willen schenken.*
> *Verkoop je bezittingen en geef aalmoezen. Maak voor jezelf een geldbuidel die niet verslijt, een schat in de hemel die niet opraakt, waar een dief niet bij kan en die door geen mot kan worden aangevreten. Waar jullie schat is, daar zal ook jullie hart zijn.*
> Lukas 12:32-34

Uiteindelijk komen de discipelen er achter dat ze geen flauw benul hebben van waar ze mee bezig zijn. De druk van buiten en van binnenuit wordt langzaam opgevoerd – van het vertrouwen van de vroeger zo moedige pioniers blijft weinig over. Erger nog, ze realiseren zich dat ze iemand volgen die wordt tegengewerkt door het volledige landsbestuur. Hij wordt gezien als een vloek voor de leiders in de samenleving, en zíj zijn medeplichtig.

Voor de discipelen is de lol er nu wel af. Ze betwijfelen hun roeping en hun keuze om te volgen. We zien dit in Lucas, in de hoofdstukken negen tot twaalf. Op dit punt begint Jezus te zeggen: "Ik doe het, maar jullie helpen." Hij stuurt ze erop uit om de dingen te doen die hij deed en waarbij zij gekeken hebben: het evangelie verkondigen, de zieken genezen en demonen uitdrijven. Ze werken in zijn bediening terwijl de oppositie vanuit Herodes en de Farizeeën groeit. De discipelen voelen zich overweldigd: hun eerdere vertrouwen is verdwenen en ze worden wanhopig. Ze beginnen te vrezen voor hun leven. Onthoud hierbij dat bij Jezus' stijl van leidinggeven, de ervaring voor de uitleg komt. Hij zegt tegen de discipelen: "Tegen jullie, mijn vrienden, zeg ik: wees niet bang voor degenen die het lichaam kunnen doden, maar niet tot iets ergers in staat zijn. Ik zal jullie zeggen voor wie je bang moet zijn. Wees bang voor hem die de macht heeft om iemand niet alleen te doden maar ook in de Gehenna te werpen. Ja, ik zeg jullie, wees bang voor hem!" (Lukas 12:4-5) Vlak daarvoor waren ze ontsnapt uit de handen van de Farizeeën. Na deze ervaring legt Jezus uit waarom ze hier niet bang voor hoeven te zijn. Hij geeft ze de volgende instructie: "Vrees niet, kleine kudde, want jullie Vader heeft jullie het koninkrijk willen schenken. Verkoop je bezittingen en geef aalmoezen. Maak voor jezelf een geldbuidel, die niet verslijt, een schat in de hemel die niet opraakt, waar een dief niet bij kan en die door geen mot kan worden aangevreten. Waar jullie schat is, daar zal ook jullie hart zijn." (Lukas 12:32-34)

In essentie zegt Jezus hun dat ze hun oude zekerheden moeten loslaten. Hij wil dat ze hun zekerheid in hem vinden. Tot op dit punt dachten ze waarschijnlijk dat zij het koninkrijk van God op aarde zouden brengen. Maar nu vragen ze zich af of er überhaupt wel iemand is die dat kan. Ze zijn bang. Jezus herinnert hen eraan dat het allemaal om genade draait. Het gaat er niet om wat zij voor God kunnen doen, het gaat erom wat God door hen kan doen. Ze moeten begrijpen dat het koninkrijk van God gegeven wordt en niet te verdienen is, dat het wordt ontvangen en niet maar genomen. Zij kunnen niet uit zichzelf het werk in het koninkrijk doen. Het koninkrijk komt alleen door genade en niet door werken. Dit is wat ze ontdekken en ze beginnen het te geloven.

Jezus verandert zijn leiderschapsstijl naar een meer coachende manier van leidinggeven, passend bij de nieuwe situatie. Het belangrijkste hierbij is hoe hij zijn visie en zijn genade met hen deelt. Hij zoekt naar manieren om meer tijd met hen door te brengen. Hij wordt hun herder en toont de genade en liefde van de Vader. Ze trekken naar afgelegen gebieden, alleen om even niet meer onder de mensen te zijn. Jezus neemt meer tijd met zijn volgelingen alleen om ze van hun angst te bevrijden en ze te helpen focussen op het leven in het koninkrijk.

De discipel
D2 – Angstig en onbekwaam

- Weinig enthousiasme
- Weinig vertrouwen
- Weinig ervaring
- Weinig competenties

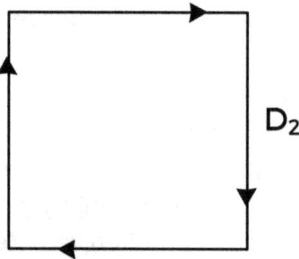

Fase twee is het belangrijkst in het ontwikkelingsproces van een discipel. De opwinding is weggezakt en gevoelens van incompetentie en onervarenheid komen naar boven. Teleurstelling komt omhoog; verwachtingen worden niet waargemaakt. Het is zwaar om je te realiseren dat je niet kunt doen waartoe je geroepen bent. De oppositie en andere moeilijkheden worden overweldigend. Je vergeet de visie en begint je af te vragen hoeveel je er echt van begrepen hebt. Er zijn geen hoogtepunten die dit in balans brengen. Je realiseert je dat je niet bekwaam bent om de missie te volbrengen en je valt in de diepe put van wanhoop.

We zijn geneigd het enthousiasme van D1 te herstellen. Velen van ons pendelen heen en weer tussen D1 en D2. We geven God niet de ruimte om ons in alle kwetsbaarheid door D2 heen te loodsen. We negeren zijn hulp en proberen weer terug te komen bij het gevoel dat we hadden in D1. En al snel gaan we weer onderuit in D2. Als er geen leider is die ons door D2 heen helpt, dan zullen we heen en weer geslingerd blijven worden tussen enthousiasme en wanhoop. En de afstand tussen die twee wordt steeds kleiner. We moeten de genade ontvangen die alleen komt als we D2 volledig doorleven.

Het bouwen aan een cultuur van discipelschap is voor leiders een ongelooflijk aantrekkelijke visie en makkelijk te verkopen. Maar je komt onvermijdelijk in D2 terecht en wordt geneigd om op te geven en weer terug te keren naar het oude model van kerk-zijn. Zonder een L2 leider die bereid is om je tijd, visie en genade te geven, red je het niet tot D3. Het doet er niet toe hoe begenadigd je bent of hoe succesvol je was in het verleden. Dit is één van de redenen waarom we ernaar streven 3D-gemeenschappen te bouwen: hierin trekken leiders samen op en leren ze van elkaars successen en falen.

De leider
L2 – Visionair / coach

- Veel sturing
- Veel gesprek
- Veel voorbeeld
- Veel aansprakelijkheid

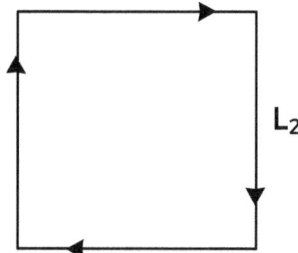

De tweede fase is de proeve van bekwaamheid voor elke leider. Tijdens deze fase moet de leider zijn of haar agenda vrijmaken om tijd door te brengen in het dal, met het individu of het team dat door D2 gaat. Leiders moeten er zijn om Gods genade en bemoediging te bieden. Ze kunnen een ladder neerzetten waarmee de volgelingen uit de put kunnen klimmen. De twee stijlen van de ladder zijn *genade* en *visie*.

Juist in een tijd van ontmoediging en wanhoop is visie cruciaal. Visie is nodig als je niet meer weet waar je naar op zoek bent. Een visie voorhouden aan je volgelingen betekent niet dat je de harde werkelijkheid verdoezelt. De visie geeft de volgeling de mogelijkheid om te zeggen: "Oké, dit is waar ik voor heb gekozen. Het gaat om Gods koninkrijk en niet om mijn comfort. We gaan ervoor."

In deze fase moet de leider het concept genade doorspreken met zijn team: de idee dat we alleen door kunnen gaan in Gods genade en niet door onszelf aan onze haren uit het moeras te trekken. Genade is voor ons mensen een ongelooflijk moeilijk concept om te begrijpen. We denken graag dat het aan ons is om het einddoel te bereiken. Maar het is niet aan ons – wij volgen simpelweg Gods richting om zijn doel te bereiken. Hij zal zijn wil volbrengen. Het is verbazingwekkend wat er gebeurt als een leider een persoon of groep afbrengt van het werken op eigen kracht en ze laat rusten op een plek van genade. Hun vertrouwen groeit omdat ze zien dat het niet van henzelf afhangt, maar dat het Gods werk is door zijn genade.

De eerste twee fases wijzen uit of iemand een ware leider is en zijn discipelen zich kunnen ontwikkelen. Maar de reis van leider en discipel houdt hier nog niet op. Als dat wel zo is, heeft de leider gefaald in de mogelijkheid om mensen op te leiden. De discipel zelf zal er de consequenties van ondervinden dat hij niet adequaat is toegerust. Als leiders zullen we moeten leren om net als Jezus onze discipelen te brengen in een nieuwe fase van vertrouwen en ervaring.

DE TAAL VAN LEIDERSCHAP

"Het doel van geestelijk leiderschap," schrijft John Piper, "is mensen bijeenbrengen om zich bij God aan te sluiten in het leven voor Zijn glorie."[15] Om dit doel te halen, moeten we ons leiderschap vormen naar dat van Jezus, zoals hij zijn discipelen bijeenbracht om te leven voor Gods glorie. Laten we verder bekijken hoe Jezus' leiderschap aansluit bij de vier fases van discipelschap.

Fase 3

> *Mijn gebod is dat jullie elkaar liefhebben zoals ik jullie heb liefgehad. Er is geen grotere liefde dan je leven te geven voor je vrienden. Jullie zijn mijn vrienden wanneer je doet wat ik zeg. Ik noem jullie geen slaven meer, want een slaaf weet niet wat zijn meester doet; vrienden noem ik jullie, omdat ik alles wat ik van de Vader heb gehoord, aan jullie bekendgemaakt heb. Jullie hebben niet mij uitgekozen, maar ik jullie, en ik heb jullie opgedragen om op weg te gaan en vrucht te dragen, blijvende vrucht. Wat je de Vader in mijn naam vraagt, zal hij je geven. Dit draag ik jullie op: heb elkaar lief.*
> Johannes 15:12-17

Als Jezus en de discipelen zich onttrokken hebben aan de menigte, geeft hij ze onderwijs. Hierdoor ontvangen ze opnieuw vertrouwen, gebaseerd op hun ervaringen. In deze fase zien we een periode van groei. Dit is een tijd die gemarkeerd wordt door: "Jij doet, ik help." Jezus riep zijn discipelen niet met deze boodschap aan het begin van zijn bediening. Het zou ze niet hebben gemotiveerd om hem te volgen. Ze hadden de verdrukking, ontmoediging en bedreigingen nodig om op een dieptepunt te komen. Eenmaal daar zouden ze zich aan Jezus hechten en aan niemand anders. Daar ontstond overeenstemming.

Jezus zegt nu tegen hen: "Jullie zijn mijn vrienden." Tot nog toe waren de discipelen een soort ingehuurde werknemers, ze deden wat ze moesten doen zonder het grotere plaatje

---

[15] John Piper, *Brothers, We Are Not Professionals: A Plea to Pastors for Radical Ministry* (Nashville, TN: Broadman and Holman, 2002), 11.

te zien. Maar nu worden ze Jezus' vrienden genoemd. Een vriend is iemand die detzelfde interesse of doelstelling omarmt, iemand met wie je je leven deelt. Op dit punt worden de relaties hechter. Ze vormen samen een gemeenschap. Er wordt vaker gelachen. Het voelt anders dan de fases één en twee. Ze genieten er van om samen te zijn, helpen elkaar bij het werk en als Jezus weer eens onderwijs geeft, bespreken ze achteraf wat ze gehoord hebben en wat het betekent. In deze fase neemt Jezus alle tijd voor ze.

Maar dan jaagt hij ze de stuipen op het lijf. Hij vertelt zijn discipelen dat hij ze binnenkort gaat verlaten. Hij zegt dat hij in het huis van de Vader een plaats voor hen gaat klaarmaken en dat ze wel weten hoe ze moeten komen waar hij is. De discipelen worden in verwarring gebracht. Tomas spreekt voor hen allemaal als hij zegt: "Wij weten niet eens waar u naartoe gaat, Heer, hoe zouden we dan de weg daarheen kunnen weten?" (Johannes 14:5) Jezus beantwoordt de vraag met misschien wel de meest passende verklaring voor al het menselijk leven: "Ik ben de weg, de waarheid en het leven." (Johannes 14:6) Maar ze begrijpen het nog steeds niet. Ze zijn blij met de situatie zoals die is en willen helemaal niet dat dit voorbij gaat. Al die pijn en moeite en dan nu dit. De discipelen dachten dat ze de moeilijke momenten achter zich hadden gelaten en dat het zo goed zou blijven. Je zou zelfs kunnen zeggen dat ze overmoedig waren geworden.

Zo vragen Jakobus en Johannes, de zonen van Zebedeüs, of ze als Jezus heerst in zijn glorie, rechts en links van hem mogen zitten. (Markus 10:37) Ze hebben nog veel te leren over dienend leiderschap, zo blijkt uit Jezus' reactie: "Wie van jullie de belangrijkste wil zijn, zal de anderen moeten dienen, en wie van jullie de eerste wil zijn, zal ieders dienaar moeten zijn." (Markus 10:43-44) Jakobus en Johannes vragen zich af wat hun plek zal zijn in het koninkrijk, ze denken dat ze er al zijn. Jezus' spreken over zijn weggaan past niet in dat scenario, hij bereidt ze voor op de laatste fase.

De discipel
D3 – Groeiend vertrouwen

- Toenemend enthousiasme
- Groeiende ervaring
- Wisselend vertrouwen
- Groeiende competenties

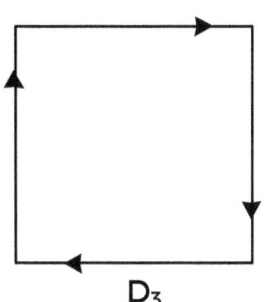

Als de discipelen in fase drie komen, maakt het feit dat God de leiding heeft hen vrij. Ze moeten de genade accepteren en beginnen dit uit te werken in hun eigen leven. Voor velen van ons is dat niet zo makkelijk, maar het is het enige dat ons doet groeien in en naar volwassenheid. Het is het enige dat ervoor zorgt dat we niet meer meewaaien met elke nieuwe leer die voorbij komt. Naar nog een conferentie, weer een boek lezen, mp3's afluisteren, van kerk naar kerk gaan – het kunnen slechte vervangers zijn van het discipelschap dat God met ons voor heeft. We kunnen ontsnappen uit deze valkuil, want als de Heer genade uitwerkt in ons hart, beginnen we aan een duurzaam leerproces. Als we de lessen van de tweede fase ter harte hebben genomen, groeien we opnieuw in vertrouwen en ontdekken we dat ons enthousiasme toeneemt. Doordat we gaan handelen op basis van wat we geleerd hebben, hebben we meer ervaring en dit stuwt ons vertrouwen en enthousiasme.

In deze fase brachten de discipelen veel tijd met Jezus door. Groei en ontwikkeling als persoon wordt gevolgd door groei in intimiteit. De intimiteit tussen de leerlingen onderling en die tussen de leerlingen en Jezus.

De leider
L3 – Pastoraal / consensus

- Minder sturing
- Meer consensus
- Veel gesprek
- Veel aansprakelijkheid

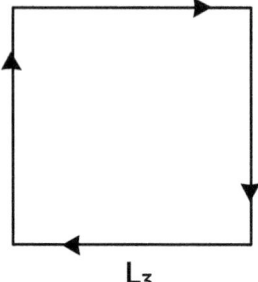

In fase drie ontwikkelt zich een sterke vriendschap tussen de leider en degene die hij of zij leidt. Door de tijd die de discipelen met Jezus hebben doorgebracht, ervaren ze een intimiteit die er eerder niet was. Hij noemt hen nu zijn vrienden. Dit is het koninkrijk in actie.

Maar zodra ze in fase drie zitten en de discipelen het idee hebben dat alles op rolletjes loopt, laat Jezus weten dat hij hen gaat verlaten. De discipelen voelen daar niets voor. Ze beginnen opnieuw te flirten met D2. Dit zal hoogstwaarschijnlijk ook gebeuren met degenen die jij leidt. Nu moet je erop vertrouwen dat ze de visie verinnerlijkt hebben: ze weten welke kant ze op moeten gaan. Je leiderschapsstijl is ingrijpend veranderd van een directieve leiderschapsstijl naar een stijl gericht op consensus. Veel leiders maken een fout door vanaf het begin deze democratische leiderschapsstijl te willen hanteren. Dat gaat niet werken. De volgelingen zullen door fase één en twee moeten gaan, voordat ze de ervaring en visie hebben die hun mening de moeite van het overwegen waard maakt. Als een discipel te vroeg zelf beslissingen mag maken, dan raken beide, discipel en leider, binnen de kortste keren van het pad af. Elke fase moet volledig doorlopen worden.

Fase vier

> Jezus kwam op hen toe en zei: 'Mij is alle macht gegeven in de hemel en op de aarde. Ga dus op weg en maak alle volken tot mijn leerlingen, door hen te dopen in de naam van de Vader en de Zoon en de heilige Geest, en hun te leren dat ze zich moeten houden aan alles wat ik jullie opgedragen heb. En houd dit voor

*ogen: ik ben met jullie, alle da*gen, tot aan de voltooiing van deze wereld.'
Matteüs 28:18-20

Het gebeurt: Jezus wordt weggenomen. Hij wordt gearresteerd, beproefd en gekruisigd. Hij komt weer terug, jawel, maar dit keer als de opgestane Heer. In deze staat brengt hij niet meer zoveel tijd met hen door dan hij eerder deed. Hij verschijnt af en toe - en vaak op de meest verrassende manieren. Zo zitten ze samen in een gebouw en hebben ze alle ramen en deuren dicht gedaan, en toch is ineens Jezus in hun midden. Ze zijn bang en Jezus zegt: "De volgende keer dat we elkaar ontmoeten is in Galilea." Dus gaan ze allemaal naar Galilea. Daar zoeken ze hem, maar ze kunnen hem niet vinden. Ze weten niet wat ze nu moeten doen en vallen terug op het enige dat ze wel kunnen: vissen. Na een nacht lang vissen zonder resultaat, zien ze iemand op het strand. Raad eens wie dat is?

Jezus bereidt de discipelen voor op zijn afwezigheid. Hij brengt het aantal contacturen terug omdat hij nu de delegerende autoriteit is. Hij draagt zijn werk over; zij worden zijn vertegenwoordigers. In deze laatste fase worden ze bekrachtigd met vertrouwen en competentie, het is het resultaat van hun diepere relatie met Jezus en de opgedane ervaring in zijn de bediening.

We hebben gezien dat Jezus in de eerst fase zei: "Kom, volg mij" tot de laatste fase, waarin hij zegt: "Ga de wereld in en doe wat ik je geleerd heb om te doen." Zoals de discipelen groeien en veranderen door elke fase heen, zo past Jezus zijn leiderschapsstijl aan. Hij heeft ze meegenomen in een ontwikkelingsproces en ze voorbereid op hun nieuwe taak — het evangelie naar de wereld brengen.

De discipel
D4 – Het einde is in zicht

- Veel enthousiasme
- Veel vertrouwen
- Veel ervaring
- Veel competentie

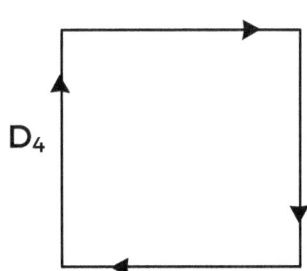

In deze fase heeft het enthousiasme echt bodem gekregen. Het is diep geworteld in vertrouwen dat is ontstaan door een sterk gevoel van bekwaamheid. Er is kennis van Gods Woord en zijn genade. Het continue luisteren naar Jezus' onderwijs en praktijk doet hun wortels diep uitschieten en sterkt de discipelen tegen de onvermijdelijke stormen van het leven. Hun vertrouwen rust op God en niet op henzelf. Ze gaan niet langer uit van eigen kracht, maar rekenen erop dat God afmaakt wat hij begon. Op dit punt zegt Jezus: "Ga en doe wat ik deed, maak discipelen zoals ik dat heb gedaan."

De leider
L4 – Delegeren

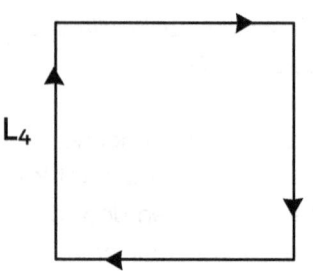

- Weinig sturing
- Veel consensus
- Weinig voorbeeld
- Veel uitleg

Groei heeft plaatsgevonden in de derde fase, ervaring is opgedaan en enthousiasme, dat eerder was verloren, keert weer terug. Het team is bekwaam geworden. De leider houdt rekening met de gedachten die leven in het team en probeert overeenstemming te bereiken. De leider laat ook minder zien hoe het moet, omdat in deze fase de discipelen het werk moeten doen.

Het is nu de tijd om autoriteit en verantwoordelijkheid te delegeren. Goede leiders brengen mensen altijd tot het punt waarop ze klaar zijn om gedelegeerde verantwoordelijkheid te dragen. Delegeren voordat dit punt bereikt is, is het beste recept voor problemen. Ze kunnen denken dat ze er klaar voor zijn, maar zolang ze nog niet door alle drie de fases heen zijn gegaan, is dat niet zo.

Leiders moeten altijd uitzien naar mensen om hun werk aan over te dragen. Mensen die hun werk net zo goed of beter doen dan zijzelf. Dit vraagt om een nieuw soort intimiteit. De leider trekt zich langzaam terug en de discipel wordt de nieuwe leider. De intimiteit blijft, maar wordt niet langer bepaald door de hoeveelheid tijd met elkaar, maar door de openheid naar elkaar.

De fases waarin verantwoordelijkheid wordt gedelegeerd:

- Fase één   Ik doe, jij kijkt
- Fase twee   Ik doe, jij helpt
- Fase drie   Jij doet, ik help
- Fase vier   Jij doet, ik kijk

KIJK VERDER

We hebben alleen informatie uit de evangeliën gehaald voor onze uitleg van het vierkant, maar er zijn ook in andere bijbelboeken vele voorbeelden waarin deze principes van discipelschap en leiderschap terug te vinden zijn. Neem bijvoorbeeld de relatie tussen Mordechai en Ester. Ester groeit in wijsheid en volwassenheid, zoals het verhaal vertelt en tegen het einde is ze in staat om belangrijke beslissingen en initiatief te nemen. Terwijl ze daarvoor nog zeer afhankelijk was van Mordechai, haar mentor.

Je hebt als leider de verantwoordelijkheid om op jezelf te reflecteren en op je capaciteit om deze principes in praktijk te brengen. Neem de tijd om de kunst van Jezus en de grote leiders in de Bijbel af te kijken en leg dat naast je eigen werkwijze. Door eerlijk naar jezelf te kijken, kun je de noodzakelijke stappen nemen om toe te groeien naar een leiderschapsstijl als die van Christus.

HOOFDSTUK 10
PERSOONLIJKE ROEPING

DE VIJFHOEK

De laatste decennia is een consumentenmaatschappij ontstaan, die ook is doorgedrongen tot de kerk. De kerkleden stellen als consumenten steeds hogere eisen aan hun leiders. Het leiden van een kerk kan zo'n zware last worden dat voorgangers ermee stoppen en hun roeping verzaken. In de Bijbel is duidelijk sprake van een rolverdeling binnen de kerk, maar de missie is gegeven aan het hele lichaam. Een gezonde kerk creëert een discipelschapscultuur en rust alle leden toe om deel te nemen aan het missionaire werk waartoe God hen heeft geroepen.

De volgende vorm — de vijfhoek — kan in het begin bedreigend overkomen op voorgangers en leiders, omdat dit een aanzet is tot een andere manier van denken over de vraag: "aan wie behoort de kerk toe?" Kerkleiders die werken met een hoge mate van controle zijn absoluut niet aantrekkelijk voor de opkomende generatie. De nieuwe generatie wil haar geloofsreis niet doorbrengen in een gemeenschap die de kerk *organiseert*, maar die de kerk is. Iemand zei het op de volgende manier: "Als wij niet dagelijks onze geestelijke reis met Christus leven, als we niet anderen meenemen op die reis – buiten het gebouw van de kerk en buiten onze gebrandschilderde ramen en zachte tapijten — dan kunnen we niet verwachten dat het wel gaat werken op zondagmorgen of woensdagavond."

De vijfhoek kan heel goed nieuws zijn voor jou en je bediening. Aan het begin kan het wat ongemakkelijk aanvoelen, maar geef het een kans. Al snel word je enthousiaster, want de vijfhoek gaat over het vrijzetten van de leden van het lichaam om te functioneren naar hun volledige potentie. Als we gaan inzien waarvoor we gemaakt en geroepen zijn, dan kunnen we onszelf heel wat moeite en energieverlies besparen op andere gebieden. Als we weten hoe God ons gemaakt heeft, kunnen we stoppen met proberen om iemand anders te zijn. Dat scheelt een hele hoop stress. Als we de weg bewandelen waartoe God

> **ALS WE WETEN HOE** God ons gemaakt heeft, kunnen we stoppen met proberen om iemand anders te zijn. Dat scheelt een hele hoop stress.

ons geroepen heeft, zullen we ontdekken dat er meer genade voor ons is dan we ooit hadden kunnen hopen. God heeft emmers vol genade klaar staan om over ons uit te gieten, maar we moeten wel daar gaan staan waar hij de genade laat neerkomen. En dat is de plek waarvoor hij ons gemaakt heeft.

Denk eens aan een leerling die moeite heeft met wiskunde. Hij dwingt zichzelf om naar de leraar te luisteren en toch begrijpt hij er niets van als er een nieuwe formule wordt uitgelegd. Hij moet enorm veel tijd in zijn huiswerk steken, maar als hij vragen goed beantwoordt op een toets, is het meer geluk dan wijsheid. Hoe zou deze persoon het doen als bouwkundige? Zou hij goed werk afleveren? Zou hij het leuk vinden? Als je worstelt en doormoddert op een specifiek gebied van je bediening, wordt het dan geen tijd om een stapje terug te doen en je gaven onder de loep te nemen? Door te ontdekken en te erkennen hoe God je heeft gemaakt, ga je recht onder de emmer met genade staan. Je wordt doordrongen van genade, je krijgt niet maar een klein beetje.

De vijfhoek kan heel goed nieuws zijn voor jou en je bediening. Aan het begin kan het wat ongemakkelijk aanvoelen, maar geef het een kans. Al snel word je enthousiaster, want de vijfhoek gaat over het vrijzetten van de leden van het lichaam om te functioneren naar hun volledige potentie. Als we gaan inzien waarvoor we gemaakt en geroepen zijn, dan kunnen we onszelf heel wat moeite en energieverlies besparen op andere gebieden. Als we weten hoe God ons gemaakt heeft, kunnen we stoppen met proberen om iemand anders te zijn. Dat scheelt een hele hoop stress. Als we de weg bewandelen waartoe God ons geroepen heeft, zullen we ontdekken dat er meer genade voor ons is dan we ooit hadden kunnen hopen. God heeft emmers vol genade klaar staan om over ons uit te gieten, maar we moeten wel daar gaan staan waar hij de genade laat neerkomen. En dat is de plek waarvoor hij ons gemaakt heeft.

Denk eens aan een leerling die moeite heeft met wiskunde. Hij dwingt zichzelf om naar de leraar te luisteren en toch begrijpt hij er niets van als er een nieuwe formule wordt uitgelegd. Hij moet enorm veel tijd in zijn huiswerk steken, maar als hij vragen goed beantwoordt op een toets, is het meer geluk dan wijsheid. Hoe zou deze persoon het doen als bouwkundige? Zou hij goed werk afleveren? Zou hij het leuk vinden? Als je worstelt en doormoddert op een specifiek gebied van je bediening, wordt het dan geen tijd om een stapje terug te doen en je gaven onder de loep te nemen? Door te ontdekken en te erkennen hoe God je heeft gemaakt, ga je recht onder de emmer met genade staan. Je wordt doordrongen van genade, je krijgt niet maar een klein beetje.

EEN GEESTELIJKE GAVE IS NIET JE BEDIENING

Diverse teksten in het Nieuwe Testament spreken over de gaven voor de gemeente, waaronder 1 Korintiërs 12, Romeinen 12, 1 Petrus 4 en Efeziërs 4. Velen van ons hebben geleerd dat God ons één of meer van deze gaven heeft gegeven en dat dat 'onze' gave is. Maar er is een belangrijk verschil tussen wat de Bijbel een 'gave' noemt en een 'rol'. Een geestelijke gave is geen bediening op zich. Het is eerder een hulpmiddel om te gebruiken bij onze taak. De taak is de rol of de functie waartoe iemand geroepen is. Om de gaven en de rollen van elkaar te kunnen onderscheiden, is het belangrijk om te kijken naar de context waarin elke tekst geschreven is.

Zo bevatten 1 Korintiërs 12 en Romeinen 12 beide een lijst met gaven. Wat we vaak niet in onze overwegingen meenemen is dat Paulus de brieven schreef aan verschillende kerken met verschillende problemen. Hij schreef naar die gemeenschappen om ze te onderwijzen over de genade en hoe ze die moesten toepassen in hun specifieke situatie.

Paulus schreef 1 Korintiërs om de problemen aan te pakken die ontstonden in hun samenkomsten. Hij beschrijft hoe ze de aanbidding in hun samenkomst vorm moeten geven. In hoofdstuk 12 legt hij uit dat ze open moeten staan voor de kracht en het werk van de Heilige Geest. Het sleutelwoord om te begrijpen hoe de Heilige Geest werkt, is het woord 'manifestatie' in vers 7. In het Grieks staat daar *phanerosis*, en dat heeft betrekking op de openbaring en verlichting die God geeft. Het woord *manifestatie* dat we hiervoor gebruiken heeft wortels in een Latijns woord dat 'de dansende hand' betekent.

En daar gaat het over in 1 Korintiërs 12. De dansende hand van de Heilige Geest valt op bepaalde personen tijdens een dienst, waardoor hen één of meer gaven van de Heilige Geest toevallen: wijsheid, woorden van kennis, tongentaal, profetie, enzovoort. Iedereen kan elk van deze manifestaties uit 1 Korintiërs 12 ontvangen. Paulus zegt hier niet meer dan dat tijdens vieringen de Geest op individuen valt en hen gaven geeft voor dat moment. Dit zijn geen permanente rollen: we bezitten ze niet als een eigen bediening. De sleutel tot de gaven is de Heilige Geest die beweegt als een dansende hand in onze bijeenkomsten en genade geeft waar nodig is.

Zo moet ook Romeinen 12 bekeken worden binnen de context waarin deze passage is bedoeld. Paulus probeerde te bemiddelen tussen heidenen en Joden in de gemeente van Rome. De kerk worstelde met haar etnische groepen en was daardoor geen eenheid meer. Paulus zet uiteen dat ze, met het oog op alles wat hij heeft verteld over Gods genade, een heilig leven moeten leiden. Hij wil dat ze stoppen met ruzie maken en gaan leven in dienstbaarheid aan de ander. Opoffering en dienstbaarheid zijn de context van deze passage. Paulus geeft enkele praktische voorbeelden: als het je gave is om onderwijs te geven, geef dan onderwijs. Als het jouw gave is om hulp te bieden aan de behoeftige, houd je ogen dan voor hen open. Dit is geen overzicht van alle bedieningen in de kerk, maar een paar voorbeelden die hij gebruikt om zijn punt duidelijk te maken.

Zo zijn de brief aan de Romeinen en die aan de Korintiërs beide geschreven aan specifieke kerken, die te maken hadden met specifieke problemen en omstandigheden. De brief aan de Efeziërs is daarentegen geschreven aan alle kerken in Klein-Azië. Efeziërs is een rondzendbrief aan allerlei verschillende kerken. Het gaat niet over specifieke problemen, maar vat samen hoe een gemeente moet functioneren. In deze brief vertelt Paulus wat de rol van de gelovigen is binnen de kerk.

DE VIJFVOUDIGE BEDIENING IS VOOR IEDEREEN

> *Aan ieder van ons is genade geschonken naar de maat waarmee Christus geeft. En hij is het die apostelen heeft aangesteld, en profeten, evangelieverkondigers, herders en leraren, om de heiligen toe te rusten voor het werk in zijn dienst. Zo wordt het lichaam van Christus opgebouwd, totdat wij allen samen door ons geloof en door onze kennis van de Zoon van God een eenheid vormen, de eenheid van de volmaakte mens, van de tot volle wasdom gekomen volheid van Christus.*
> *Efeziërs 4:7,11-13*

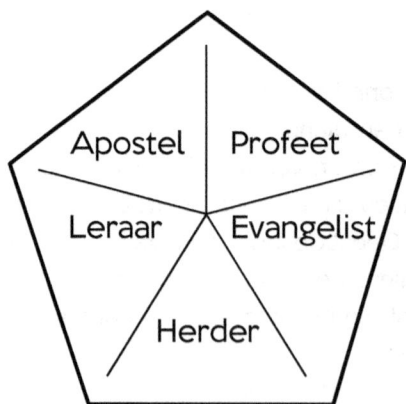

"Aan ieder van ons..." De vijfvoudige bediening wordt traditioneel gezien als de vijf rollen van leiders in de kerk. Maar dat is niet wat in dit vers staat. "Aan ieder" gaat over iedereen in de kerk en niet alleen over leiders. De Bijbel zegt dat ieder van ons een stukje genade heeft ontvangen in één van de vijf bedieningen. Die genade is tot ons gekomen in de vorm van een roeping als een van de vijf types van mensen. In dit stuk gaat het nergens over leiders. We mogen dus aannemen dat de vijfvoudige bediening niet alleen is voor de mensen die daarvoor zijn aangesteld of voor de mensen die ervoor geleerd hebben. De vijfvoudige bediening in Efeziërs 4 is "aan ieder van ons."

"...is genade geschonken naar de maat waarmee Christus geeft." De vijf rollen zijn in verschillende mate toebedeeld aan alle leden van het lichaam van Christus. Paulus zegt dat Christus, dankzij zijn genade, ons allemaal heeft bekrachtigd en toegerust om in zijn dienst te staan. In verschillende mate, maar wij hebben allemaal een portie genade en zalving ontvangen. Wij ontvangen allemaal een stukje van het grote geheel. In Jezus' bediening zien we alle vijf de rollen volledig terug. Hij was apostel, profeet, evangelist, herder en leraar. Wij, leden van zijn lichaam, ontvangen een van de vijf bedieningen en zijn afhankelijk van elkaar voor de gebieden die niet aan onszelf zijn toebedeeld.

"En hij is het die apostelen heeft aangesteld, en profeten, evangelieverkondigers, herders en leraren, om de heiligen toe te rusten voor het werk in zijn dienst." Deze vijf gaven van genade lijken de ingrediënten die nodig zijn om mensen voor te bereiden op zijn dienst en om de kerk op te bouwen. Ieder individu ontvangt een portie genade in de vorm van een rol als apostel, profeet, evangelist, herder of leraar.

"Totdat wij allen samen door ons geloof en door onze kennis van de Zoon van God een eenheid vormen, de eenheid van de volmaakte mens, van de tot volle wasdom gekomen volheid van Christus." Als ieder van ons zijn rol uitwerkt, in genade door de Geest ontvangen, is het resultaat: eenheid in geloof, continue groei in de persoonlijke kennis van Jezus en volwassenheid of heelheid. En dat alles leidt naar de volheid van Christus. Als we de teksten bekijken in hun context, wordt het duidelijk dat de gaven die genoemd worden in Efeziërs 4, rollen zijn voor elke gelovige en dat de gaven die genoemd worden in 1 Korintiërs en Romeinen, hulpmiddelen zijn voor elke gelovige om zijn rol goed uit te kunnen voeren.

We zullen elk van de vijf bedieningen onder de loep nemen. Daarna helpen we je om je basisbediening en je tijdelijke bedieningen van elkaar te onderscheiden en ze toe te passen.

APOSTEL

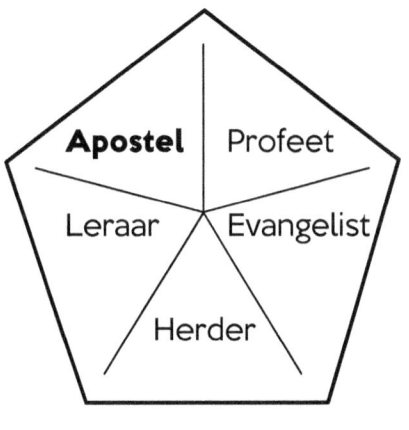

Afkomstig van het Griekse woord *apostolos*, dat 'iemand die uitgezonden is' betekent. Apostelen hebben visie en een pioniersgeest, ze zijn altijd actief op nieuw territorium. Ze richten graag nieuwe kerken, bedieningen, non-profit organisaties en koninkrijksgezinde ondernemingen op. Ze komen met innovatieve ideeën voor het werk in het koninkrijk.

- Bijbelse voorbeelden: de twaalf discipelen, Paulus, Priscilla en Aquilla.
- Jezus' voorbeeld: Jezus werd gezonden door God (Johannes 3:16).
- Apostelen houden van dromen, nieuwe en uitdagende taken oppakken, verandering.
- Seculiere voorbeelden: ondernemers, ontdekkingsreizigers.
- De kernvraag die apostelen stellen: leiden wij Gods mensen naar hun bestemming?
- Eigenschappen van onvolwassen apostelen: ze zijn niet in staat onderscheid te maken tussen hun eigen stroom van goede en innovatieve ideeën en de ideeën die God hen ingeeft. Ze missen onderscheidingsvermogen. Ze proberen elke week iets nieuws, ontwikkelen nooit werkelijk een van hun ideeën en hoppen van project naar project. Na een tijdje stoppen mensen met het volgen van deze apostelen, omdat ze het zo moeilijk vinden focus op hun taak te houden. Mensen willen hun tijd en energie niet steken in iets waarvan ze weten dat het ook zo weer voorbij kan zijn, afhankelijk van de grillen van de apostel.

PROFEET

Iemand die luistert naar God en spreekt namens God (*prophetes*); de profeet voorspelt en vertelt openbaringen van God door. Vaak zijn profeten in staat om los van de omstandigheden een duidelijk beeld te krijgen van een situatie. Daardoor zien ze creatieve oplossingen en hebben ze een visie die bij anderen ontbreekt. Profeten doorzien de tijdsgeest en begrijpen wat we moeten doen.

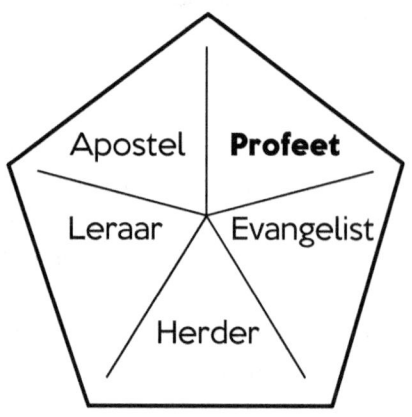

- Bijbelse voorbeelden: Anna en Simeon in Lukas 2, als ze profeteren over Jezus als baby. Agabus in Handelingen 11:28 en 21:10, als hij een hongersnood voorspelt en over Paulus profeteert. De dochters van Filippus in Handelingen 21:9.
- Jezus' voorbeeld: elk woord uit de mond van Jezus was een openbaring van God. Jezus voorspelde vaak gebeurtenissen, zoals het verraad van Petrus en hoe hij zou sterven. Hij is zelf de vervulling van Oud Testamentische profetieën over de Messias, zoals die in Jesaja 53.
- Profeten houden ervan alleen met God te zijn, te wachten en te luisteren.
- Seculiere voorbeelden: mensen die hun voorstellingsvermogen gebruiken, visionairs. Het zijn vaak creatieve types, musici en kunstenaars.
- De kernvraag die profeten stellen: luisteren Gods mensen naar zijn stem en geven ze er gehoor aan?

- Eigenschappen van onvolwassen profeten: terwijl ze van nature de gave hebben om 'voorbij de dingen te zien', maken onvolwassen profeten twee fundamentele fouten. Ten eerste, als ze aanvoelen dat God aan het spreken is, voorzien zijzelf in de uitleg van de openbaring, in plaats van het doorgeven van de profetie aan een gemeenschap van mensen. Zoals Paulus ook zegt: de profeet gebruikt zijn sensitiviteit, maar het is aan de gemeenschap om de profetie te wegen en te interpreteren. De taak van profeten is te delen wat ze hebben ontvangen, een stap terug te doen en te bekijken wat andere mensen ervan maken. Dit is de juiste volgorde: van openbaring naar interpretatie naar actie. Een onvolwassen profeet heeft iets ontvangen en wil er meteen wat mee doen. Dit is enorm schadelijk en niet volgens het patroon dat de Schrift geeft. De tweede fout begaan profeten die denken dat ze altijd gelijk hebben. Inderdaad hebben ze vaak gelijk, en dat bouwt aan een zekerheidsgevoel dat ze altijd gelijk hebben. Hierdoor kunnen ze arrogant, hoogmoedig en te kritisch worden. In tegenstelling daarmee zijn volwassen profeten vaak bescheiden, omdat ze weten dat elke openbaring die ze krijgen niet van henzelf is, vertrouwen ze die aan de gemeenschap toe.

EVANGELIST

Iemand die het goede nieuws brengt en makkelijk die boodschap deelt (*euanggelistes*). Evangelisten vinden het heerlijk om tijd door te brengen met niet-christenen en herinneren andere christenen er vaak aan dat er ook nog niet-christenen bestaan. Evangelisten lijken niet per se op Billy Graham; maar ze zijn mensen die mensen aantrekken. Evangelisten kennen het Woord en kunnen het relevant maken voor niet-christenen.

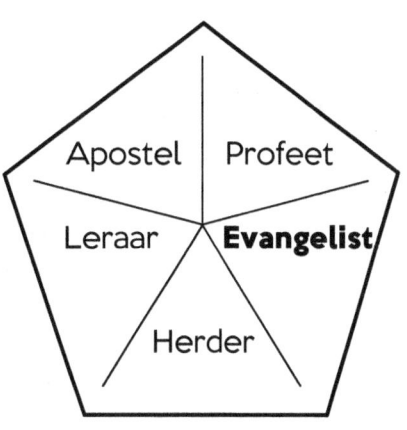

- Bijbels voorbeeld: Filippus in Handelingen 8:12. De mensen geloofden Filippus als hij preekte.
- Jezus' voorbeeld: Jezus belichaamde de blijde boodschap. Hij wás het evangelie. We zien hem ook als evangelist in het gesprek met de Samaritaanse vrouw bij de waterbron (Johannes 3).
- Evangelisten gaan graag in gesprek en delen hun zienswijze. Waar ze ook gaan, ze lijken altijd anderen in gesprek te krijgen over Jezus. Evangelisten zijn gepassioneerd voor het evangelie. Ze spreken vrijuit over hun geloof en delen makkelijk en regelmatig met anderen.
- Seculiere voorbeelden: verkopers, politici en vertegenwoordigers.

- De kernvraag die evangelisten stellen: komen er nieuwe mensen binnen in het koninkrijk van God?
- Eigenschappen van onvolwassen evangelisten: net als bij onvolwassen profeten zijn er twee dingen waardoor onvolwassen evangelisten grote schade kunnen aanbrengen. Ten eerste verkondigen ze een gemarginaliseerd evangelie, alleen om mensen uit de hel te redden. Dat is belangrijk, maar als het daarbij blijft, vergeten we Jezus' uitnodiging om zijn discipel te zijn en de aanwezigheid van het koninkrijk van God. Hierdoor wordt het geloof puur een zaak van het hiernamaals en veel minder iets van het leven op aarde. Dit is verschrikkelijk destructief. Ten tweede hebben veel onvolwassen evangelisten een 'love you and leave you' strategie: als je eenmaal de grens bent gepasseerd van niet-christen naar christen, brengen ze je zo snel mogelijk naar de dichtstbijzijnde kerk of huisgroep en hoor je nooit meer wat van ze. Ze gaan door naar de volgende persoon. Wij stellen niet dat evangelisten altijd in contact moeten blijven, maar iemand die net discipel is geworden zou niet zo'n onaangename ervaring moeten krijgen. Discipelschap is relaties aangaan en onvolwassen evangelisten geven een verkeerd voorbeeld als het gaat om relaties.

HERDER

Iemand die Gods mensen begeleidt (*poimen*), die voor anderen zorgt met een liefdevol hart. Iemand die zorgen ziet, troost verschaft en anderen bemoedigt. Herders brengen het grootste deel van hun tijd door met andere christenen. Herders voelen gemakkelijk met mensen mee en hebben veel geduld met mensen in nood.

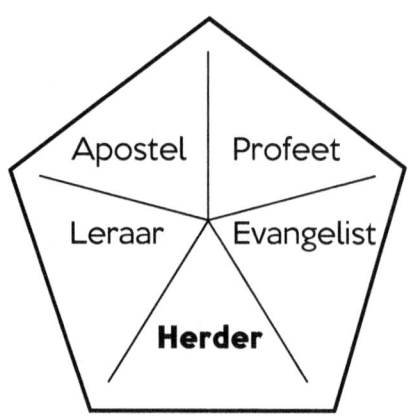

- Bijbels voorbeeld: Barnabas in Handelingen 15:36-41. Barnabas laat zich van zijn zorgzame kant zien als hij Markus verdedigt.
- Jezus' voorbeeld: In Johannes 10 verwijst Jezus naar zichzelf als de Goede Herder die is gekomen om zijn mensen te leiden.
- Herders houden van één-op-één gesprekken en gastvrij zijn. Ze dragen andermans last en kunnen waarheid spreken in liefde. Herders luisteren goed en het is fijn om met hen te praten en je gevoelens te delen.
- Seculiere voorbeelden: therapeuten, maatschappelijk werkers, verpleegkundigen en de meeste mensen in de welzijnssector.
- De kernvraag die herders stellen: dragen Gods mensen zorg voor anderen en hebben ze compassie met mensen?

- Eigenschappen van onvolwassen herders: Herders doen niets liever dan bij mensen zijn in hun gebrokenheid, pijn en lijden. Toch kan het herders erg veel moeite kosten om deze mensen naar de fase van genezing, transformatie en bevrijding te brengen. Onvolwassen herders hebben niet altijd het vertrouwen om mensen te stimuleren of uit te dagen om door te gaan, om een stap naar het koninkrijk te zetten. Ze zijn bang dat iemand dan boos op ze wordt. Een volwassen herder kan met deze spanning omgaan, terwijl een onvolwassen herder er ver van blijft en daardoor mensen veel langer dan nodig in hun gebrokenheid laat zitten.

LERAAR

Iemand die de waarheid met enthousiasme en helderheid verkondigt (*didaskalos*). De leraar zoekt naar manieren om de waarheid uit te leggen, te onderwijzen en toe te passen.

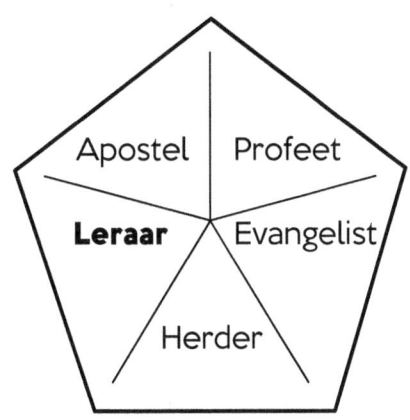

- Bijbels voorbeeld: Apollos in Handelingen 18.
- Jezus' voorbeeld: Hij wordt vaak leraar of rabbi genoemd. Zijn 'studenten' zeiden vaak dat zijn leer anders was, want hij onderwees met autoriteit.
- Leraren houden ervan de Bijbel te lezen en te bestuderen en anderen te helpen de Bijbel te begrijpen.
- Seculiere voorbeelden: sprekers, trainers, docenten.
- De kernvraag die leraren stellen: laten Gods mensen zich onderdompelen in zijn Woord en wordt het vlees en bloed in hun eigen leven?
- Eigenschappen van onvolwassen leraren: Het goede aan leraren is dat ze een diepe liefde koesteren voor het Woord van God. Dat kan helaas doorslaan, de Bijbel wordt belangrijker dan God. Onvolwassen leraren dreigen te vergeten dat de Bijbel ons bij God wil brengen. Het gaat niet om de Bijbel. Het gaat om God. Ze kunnen lijden aan bijbelverering, waardoor ze de Schrift gaan verafgoden en die boven hun relatie met de levende God stellen, die we leren kennen door *de Bijbel te lezen en te leven*. Weinig dingen zijn mooier dan een leraar die leert van een profeet. Want het onderwijs van de leraar groeit naar een nieuw niveau, wanneer zijn onderwijs mensen in de armen van God drijft. In tegenstelling daarmee steunen onvolwassen leraren niet op de autoriteit van de Schrift en de Heilige Geest, maar op hun eigen intellect om mensen in vervoering te brengen. Mensen zeiden dat Jezus' onderwijs een autoriteit bezat die de schriftgeleerden en Farizeeën niet hadden. Zo zegt ook de schrijver van de Hebreeën: "Denk aan uw leiders, die het woord van God aan u

hebben verkondigd, neem een voorbeeld aan hun geloof en kijk vooral goed hoe hun levenswandel eindigt." De autoriteit van een leraar komt niet voort uit zijn of haar intellect, maar uit het Woord van God en de kracht van een veranderd leven. De onvolwassen leraar vergeet dit vaak.

BASISBEDIENING EN TIJDELIJKE BEDIENINGEN

Ieder van ons heeft een basisbediening, die voortkomt uit de vijfvoudige bediening in Efeziers 4. Wij geloven dat God ieder van ons een bediening geeft en dat die bediening voor het leven is. Vanaf nu noemen we dat onze 'basisbediening'. Daarnaast zijn er kortere perioden dat God ons laat kennismaken met een van de andere bedieningen. Dit is wat wij een 'tijdelijke bediening' noemen. We hebben allemaal een basisbediening en op elk willekeurig moment minstens één tijdelijke bediening. De Heer roept je bijvoorbeeld om les te geven in het lezen van de Bijbel, terwijl je je daar niet erg op je gemak bij voelt. Als basisbediening zou je een herder kunnen zijn, maar nu roept God je voor een fase waarin je een leraar bent. In je basisbediening kun je je weer opladen, hier heb je de meeste passie voor. Maar de Heer zal je volwassenheid geven doordat hij je in fases door de andere bedieningen leidt. Veel mensen ervaren dat ze voor hun basisbediening zijn toegerust, doordat de Heer ze ervaringen gaf in andere bedieningen. Het lijkt erop dat God je basisbediening bekrachtigt, door je tijd te geven in een tijdelijke bediening. Door je uit de bediening te halen waar je je het meest op je gemak voelt, vormt hij ook je karakter. Dit stelt je beter in staat om het lichaam van Christus en de wereld waar hij van houdt te dienen.

Een andere manier om 'basis en tijdelijk' te onderscheiden, is leren dat we onze basisbediening van nature uitoefenen. Toch zet God ons af en toe tijdelijk in een andere bediening, waardoor we ons de basiselementen van die bediening eigen maken. Een van de dingen die ik (Mike) waarnam toen ik een twintiger was, was dat er verschillende perioden waren waarin ik nieuwe dingen probeerde. Zo was er een periode van een jaar of twee, waarin ik werd ondergedompeld in de bediening van evangelist. Maar uiteindelijk hield de genade op en begon ik iets nieuws. Toen was er een seizoen waarin ik me verbond aan een profeet en ik leerde veel over wat het betekent om een profeet zijn. Maar de genade hield op en ik begon met iets nieuws. Dit gebeurde keer op keer: God leidde me in een seizoen waarin ik een andere bediening aanleerde; op dat moment besteedde ik er veel tijd aan, maar ik keerde telkens terug naar het opstarten van nieuwe dingen. Ik kon er niks aan doen. Dat bleek mijn basis-

> **DOOR JE UIT DE bediening te halen waar je je het meest op je gemak voelt, vormt God ook je karakter. Dit stelt je beter in staat om het lichaam van Christus en de wereld waar hij van houdt te dienen.**

bediening te zijn: ik ben een apostel. Ik begin nieuwe dingen. Maar ik ben een veel betere apostel *omdat ik tijdelijke perioden in de vier andere bedieningen heb gekend.*

Onze observatie is dat we een tijdelijke bediening ingaan om een of twee redenen. Ten eerste hebben we sterk het idee dat God ons vraagt om een bediening op ons te nemen waar we nog niet actief of competent in zijn. Ook al zijn wij beiden van nature apostelen, het is cruciaal dat we ook weten hoe een evangelist handelt als de situatie het vereist. Dat we een apostel zijn, is geen excuus om een belangrijk deel van de Grote Opdracht te verzaken. We zijn allemaal geroepen om te getuigen van het evangelie, of we nu van nature een evangelist zijn of niet. Ik mag dan niet zo goed zijn als een geboren evangelist, ik besteed wel tijd in die bediening, zodat ik tenminste de basiscompetenties ken. Ten tweede beginnen we aan een nieuwe bedieningsfase als er omstandigheden zijn die ons binnentrekken in een bediening waar we onbekend mee zijn, maar die we nodig hebben om het werk te kunnen volbrengen waartoe God ons heeft geroepen. Neem bijvoorbeeld de herder, die dient als een voorganger met het aandachtsgebied discipelschap: de senior voorganger doet een stap terug en de herder wordt gevraagd om onderwijs te geven. Er moet iemand zijn die onderwijst, jij wordt hiervoor ingezet en je zult een steile leercurve hebben...

Er zijn mensen die aannemen dat we alleen moeten opereren op gebieden waar we het best in zijn. "Ik ben een apostel en ik ga dus ook alleen dingen doen die uit die bediening voortkomen." Paulus verkondigt het echter niet op die manier. Als hij in Efeziërs 4:13 zegt dat we volwassen worden, beschrijft hij de individuele aankomst op de drempel van volwassenheid en verwijst ook naar de vijf bedieningen. Volwassenheid, zoals Paulus het hier verwoordt, lijkt te zijn dat ieder individu een zekere mate van competentie heeft in elke rol, want "dan zijn wij geen onmondige kinderen meer."

Zo komen we in een geestelijk vormingsproces terecht dat ons tot volwassenheid brengt, maar alleen als we een fase hebben doorgebracht in elke rol die niet onze basisbediening is. Tijd doorbrengen in een bediening die ons niet van nature eigen is, geeft ons toegang tot deze bediening op het momenten dat we dat nodig hebben. Tegen de tijd dat we volwassen zijn, zullen we constant ervaren dat God ons in situaties brengt waarin onze basisbediening niet toereikend is. Hoewel we hierin ver achterblijven bij Jezus, gebruikt God in deze specifieke situaties de ervaring die we hebben opgedaan in een tijdelijke bediening.

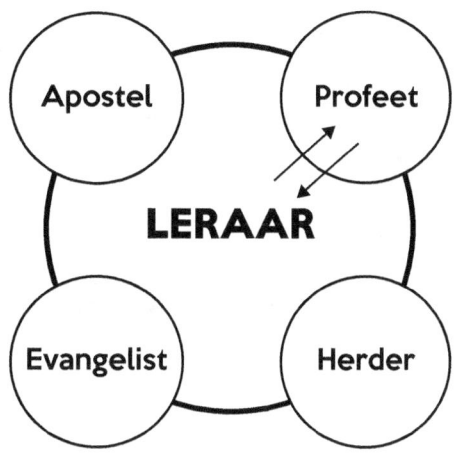

Wees gewaarschuwd: de valkuil om in alle vijf de bedieningen te willen uitblinken is altijd dichtbij. Dit leidt tot burn-out en tot een onvermogen om je werkelijk op je basisbediening te richten. Nog erger is het dat je zo geen ruimte geeft aan anderen om hun basisbediening te ontwikkelen.

Wat gebeurt er als je de genade voor een tijdelijke bediening hebt opgebruikt en het tijd is om weer terug te keren naar je basisbediening? Meestal heb je het wel door wanneer de genade opraakt. Energie en enthousiasme verdwijnen. Je ziet minder zegen en minder vrucht van je werk, ook al werk je nog net zo hard. Uiteindelijk ervaar je minder vrede over de dingen die je doet. Je hebt minder plezier in je taak. Je gedachten gaan als vanzelf naar wat je wel graag doet en naar wat van nature bij je past. Terugkeren naar je basisbediening is het enige dat je weer een gevoel van vrede geeft.

Opnieuw: we moeten een bepaalde mate van competentie ontwikkelen in elke rol, ook al besteden we het grootste deel van ons leven aan onze basisbediening. Ook al zijn we niet geroepen als herder, we zijn wel geroepen om zorg te dragen. Ook al zijn we niet geroepen als leraar, we zijn geroepen om de waarheid uit te dragen. We zijn allemaal geroepen om naar de stem van God te luisteren, ook al past dat van nature beter bij de profeet. We zijn allemaal geroepen om het goede nieuws met anderen te delen, ook al haalt dit iedereen, behalve de evangelisten, uit hun *comfort zone*. En we zijn niet allemaal apostelen, maar moeten wel allemaal leren wandelen naar de bestemming waartoe God ons roept. Wij zijn het lichaam van Christus, wat betekent dat we samen de vijf bedieningen vertegenwoordigen die in Christus alle vijf aanwezig waren. Hij is het perfecte voorbeeld van het werk van de Geest. Door ervaring op te doen met alle vijf de bedieningen, groeien we toe naar onze Meester.

Als je hebt uitgelegd dat ieder lid van het lichaam van Christus is gezegend met een plek in één van de vijf bedieningen, zal de eerste vraag die opkomt zijn: "Hoe weet ik wat mijn basisbediening is?" In de bijlage bij dit boek hebben we een vragenlijst opgenomen die je helpt vaststellen wat je gave is. Deze vragenlijst is ook *online* in te vullen op www.fivefoldsurvey.com (klik daar door naar de Nederlandse versie). Voel je vrij om deze vragenlijst te gebruiken zoals je wilt; het is één van de manieren om jouw bediening vast te stellen.

JE BASISBEDIENING VASTSTELLEN

Kijk eens eerlijk naar je eigen persoonlijkheid. Ben jij introvert of extravert? Dit heeft niets te maken met je hoeveelheid zelfvertrouwen of hoe goed je in sociaal contact bent. Een introvert persoon heeft niet per definitie weinig zelfvertrouwen. En niet alle extraverte personen voelen zich altijd op hun gemak, ook al kan dat aan de buitenkant wel zo lijken.

Het verschil tussen introverte en extraverte personen heeft te maken met welke wereld jou het meest aanspreekt en waar je je energie vandaan haalt. Het is ook een indicatie voor je basisbediening.

Extraverte mensen denken door hun gedachten met anderen te bespreken. In het gezelschap van anderen en door samen dingen te doen laadt een extravert iemand zijn energie weer op. De extraverte persoon werkt graag op een manier, die meteen zichtbaar resultaat oplevert. Extraverte mensen denken hardop, hebben minder moeite met improvisatie en schudden de zinnen uit hun mouw. Dit is geen universele wet, maar de meeste apostelen en evangelisten hebben een extraverte persoonlijkheid.

Een introvert mens verwerkt zijn gedachten in zichzelf. Introverte mensen hervinden hun energie door tijd door te brengen in hun eentje of met een kleine groep mensen die ze goed kennen. Introverte mensen houden van verdieping en de meeste grote schrijvers, schilders en componisten waren introvert. Introverte sprekers staan graag voor een groep als ze hun boodschap tot in de puntjes hebben voorbereid. De grote meerderheid van de profeten is introvert en ook leraren en herders zijn vaker introvert. Dit is natuurlijk geen goede manier om je basisbediening te vinden. Overweeg daarom ook eens de volgende invalshoek: de lijn van pioniers en bouwers.

BEN JE EEN PIONIER OF EEN BOUWER?

Je reactie op of zin in een nieuw project of een nieuwe taak kan licht werpen op wat je basisbediening is. We noemen de twee uiteinden op deze schaal 'pionier' en 'bouwer/bewaarder'. Pioniers houden van verandering en ervaren de druk van een nieuwe activiteit als uitdagend. Pioniers zijn erg flexibel en instabiliteit beangstigt ze niet. Ze gaan voor nieuwe ervaringen en relaties en zoeken graag nieuwe grenzen en uitdagingen op. Pioniers gaan vaak gebukt onder de discipline die nodig is om datgene vast te houden wat al bewerkstelligd is. Ze houden van nieuwe doorbraken en zoeken de grenzen om te ontdekken en te veroveren.

Bouwers zijn steevast toegewijd aan continuïteit, stabiliteit en verduurzaming. Ze geven de voorkeur aan het uitwerken van wat er al is, in plaats van aan opnieuw beginnen. Ze zijn erg goed in implementeren en ontwikkelen; ze werken graag door totdat iets af is. Bouwers zijn de standvastige en stabiele ruggengraat van de meeste gemeenschappen. Ze willen graag weten wat ze kunnen verwachten en voelen zich het meest op hun gemak wanneer alles volgens plan verloopt. Instabiliteit kan zeer belastend voor hen zijn.

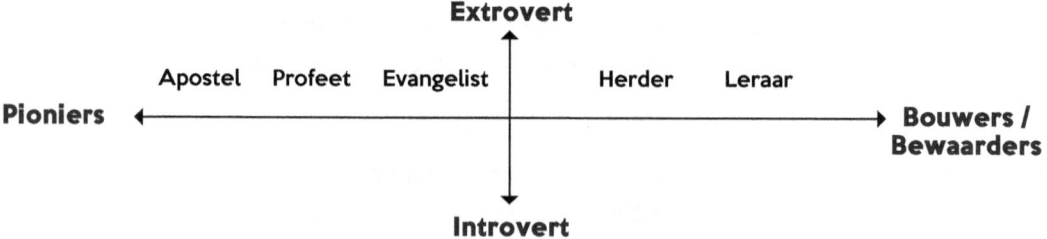

Door de hele geschiedenis heen zien we het samenspel tussen pioniers en bouwers. Neem de Amerikaanse geschiedenis, waarin de pioniers op pad gingen om nieuw land te ontdekken. De mensen die volgden bouwden de huizen, scholen, winkels en kerken. Helaas gaan die twee niet altijd goed samen. De pioniers raken verveeld als van hen wordt gevraagd om in de buurt te blijven en de huizen te schilderen. Terwijl de verankeraars ongelukkig worden bij de gedachte dat ze de wildernis in moeten gaan en daar moeten leven.

Maar beiden, pionier en bouwer, zijn van vitaal belang voor de missie. Zonder de pioniers zouden we nooit het volgende grensgebied ontdekken. We zouden niet verder gaan dan wat we al hebben bereikt. Zonder de bouwers en bewaarders zouden we nooit het gebied in handen houden dat de pioniers ontdekt hebben. De pioniers zouden doortrekken naar een volgend gebied en het nieuw gewonnen land leeg achterlaten. Bouwers, met hun bestendige en weloverwogen activiteiten, zijn nodig voor de bouw, het behoud en de groei van het land.

Pioniers kijken vooruit en slaan nieuwe wegen in door hun visionaire ideeën in praktijk te brengen. Bouwers consolideren de grond die is gewonnen door de pioniers en spelen een net zo belangrijke rol bij het in stand houden van de gezondheid van het land. In kerkelijke termen: de pioniers zijn (in het algemeen) de apostelen, profeten en evangelisten. Herders en leraren neigen meer naar de natuur van een bouwer en bewaarder.

Een gemeente heeft voor haar gezondheid beiden nodig. Wel moet de spanning tussen de twee goed begrepen en bestuurd worden, zodat de gemeenschap er niet aan ten onder gaat. Pioniers zullen van nature aansturen op nieuwe ideeën en proberen het koninkrijk uit te breiden. Pioniers zijn bereid risico's te nemen bij het volgen van de Heer in nieuwe ondernemingen, vaak lang voordat verankeraars doorhebben dat de Heer aanstuurt in die richting. En weg is de pionier, met een niet te beteugelen enthousiasme, de bouwer, die nog bezig is om meer van Gods leven te zien op de plekken waar we al zijn, in verwarring achterlatend. "Er is nog zoveel dat hier moet gebeuren," is het motto van de bouwer. Bouwers houden zich bezig met de groei van de wortels, terwijl pioniers met het kapmes de jungle ingaan, op zoek naar nieuw terrein. Veel kerkscheuringen ontstaan niet op basis van theologische verschillen, maar omdat de mensen niet begrijpen hoe pionier en bouwer kunnen samenwerken. In sommige kerken worden de pioniers eruit gezet door de bouwers die niet willen dat er nieuw gebied voor het koninkrijk wordt gewonnen. Op andere plekken is het andersom en hebben de pioniers niet het geduld voor de bouwers om weer aan te haken. Er is wederzijds respect, bewondering en acceptatie nodig, zodat beiden hun rol in de kerk kunnen spelen.

Zonder pioniers zouden we nooit nieuw gebied voor het koninkrijk winnen. Zonder bouwers zouden we nooit kunnen vasthouden wat is gewonnen.

Beiden zijn nodig.

> **ZONDER PIONIERS**
> **zouden we nooit nieuw gebied voor het koninkrijk winnen. Zonder bouwers zouden we nooit kunnen vasthouden wat is gewonnen.**

HET CONTINUÜM: WEES FLEXIBEL

Mensen benaderen vanuit het oogpunt van pionier en verankeraar en introvert en extravert is geen exacte wetenschap. We moeten voorzichtig zijn met mensen in een hokje te plaatsen waar ze zich niet op hun gemak voelen.

God toetst ons om ons flexibeler te maken, door ons uit onze *comfort zone* te halen. Hij brengt ons op plekken waar we niet op ons gemak zijn. Een richting gaan die niet je natuurlijke voorkeur is zorgt voor volwassenheid. Pioniers die moeten consolideren bijvoorbeeld. We groeien niet als we in onze comfort zone blijven. Ons karakter ontwikkelt zich doordat we ons afkeren van onze natuurlijke voorkeuren. Als een periode van toetsing voorbij is, vinden we weer verlichting door terug te gaan naar waar onze gaven liggen, naar onze basisbediening. Maar als we nooit een periode van een tijdelijke bediening meemaken, zullen we niet groeien.

HOOFDSTUK 11
HET ULTIEME GEBED

DE ZESHOEK

Eens was Jezus aan het bidden, en toen hij zijn gebed beëindigd had, zei één van zijn leerlingen tegen hem: 'Heer, leer ons bidden, zoals ook Johannes het zijn leerlingen geleerd heeft.' Hij zei tegen hen: 'Wanneer jullie bidden, zeg dan: "Vader, laat uw naam geheiligd worden en laat uw koninkrijk komen. Geef ons dagelijks het brood dat wij nodig hebben. Vergeef ons onze zonden, want ook wijzelf vergeven iedereen die ons iets schuldig is. En breng ons niet in beproeving."'
Lukas 11:1-4

De laatste decennia is een consumentenmaatschappij ontstaan, die ook is doorgedrongen tot de kerk. De kerkleden stellen als consumenten steeds hogere eisen aan hun leiders. Het leiden van een kerk kan zo'n zware last worden dat voorgangers ermee stoppen en hun roeping verzaken. In de Bijbel is duidelijk sprake van een rolverdeling binnen de kerk, maar de missie is gegeven aan het hele lichaam. Een gezonde kerk creëert een discipelschapscultuur en rust alle leden toe om deel te nemen aan het missionaire werk waartoe God hen heeft geroepen.

De discipelen, geroepen om Jezus' fulltime studenten te zijn, leerden wat geloven inhield door naar Jezus' leven te kijken. We kunnen lezen in de Bijbel dat Jezus veel tijd doorbracht met bidden. Ze ontdekten dat Jezus' gebed — zijn boven-relatie met de Vader — de sleutel was tot het vruchtdragen in zijn bediening en zijn relaties. Op het moment dat de discipelen aan Jezus vragen of hij hen wil leren bidden, mogen we dus aannemen dat ze hem al vaak hebben zien bidden. Er was iets in zijn manier van bidden, dat hen er toe bracht ook zo te willen bidden.

In de klassieker *De gebedsschool van Jezus*, zegt schrijver Andrew Murray: "Jezus heeft zijn discipelen nooit leren preken, hij leerde ze bidden." Misschien hadden de leerlingen, omdat ze zo dicht bij Jezus stonden, beter dan ons door dat gebed het allerbelangrijkste is om effectieve discipelen van Christus te zijn. Ook Andrew Murray daagt ons daartoe uit: "Wat denken jullie, mijn geliefde mede-discipelen, is het niet precies wat wij nodig hebben, dat we de Meester vragen om ons een maand lang onderwijs te geven in de kunst van het gebed?"[16]

De vraag naar een manier van bidden was de volgende stap in de geestelijke groei van de discipelen. Jezus zei hun: "Wanneer jullie bidden, zeg dan..." Hij gaf niet drie of vier verschillende manieren om te bidden, hij gaf er één. Een gebed dat bestaat uit zes verschillende onderdelen en toch alles bevat wat Jezus leerde over leven in het koninkrijk:

> *Onze Vader in de hemel, laat uw naam geheiligd worden,*
> > *laat uw koninkrijk komen en uw wil gedaan worden*
> > *op aarde zoals in de hemel.*
> *Geef ons vandaag het brood*
> > *dat wij nodig hebben.*
> *Vergeef ons onze schulden,*
> > *zoals ook wij hebben vergeven*
> > *wie ons iets schuldig was.*
> *En breng ons niet in beproeving,*
> > *maar red ons uit de greep van het kwaad.*
>
> Matteüs 6:9-13

Als leiders die discipelen trainen, hebben we mensen om ons heen die ons van dichtbij meemaken. De mensen in onze huddel leren van ons en zullen ons voorbeeld imiteren. Wat leren ze over gebed als ze naar ons kijken? Heel veel, als we bidden op de manier zoals Jezus het ons leerde. Als we de zes gebeden bidden uit het Onze Vader, planten we de zaadjes van het koninkrijk in ons hart. Het zaad schiet uit en groeit en de vrucht is meditatief gebed, voorbede, contemplatief gebed enzovoorts.

We noemen het 'de manier van bidden', omdat het de enige manier is die Jezus ons geleerd heeft. Als wij of iemand anders deze manier van bidden hadden bedacht, had je kunnen reageren met "het klinkt goed, maar er zijn vast nog allerlei andere manieren om te bidden." Maar als Jezus, Heer over alles, zegt: "Bid op deze manier," dan moeten we luisteren en doen wat hij zegt. De zeshoek nodigt ons uit om terug te gaan naar Jezus en de kunst van het ware bidden te leren.

---

[16] Andrew Murray, *De gebedsschool van Jezus*, ... (pagina 16 in de Engelse versie)

God gaat voor een relatie — een open en eeuwige relatie die de Bijbel beschrijft als 'wandelen met God.' Leven is groeien in het wandelen met God, leren met hem te communiceren en een relatie met hem aan te gaan. Hoe we contact hebben met God is allesbepalend voor ons leven. Als Jezus zijn volgelingen leert bidden, laat hij ze zien hoe ze kunnen wandelen met God. Als het wandelen met God werkelijk is waar ons leven om draait, dan brengen we een groot deel van ons leven door met bidden zoals Jezus dat leert.

Het Onze Vader zoals Jezus dat leerde, bevat zes elementen. Als we deze delen op de juiste manier leren bidden, dan vullen we ons leven in naar zijn wil.

DE ZESHOEK IN HET ONZE VADER

Onze Vader in de hemel. Jezus begint het gebed met een relatie: Vader. Hij gebruikt hier het Aramese woord *Abba*, een informele naam, in onze taal *papa*. Het is een intieme naam voor onze intieme God. Niemand van ons zal ontkennen dat Jezus het recht heeft om zijn gesprek met de Almachtige te beginnen met zo'n vertrouwde term. Maar hoe vaak vergeten we niet dat Jezus in dit gebed leert dat alle gelovigen delen in zijn relatie met Papa. Deze relatie gaat boven fysieke aanwezigheid. God was nog net zoveel Jezus' Vader toen Jezus op aarde was en God in de hemel. Zo is hij ook onze Vader terwijl wij nog op aarde zijn, nog niet bij hem in de hemel.

Laat uw naam geheiligd worden. God is heel dichtbij en toch is hij volledig anders dan wij. Wij hebben eerbied voor onze Vader en onze God omdat hij heilig is, zonder een spoor van duisternis of zonde. We erkennen dat hij is wie wij willen zijn. Onze geest verlangt naar deze gelijkenis met God zodat zijn glorie wordt gezien door mensen hier op aarde.

Laat uw koninkrijk komen en uw wil gedaan worden op aarde zoals in de hemel. Hier zegt Jezus: "Ja, je bent volledig opgenomen in Gods familie. Je hebt volledig het recht om met hem te praten, maar realiseer je je wie jouw Papa is? Hij is de Koning!" Niet 'een' ko-

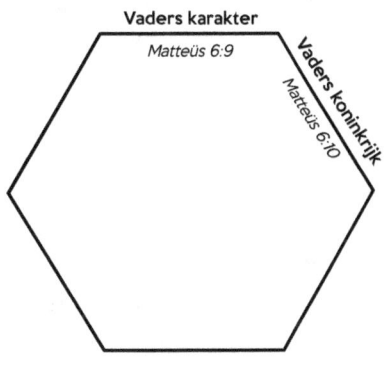

ning, maar dé Koning. En daarom zeggen wij: "Ik wil wat U wilt, Papa. Uw koninkrijk is een ontzagwekkend koninkrijk van licht en liefde en ik wil dat uw koninkrijk deze wereld van duisternis en haat vervult. Uw verlangen is mijn verlangen: dat iedereen deze zondige wereld verruilt voor uw koninkrijk van vergeving. Ik wil dat uw heerschappij groeit en gekend wordt in deze wereld."

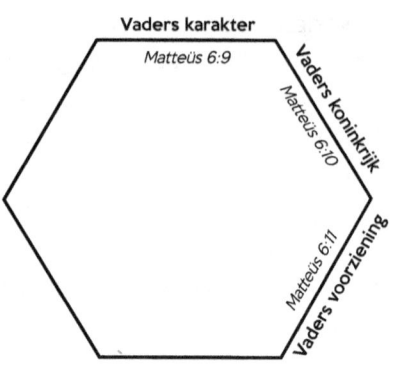

Geef ons vandaag het brood dat wij nodig hebben. Wij mensen hebben onze behoeften. In gebed kunnen we deze behoeften uiten. We hebben fysieke behoeften — eten, onderdak, kleren — waarin dagelijks voorzien moet worden. We hebben behoefte aan een gezond lichaam. We hebben spirituele en emotionele behoeften — hoop, iemand om van te houden, geloof — ook daarin moet dagelijks voorzien worden. We hebben kracht nodig voor onze geest. Dat is wat we bidden bij ons 'dagelijks brood'.

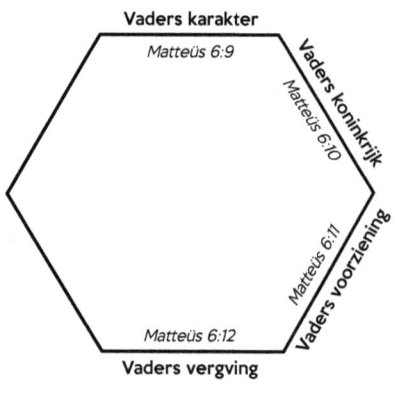

In deze bede zetten we als het ware onze stoel aan de tafel van de Vader. We erkennen dat hij de middelen heeft om in onze behoeften te voorzien, waar we ook naar hongeren. We komen bij hem met onze meest basale behoeften en verwachten dat hij ons vrijgevig zal voeden. We vragen dit niet alleen om aan te geven wat onze behoefte is, maar ook om te laten zien dat we het van hem verwachten.

Vergeef ons onze schulden, zoals ook wij hebben vergeven wie ons iets schuldig was. God heeft ons een gebied gegeven en hij voorziet in alles wat we nodig hebben om daar te leven. Helaas verlaten we vaak ons gebied en proberen we te nemen wat niet van ons is. We dringen het gebied van een ander binnen en steken ons zo diep in de schulden dat we het niet meer kunnen terugbetalen. Als we inbreuk maken op elkaars rechten zeggen we tegen God: "Heer, wat u mij gegeven hebt, is niet genoeg." Hiervoor moeten we vergeving vragen. We moeten ons ervan bewust zijn dat God een route voor ons in gedachten heeft; hij heeft ons geroepen en ons een bestemming gegeven. In deze bede vragen we God om hulp, hij moet ons helpen om op ons eigen gebied te blijven en niet af te dwalen. En wanneer andere mensen van hun pad afdwalen en ons gebied binnendringen, waardoor ze ons verwonden en pijn doen, dan moeten we ook hen vergeven zoals God ons vergeven heeft. "Bewaar ons Heer dat we ons niet bij u in de schulden steken, door anderen vergeving te onthouden."

En breng ons niet in beproeving. Tot nu toe ging het gebed over onze relatie met God en met de mensen om ons heen. Dat verandert hier. Het gaat over ons als we de wereld ingaan met Gods boodschap van liefde en vergeving. "Vader, als u ons mee de wereld in neemt om in uw dienst te staan, om uw koninkrijk uit te breiden, geef ons dan de kracht om in de wereld te zijn en niet van de wereld."

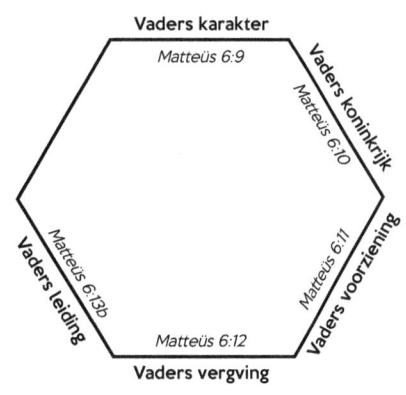

Maar red ons uit de greep van het kwaad. Onze ziel heeft een vijand en een van zijn kwaadaardige listen is om ons bij het kwade te betrekken. Als we op een dwaalspoor belanden door zijn verleidingen, dan eindigen we uiteindelijk in zijn handen. De boze komt alleen om te stelen en te doden zegt Jezus. Hij wil onze gezondheid stelen, onze vreugde en onze liefde. Als zijn pogingen succes hebben, dan zullen wij een eeuwige dood sterven en voor altijd gescheiden zijn van de liefde van Christus. We bidden daarom dat de Heer ons beschermt terwijl we ons leven leiden in zijn dienst.

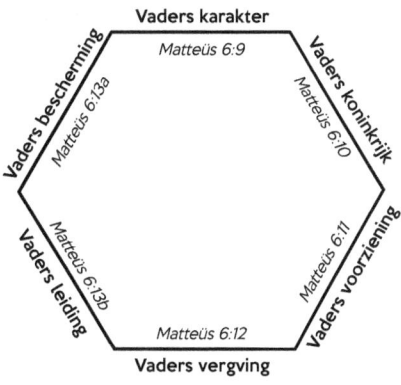

Als je elk onderdeel van dit gebed bestudeert, zul je ontdekken dat je er elke gedachte en alle zorgen van je leven in kwijt kunt. We zullen je begeleiden bij het in praktijk brengen van de zeshoek in je eigen leven en bij het aanleren van de zeshoek aan de mensen in je huddel. Je zult ook zien hoe dit model voor gebed een nieuwe dimensie toevoegt aan het gebedsleven binnen je gemeenschap. Neem datgene wat je het zwaarst op je hart ligt en bid het met hulp van dit gebed. Jezus leert ons dit model. Door dit te doen communiceer je met God op de manier die hij ons geleerd heeft. Moeilijker moeten we het niet maken.

Als we zeggen dat Jezus ons één model voor gebed gegeven heeft, bedoelen we niet dat we alleen deze woorden bidden. Het is een simpel, maar zeker geen oppervlakkig model. Ons begrip van de zes aspecten van dit gebed zal moeten groeien. Als we niet groeien in het kennen van Jezus' manier van bidden, dan staan we stil. En waar geen beweging is, daar

> **NEEM DATGENE WAT je het zwaarst op je hart ligt en bid het met hulp van dit gebed.**

Het ultieme gebed

> **HET GEBEDSMODEL dat Jezus ons geleerd heeft, is ondiep genoeg voor een baby om niet in te verdrinken en diep genoeg voor een olifant om in te zwemmen.**

is geen leven. In teveel kerken blijft het gebed oppervlakkig, wordt het geleid door mensen die er de voorkeur aan geven om in het ondiepe te blijven. Het gebedsmodel dat Jezus ons geleerd heeft, is ondiep genoeg voor een baby om niet in te verdrinken en diep genoeg voor een olifant om in te zwemmen. Wat een fantastische paradox!

DE ZESHOEK BIDDEN

Als je dit gebed bidt, en je let op en wacht – ga er dan vanuit dat God tot je wil spreken door een van de zes elementen. Denk aan het gebed als aan de vloeistof in een fles. Je kunt die op twee verschillende manieren uitgieten. De eerst is door je verzoek in de fles te doen en dan het gebed uit te gieten. Bid het gebed door met het verzoek in gedachten en wacht af waar je verzoek blijft steken. Je kunt bijvoorbeeld bidden voor de dag die voor je ligt:

> "Vader, ik weet dat u van me houdt en voor me zorgt. U regeert over alles en zult vandaag over mij waken vanaf uw hemelse troon. Laat uw glorie gezien worden in alles wat ik vandaag doe. Ik wil dat uw wil geschiedt in alles wat ik vandaag denk en doe. Voorzie alstublieft in alles wat ik vandaag nodig heb — geestelijk, fysiek en financieel."

Hier blijft het steken: je begint te denken over de lade die vol ligt met onbetaalde rekeningen, maar je hebt even geen idee waar je op dit moment het geld vandaan moet halen. Je neemt de tijd om God te bidden voor het 'dagelijks brood' waarmee je je schulden kunt afbetalen. Dit is het moment in het Onze Vader dat je halt houdt, je realiseert je dat je vandaag samen met God door dit gebied van je leven moet gaan. Morgen kan het weer anders zijn en stop je bij 'vergeving' of bij 'hulp in tijden van verleiding'. Elke dag is er ten minstens een gebied dat bij je blijft steken terwijl je biddend de fles leeggiet.

De tweede manier om dit model te bidden, is door het gebed uit te gieten over een enkel verzoek. Als er in jouw omgeving iemand ziek is en je vraagt om voor hem te bidden, kun je dat als volgt doen:

> "Vader, u regeert in de hemel en op de aarde. Laat uw glorie zichtbaar worden in het leven van mijn vriend. In uw koninkrijk is geen ziekte en geen pijn. Laat vandaag uw koninkrijk komen in het leven en het lichaam van mijn vriend. Voorzie in ons dagelijks brood en laat dat ook betekenen dat u een gezond lichaam geeft, zodat we uw wil kunnen doen. Dus geef mijn vriend alstublieft vandaag een ge-

zond lichaam. Vergeef hem, zoals hij ook anderen vergeeft — wetende dat als we niet vergeven ook ons lichaam daar last van kan hebben. Laat hem in deze tijd van nood niet verleid worden om zich van u, zijn Geneesheer, af te keren. En bescherm hem tegen alle macht en kracht die hem probeert te beschadigen."

Als je je aanwendt om dit gebed te bidden, wordt het een stuk makkelijker om de Heilige Geest de ruimte te geven om je ergens bij te bepalen, of je nu voor jezelf bidt of voor iemand anders. Stel dat je bidt en je bedenkt dat je erg veel moeite hebt met iemand in je kring. "Keer op keer stampt hij mijn gebied binnen. Desondanks, Heer, vergeef ik hem, zoals u ook mij vergeeft wanneer ik iemand anders zijn gebied binnen stamp." Of stel dat je bij 'Uw koninkrijk kome, Uw wil geschiedde,' denkt aan hoe het er in de wereld aan toe gaat. Je gedachten gaan naar groot onrecht dat mensen wordt aangedaan in een bepaald land. Je zegt: "Heer, dit lijkt in de verste verte niet op uw koninkrijk. Haat regeert daar in plaats van liefde. Het klopt gewoon niet. Laat de heerschappij van uw koninkrijk daar op dit moment gezien worden en laat liefde — want ik weet dat dat uw wil is — gekend worden door de mensen daar."

Er zijn nog meer zinvolle manieren waarop we het Onze Vader kunnen bidden en ons contact met de Vader kunnen verdiepen. Als je op deze methoden reflecteert, zullen jij en je huddel ongetwijfeld nog meer manieren vinden.

HOE DIEP GAAT DE ZESHOEK?

Neem één bede uit het Onze Vader per dag en richt je erop in je gebedstijd. Neem een dag om door te denken wat het betekent dat je de God van het heelal Vader mag noemen. Als hij echt jouw Vader is, welke verantwoordelijkheden heeft hij dan ten opzicht van jou? Wat betekent het dat hij in de hemel is? Reflecteer op de woorden van Dallas Willard: "Hemel is waar God doorbreekt in onze realiteit."

Bid elke dag een van de gebeden door. Gebruik dat om te bidden voor je eigen noden en voor die van van de mensen om je heen. En als je het idee hebt dat je dit specifieke gebed volledig uitgediept hebt en dat er niets meer te halen valt, graaf dan nog even door. Elk van de zes aspecten van het Onze Vader is bodemloos.

> **BID ELKE DAG EEN** van de gebeden door. Gebruik dat om te bidden voor je eigen noden en voor die van de mensen om je heen.

Een andere manier om het Onze Vader beter te leren begrijpen, is het als een cirkelvormig gebed te zien: elke bede krijgt zijn betekenis in relatie tot de andere beden. Neem de eerste bede, zet er een dubbele punt achter en vervolg met de volgende. Vraag je of hoe deze bede volledig wordt uitgewerkt in de rest van het gebed. Neem bijvoorbeeld: "Laat uw koninkrijk komen en uw wil gedaan worden op aarde zoals in de hemel:"

"Geef ons vandaag het brood dat wij nodig hebben." Het is Gods liefdevolle verlangen om in al onze behoeften te voorzien. In zijn koninkrijk is geen gebrek.

"Vergeef ons onze schulden." In Gods koninkrijk worden onze zonden weggewassen, om nooit meer terug te keren.

"Zoals ook wij hebben vergeven wie ons iets schuldig was." Als we wandelen in de genade van Gods vergeving, dan vergeven we ook anderen. We hebben het gratis ontvangen en we zullen het gratis geven. Dit is een wet in het koninkrijk.

"En breng ons niet in beproeving." Het is Gods wil dat wij de weg gaan die hij voor ons heeft voorbereid. In zijn koninkrijk zullen we gevuld worden met alles dat hij voor ons heeft en zullen we geen genoegen nemen met tijdelijke en mindere oplossingen.

"Maar red ons uit de greep van het kwaad." Het koninkrijk van God is een en al licht. Het duister krijgt er geen kans. Machten en krachten die ons achtervolgen hebben geen macht in het koninkrijk van God.

"Onze Vader in de hemel." Het koninkrijk wordt geregeerd door een Koning — en de Koning is onze Vader! Wij mogen ons thuis voelen in het koninkrijk. Wij zijn geen vreemdelingen maar zonen en dochters. Wij horen thuis in Gods koninkrijk.

Je kunt dit doen met elk van de beden van het Onze Vader. Zet er een dubbele punt achter en vervolg met het lezen van de andere beden. Bedenk hoe deze bede een rol speelt in jouw leven, bekeken vanuit de andere beden.

We willen nog een andere manier aanraden om het gebed van Jezus beter te leren kennen. We hebben al genoemd het bidden totdat de Heilige Geest je laat stoppen. Gebruik deze methode en richt je op waar je bent gestopt. Dit is je 'startpunt'. Bevraag jezelf 'in welke mate heb ik ervoor gekozen om God gehoorzaam te zijn op dit gebied?' Als je nadenkt over het 'dagelijks brood', bedenk dan in hoeverre je Gods plaats probeert in te nemen door zelf voor je dagelijkse brood te zorgen. Kijk dan naar de bede die ervoor en de bede die erachter staat. Hoe probeer je God te vervangen op deze gebieden? Dit kan leiden tot een tijd van berouw, het opruimen van het gif dat zich in ons verzamelt als we op Gods stoel gaan zitten.

Dit zijn maar een paar mogelijkheden om de zes korte frases die Jezus ons geleerd heeft als een model voor gebed uit te diepen. Zoals je ziet is er geen einde aan hoe we dit gebed kunnen gebruiken in onze wandel met God. Als je de zeshoek gaat gebruiken in je persoonlijke gebedsleven, zul je ongetwijfeld nog vele andere manieren ontdekken waarop je dit gebed kan toepassen. We moedigen je aan om de zeshoek en haar principes ook aan te leren aan de mensen in je huddel en het te laten doorsijpelen naar de rest van de gemeenschap middels de 8:6:4 huddel-strategie. Wij geloven dat je geweldige veranderingen zult meemaken in je eigen gebedsleven en in dat van de mensen die je leidt.

HOOFDSTUK 12
GEESTELIJKE GEZONDHEID

DE ZEVENHOEK

Voeg u bij hem, bij de levende steen die door de mensen werd afgekeurd maar door God werd uitgekozen om zijn kostbaarheid, en laat u ook zelf als levende stenen gebruiken voor de bouw van een geestelijke tempel. Vorm een heilige priesterschap om geestelijke offers te brengen die God, dankzij Jezus Christus, welgevallig zijn.
1 Petrus 2:4-5

De gezondheid en groei van een kerk heeft alles te maken met het 'leven' in de kerk: het lichaam van Christus is eerst een organisme en dan een organisatie. Het leven is af en toe een puinhoop, toch? Daarom is het makkelijker voor ons om de dingen te organiseren, want organisaties kunnen we controleren. Neem de volgende vergelijking: een organisme is voor een organisatie wat een paard is voor een wagen. Veel kerken spannen het paard achter de wagen. Ze werken aan faciliteiten en programma's voordat ze adequaat zorg hebben gedragen voor de mensen. Maar het is niet de wagen die de boel in beweging zal brengen – het paard voorziet in de kracht om vooruit te komen. We zullen het paard moeten voeden en verzorgen, maar in plaats daarvan steken we onze energie in de wagen. Het paard raakt uitgeput en is uiteindelijk te zwak om de wagen te trekken. Deze metafoor is nog verder uit te werken: Net als een wagen, hebben organisaties vervangbare onderdelen; als een wiel breekt, zet je er een nieuwe op. Maar de onderdelen van een organisme zijn onlosmakelijk met elkaar verbonden.

In de Bijbel lezen we dat wij leven hebben in de Geest, maar wat betekent dat precies? Jezus geeft ons een beeld van dit leven door veel van zijn verhalen die gaan over het biologische leven. Leven in de Geest lijkt op het organische leven, alleen op een ander vlak.

Jezus begon zijn bediening met een duidelijke verklaring van wat hij kwam doen. Hij kwam om ons begrip te geven van onze verbondsidentiteit als zonen en om het koninkrijk van God in onze harten te planten. Letterlijk om de wil van God in ons leven te installeren. Jezus' manier om duidelijk te maken hoe dit leven eruit ziet, was verhalen vertellen die raakten aan het dagelijkse leven: landbouw, ouders en kinderen, de relatie tussen vrienden, geldzaken, geld dat zoek is, schapen die gevonden worden, enzovoorts.

Wanneer je deze verhalen leest, zul je ontdekken dat Jezus vaak vertrouwt op het biologische leven. Het koninkrijk van God is een zaadje, het is het zaaien van zaad op diverse gronden, het is een wijnstok. Denk nu aan de Brieven die na de Evangeliën komen. Hoe wordt de gemeenschap van gelovigen genoemd? Het lichaam van Christus. God gebruikt vaak het biologische leven als metafoor voor hoe hij wil dat ons leven en het leven van hen die we leiden eruit ziet.

DE ZEVEN LEVENSKENMERKEN

Biologie is de studie naar het leven en naar alle levende organismen. Op school heb je waarschijnlijk geleerd over de zeven levenskenmerken van elk levend organisme. De zeven tekenen van leven zijn:

Beweging	Ademhaling	Gevoeligheid	Voeding
Groei	Voortplanting	Uitscheiding	

Deze kenmerken vormen de kanten van de zevenhoek — de zeven tekenen van leven in het koninkrijk van God. De zevenhoek kan daarmee een bruikbaar diagnostisch middel zijn tot het bepalen van de geestelijke gezondheid van de mensen en de bedieningen die je leidt.

BEWEGING: LAAT ZIEN DAT JE LEEFT

Beweging is een indicatie van leven en komt meestel door een stimulus. Dieren in het wild liggen bij voorkeur op een koele plek, in de schaduw van een boom of in een hol onder de grond. Maar als ze bedreigd worden door een roofdier, verplaatsen ze zich zo snel mogelijk. En als ze honger of dorst hebben komen ze in beweging om zelf op jacht te gaan, anders zullen ze sterven. Dieren komen in beweging als ze bedreigd

worden van buitenaf of van binnenuit honger voelen. Planten bewegen door te groeien, en dat gaat soms zo langzaam dat het moeilijk is vast te stellen.

Het Oude Testament is een serie verhalen over aartsvaders, profeten en mensen in beweging. We zien hoe dit principe werkt in Exodus 14. De Israëlieten hebben Egypte verlaten, maar ze aarzelen om de Rode Zee over te steken. Achter hen ligt een leven in slavernij onder de Farao, maar voor hen ligt het angstaanjagende onbekende. Ze komen tot stilstand. Hoeveel makkelijker lijkt het om vast te houden aan wat we hebben, ook al is het heel erg onbevredigend, dan om te bewegen naar en in het onbekende?

Je zou zeggen dat de harde hand van de Farao die achter hen aankomt voldoende stimulus biedt om door te gaan, maar ze laten zich verlammen door angst. Hun leider gaf bevel te wachten, maar God zei "Ga door!" Pas op het moment dat ze in beweging komen zien ze de bovennatuurlijke kracht van God in hun midden.

Een levende discipel is een discipel in beweging. God gebruikt allerlei methoden om ons in beweging te krijgen: zijn Woord, zijn Geest en soms zelfs vervolging. Want het is zijn verlangen dat zijn volgelingen zich uitstrekken naar een stervende wereld. Hoe zit dat bij jou? Ben jij in beweging? Wees er niet bang voor, zelfs niet als je weet wat er voor je ligt.

ADEMHALING: ADEM GODS ADEMHALING

Deze vorm van ademhaling is iets anders dan wat wij met in- en uitademen bedoelen. Elke cel in je lichaam heeft een krachtcentrale die energie opwekt, het *mitochondrium*. Hier vindt de 'ademhaling' plaats. Deze krachtcentrale is afhankelijk van zuurstof dat door te ademen het lichaam binnenkomt. Ademen is dus van groot belang voor de ademhaling in de *mitochondriën* en het werk van de *mitochondriën* is essentieel voor de energieopwekking in ons lichaam. Een levend organisme 'maakt' geen energie aan, het kan die alleen vrijlaten.

Ademhalen mag dan voor de meeste levende organisme vanzelfsprekend zijn, maar wij, mensen in de westerse wereld, worden er steeds slechter in. Verschillende onderzoeken geven aan dat onze potentie om effectief te ademen in de laatste decennia sterk achteruit is gegaan. Wat resulteert in verlies aan vitaliteit en kwaliteit van leven. In het algemeen zijn we slecht in ademen en gaan daaraan dood.[17]

---

[17] Mike White, "Clinical Studies about the Importance of Optimal Breathing." Optimal Breathing®: www.breathin.com (November 19, 2004)

Slecht ademen kan allerlei oorzaken hebben: ziekte, gebrek aan oefening, angst, vervuiling. Soms komt het doordat we onze adem inhouden — zoals een kind dat een driftbui heeft — in een poging om controle uit te oefenen. Op dezelfde manier zijn velen van ons slecht in de geestelijke ademhaling. Net zoals de fysieke ademhaling energie vrijlaat in ons lichaam, zo laat de ademhaling van God in ons de energie van de Geest vrij in ons leven. Als we Gods adem diep inhaleren, ontdekken we dat Gods energie in ons wordt vrijgegeven om de taak die voor ons ligt te volbrengen.

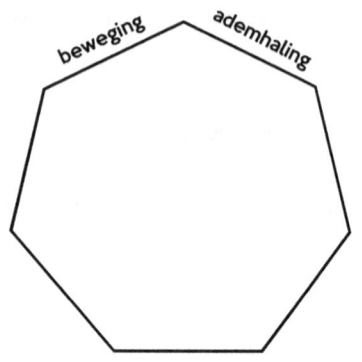

Als christelijke leiders moeten we onze mensen opnieuw aanmoedigen om diep in- en uit te ademen. Ole Hallesby zegt dat gebed hetzelfde voor de ziel is als ademhaling voor het lichaam. Gebed is de adem van God die ons opnieuw vervult. Wat zou jouw discipelen hun adem kunnen ontnemen, ze van hun vitaliteit beroven? Hoe kun je ze bemoedigen om een leven van gebed te leiden — zodat ze Gods Geest inademen en zijn wil uitademen? Het is Gods wil dat ware hemelse kracht in ons leven wordt vrijgegeven, en dat kan alleen als wij geestelijke ademhalen.

GEVOELIGHEID: DE VIJFHOEK AAN HET WERK

Je lichaam is niet zomaar een verzameling onafhankelijke onderdelen. Het werkt samen als een eenheid. Het eerste kenmerk van leven dat we beschreven hebben, is beweging. We zeiden dat levende organismen in beweging komen door *stimulus*. Gevoeligheid stelt het lichaam in staat om de *stimulus* op te merken, en daardoor weet het lichaam dat het in beweging moet komen. Gevoeligheid is dus van wezenlijk belang.

Gevoeligheid is essentieel voor het leven van elke christelijke gemeenschap. We kunnen waarnemen door te kijken, te horen, te voelen, te ruiken en te proeven. Elk van deze functies past bij een van de bedieningen uit Efeziërs 4 die we hebben beschreven in 'de vijfhoek'.

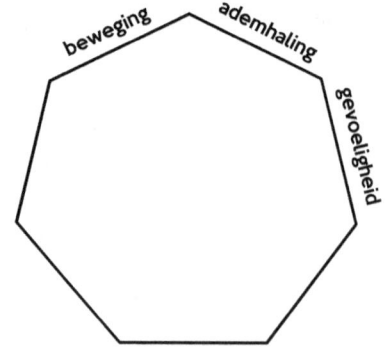

Een gezonde en levende gemeenschap heeft discipelen nodig, die gevoelig zijn voor de noden en pijn van anderen, gelovigen die lachen met de blijden en huilen met hen die verdrietig zijn. Dit is de kunst van het aanvoelen, typerend voor mensen met een basisbediening als herder. We hebben ook mensen nodig die goed kunnen zien, in dit geval het vooruitkijken van de profeten. We hebben mensen nodig, die gevoelig zijn in het luisteren naar anderen, die eerst actief luisteren en daarna instrueren hoe iemand verder kan gaan - dat zijn onze leraren. Zij die gevoelig zijn in het spreken en begiftigd om tijdens elke gelegenheid het goede nieuws te verkondigen, zijn de evangelisten. En zij die het ruiken wanneer de lucht wat al te muf wordt en wanneer het tijd is om door te gaan, dat zijn de apostelen. Gevoelig voor de beweging van God om nieuw gebied voor het koninkrijk te ontdekken. God wil dat we allemaal gevoelig zijn voor zijn *stimuli*, zodat we in beweging komen en doen wat hij zegt.

GROEI: HET ONVERMIJDELIJKE RESULTAAT VAN EEN GEZOND LEVEN

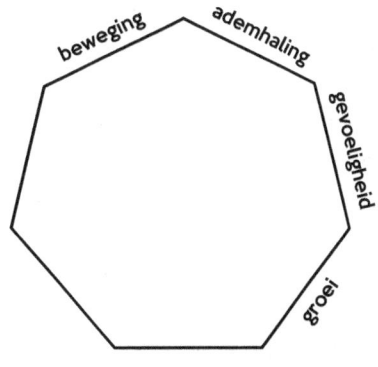

Voor elk levend wezen is groei iets natuurlijks. Het is een expressie van leven. Groei jij? Soms is dat moeilijk te zeggen. We zien niet elke dag dat we groeien. Groei ontstaat door de seizoenen in het leven. Maar groei is ook noodzakelijk voor een levend organisme. Wie stopt met groeien, sterft. Zo simpel is het.

Hoe staat het ervoor met jou en de leiders in je huddel? Groeien jullie nog? Het is een goede vraag want alles dat stopt met groeien zal uiteindelijk sterven. Als christelijke leider zul je constant bewust moeten opletten of er iets of iemand is die stopt met groeien. In de halve cirkel ontstaat groei als we heen en weer pendelen tussen verblijven en vrucht dragen.

Er wordt niet gesteld dat wij moeten werken voor onze groei. God maakt dat we groeien. (Kijk maar naar 1 Korintiërs 3:6-9 en Kolossenzen 2:19.) Maar we kunnen wel zorgen voor een omgeving waar de groei van individuen en gemeenschappen baat bij heeft. In feite zal, als het goed gaat met de andere zes kanten van de zevenhoek, groei als vanzelf ontstaan. Laten we dus doorgaan naar voortplanting.

VOORTPLANTING: DE TOEKOMST CREËREN

Het verschil met groei is dat voortplanting een vermenigvuldiging van leven is. Alle levende wezens planten zich voort door twee aparte elementen bij elkaar te brengen en ze te laten opgaan in een nieuw element. Een zaadcel en een eicel, levende cellen die op zichzelf een nieuw leven vormen, lijkend op haar 'donoren'. De voortplanting heeft plaatsgevonden.

Geestelijke gezondheid | 125

In onze rol als leiders neemt God de ruwe materie van ons leven en brengt dat samen met het hart van een discipel, die ervoor open staat om wat wij geven te ontvangen. Door zijn genade zijn wij in staat om ons leven te vermenigvuldigen in dat van anderen. Als wij ons leven vermenigvuldigen in dat van hen die ons imiteren en hen bemoedigen om deze investering te herhalen in hun eigen huddel, dan begint er iets moois te groeien.

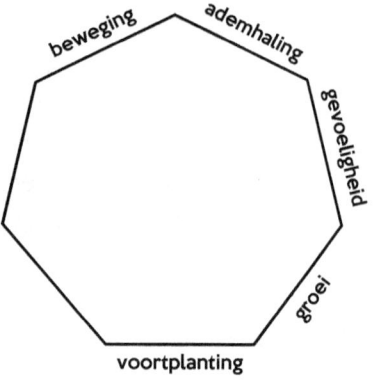

Voortplanting is een teken van leven. Er lijkt een mechanisme in de schepping te bestaan dat voorkomt dat ongezonde organismen zich kunnen voortplanten. Zij vermenigvuldigen zich meestal niet — het zijn de gezonde exemplaren die de soort in stand houden. Het belangrijkste doel van een soort is om een gezonde volgende generatie voort te brengen. Voor ons als leiders is dit de belangrijkste uitdaging die we hebben.

Als we kijken naar Europa, zie je dat kinderen, jongeren en jong volwassenen geen kerkdiensten meer bezoeken. Hoe komt dat? Is het omdat christenen in Europa verzaakt hebben zichzelf in een volgende generatie te vermenigvuldigen? De 'volgende generatie' van christenen in Europa bestaat niet meer. Misschien is het omdat de oudere generatie van christenen ongezond was. God doet nieuwe dingen — hij laat nieuwe groei opkomen en brengt nieuwe leiders voort die toegewijd zijn aan discipelschap. Onze noodkreet moet zijn dat er leiders opstaan. We moeten samen met de psalmist zeggen: "Laat mij niet sterven, Heer, totdat ik over uw kracht kan spreken aan de nieuwe generatie" (parafrase van Psalm 71). Het is mogelijk! Er is wereldwijd een groeiend aantal leiders die de vreugde herontdekken van het discipelen maken, terwijl ze de leervormen gebruiken en het 8:6:4 principe voor huddels hanteren. Voortplanting is het ultieme teken dat je leeft!

> **VOOR ONS ALS leiders is het voortbrengen van een gezonde volgende generatie de belangrijkste uitdaging die we hebben.**

UITSCHEIDING: EEN SCHOONGEWASSEN LEVEN

"Oké," zeg jij, "ik begrijp best dat je die andere zes kenmerken toepast op discipelschap, maar uitscheiding? Bah!" Toch zou je je daar weleens in kunnen vergissen. Wij zien dit kenmerk van leven terug in een uitspraak die Jezus doet aan het begin van zijn bediening: "Kom tot inkeer en hecht geloof aan dit goede nieuws."

Elk mensenhart verzamelt door de dag heen een hoeveelheid afval, die weer geloosd moet worden in een proces van berouw.

Als we ons niet ontdoen van deze zonden dan slaan we ze op als gif in ons lichaam. Dit veroorzaakt ziekte en uiteindelijk de dood. Jezus was er duidelijk over: vergeef anderen zodat God jou kan vergeven. Onderzoek laat zien dat niet vergeven de oorzaak is van een verhoogde bloeddruk, hormonale veranderingen, hart- en vaatziekten en een verzwakte hersenfunctie, waaronder geheugenverlies. Niet uitscheiden wat anderen ons hebben aangedaan is net zo ongezond als onze eigen zonden binnen houden. Als je fysiek gezien niets

uitscheidt, zul je, behalve dat je je erg slecht voelt en er nog slechter uitziet, sterven. Dat is medisch gezien een zekerheid. Gifstoffen bouwen zich in je lichaam op en belemmeren vitale organen om hun werk te doen. Uiteindelijk stopt je hele lichaam er mee, voor altijd. De schrijver van de brief aan de Hebreeën noemt deze gifstoffen in ons "de wortel van bitterheid." Er wordt ons gezegd deze weg te werken, uit te rukken.

Uitscheiding komt voor christenen in de vorm van berouw en tucht. Oswald Chambers zegt: "Het binnengaan van het koninkrijk gaat langs de hevige pijn van berouw die binnendringt in een mens zijn respectabele goedheid," en dat het de Heilige Geest is die "deze pijn veroorzaakt."[18]

In uiterste gevallen gebiedt de kerkelijke orde dat een broeder die zich niet wil bekeren wordt uitgesloten, zoals Paulus gebiedt aan de gemeente in Korinte. Met als doel om deze broeder de kans te geven terug te keren naar een leven van geloof. Of het nu in ons individuele leven of in het gemeenschapsleven is, we moeten het kwade niet omarmen. Zonde, in welke vorm ook, mogen we niet accepteren. De uitscheiding is nodig om gezond te blijven.

VOEDING: HET GEHOORZAAMHEIDSDIEET

Het laatste kenmerk is voeding. Alle levende wezens moeten voeding tot zich nemen, zo niet, dan zullen ze sterven. In deze tijd van suikervrij zus en vetvrij zo, zijn we ons enorm bewust van wat goede voeding is. Ons geestelijke dieet kent maar één hoofdgerecht.

"Ik ben het brood dat leven geeft," verklaart Jezus. Om te overleven moeten we zijn woorden, zijn handelingen en zijn geboden als maaltijd gebruiken. We kunnen dit nog verder doorvoeren. Toen Jezus de Samaritaanse vrouw bij de bron ontmoette (Johannes

....

[18] Oswald Chambers, *My Utmost for His Highest* (Uhrchsville, OH: Barbour and Company, Inc., 1935) 342.

4), waren zijn leerlingen in het dorp daar vlakbij om brood te kopen. Toen ze terugkwamen boden ze het Jezus aan.

"Ik heb voedsel dat jullie niet kennen," was zijn antwoord. De discipelen vroegen zich af hoe Jezus aan dat eten kwam en wat het was. Misschien waren ze jaloers dat hij iets beters te eten had dan zij. Daarop vertelde Jezus wat het was: "Mijn voedsel is de wil doen van hem die mij gezonden heeft." God gehoorzamen is onze voeding. Als wij gehoorzaam zijn aan de geboden van Jezus, wordt onze ziel gevoed. We voelen ons gevuld en vervuld.

Zonder voeding zul je sterven. Daar kunnen we niet omheen. Zonder de juiste voeding zul je ook sterven, maar dan langzaam. Zo zullen ook leiders die zich niet regelmatig voeden met Jezus, het ware Woord van God, sterven. We moeten zijn onderwijs duidelijk en consistent verkondigen, maar daar moeten we het niet bij houden. We moeten ons aan zijn geboden houden om de voeding die noodzakelijk is voor onze groei binnen te krijgen. Daarom hebben we de zevenhoek ontwikkeld.

EEN GEZOND ZELFONDERZOEK

De volgende vraag is wat je met de zevenhoek moet doen. Weten dat Jezus regelmatig voorbeelden uit de biologie gebruikte om zijn boodschap te vertellen, betekent nog niet dat we het toepassen in ons leven en de levens van hen die we leiden. We moeten ons er bewust toe zetten om ons leven te vergelijken met het gezonde leven dat Jezus beschreef. De leiders van vandaag roepen de leiders van morgen tot leven. Veel leiders zitten in een overgangsfase naar het creëren van een discipelschapscultuur. Vaak is dat in een moeilijke en ontmoedigende tijd. In deze tijd van transitie is het erg belangrijk veel aandacht te hebben voor de gezondheid van hen die je leiden. De zeven levenskenmerken kunnen je daarbij helpen.

> **ALS WIJ gehoorzaam zijn aan de geboden van Jezus, wordt onze ziel gevoed.**

Artsen zeggen dat de meeste mensen van kanker genezen kunnen worden als de ziekte maar op tijd wordt ontdekt. En daarom wordt ons verteld hoe we ons lichaam kunnen controleren op kanker of andere ziekten, zo dat we op tijd zijn voor een behandeling en door kunnen gaan met leven. Net zoals we ons fysieke lichaam onderzoeken, moeten we ook geestelijk zelfonderzoek doen. De zeven kenmerken maken een grondig zelfonderzoek mogelijk. Ga door elk van de zeven processen van leven alsof je je eigen hartslag meet. Als je een gebied vindt dat tekort is gekomen, geef het dan meer aandacht. Wacht niet totdat de ziekte je overvalt en het echt gevaarlijk wordt. Leer deze levenskenmerken aan hen die je opleidt tot discipelen. Als elke volgeling van Jezus de zeven levenskenmerken zou onderhouden in zijn geestelijke leven, zouden de herders geen advies meer hoeven geven. Stel je dat eens voor!

DE GROEICIRKEL VAN GEMEENTEGROEPEN

God heeft ons geschapen om in een sociale context te leven. Het is voor ons onmogelijk om echt mens te zijn zonder te leven in een authentieke gemeenschap. Wanneer je de Bijbel onderzoekt, ontdek je principes over groepen, hun grootte en hun functie en hoe we als leiders een gemeenschap moeten bouwen. We lezen daarnaast in de Bijbel hoe de juiste inzet van groepen de voorgangers kan verlichten in de overweldigende last die zoveel van hen ervaren.

> *'Het is niet verstandig wat je doet,' zei zijn schoonvader, 'je zult er nog onder bezwijken, en de mensen die bij je komen ook. Dit is een veel te zware taak voor je, je kunt die niet alleen aan.'*
> *Exodus 18:17-18*

Voel jij je wel eens zoals Mozes in deze passage? Een kerk waar het draait om consumenten, staf en/of programma's is een goed recept voor burn-out. Zoals elke goede vader, zegt Jetro tegen zijn schoonzoon Mozes: "Hé man! Je kunt dit niet in je eentje. Dit gaat ten koste van jou en ten koste van je mensen. Probeer eens wat anders. God heeft een beter plan." God heeft een idee hoe je leiderschap kunt doorgeven in groepen en het ziet er ongeveer uit als dit:

Natie	Stammen
Duizendtallen	Honderdtallen
Vijftigtallen	Tientallen
Twee- en drietallen	

Jetro gaf Mozes het advies om leiders aan te stellen over duizend-, honderd-, vijftig- en tientallen, naast de leiders van de twaalf stammen. De twaalf stammen samen waren het volk Israël dat werd geleid door Mozes die stond onder Gods autoriteit. Mozes volgde Jetro's advies op. Hij wees een groep mannen aan, gaf hun de bevoegdheid en rustte hen toe om over deze verschillende groepen leiding te geven. Het tiental was de verwachte grootte voor een gezin in die tijd, maar vandaag in onze cultuur is de kleinste groep een getrouwd stel.

De boeken van Mozes lezend, zien we dat er al leiders waren voor de natie en de stammen van Israël en er werden continu huwelijken gesloten. Wat Mozes niet doorhad, was dat er op het gebied van leiderschap een meer complete infrastructuur nodig was. Een structuur die het volk van God beter in staat stelde om een relatie met God te hebben, met elkaar en met de wereld in het algemeen.

Het is interessant te zien dat Jezus een zelfde soort patroon leek te volgen: hij stuurde de discipelen erop uit in tweetallen (en dat waren geen getrouwde stellen). Hij riep een team van 12 bij elkaar uit een groep van 72. Op de pinksterdag zijn er 120 volgelingen bij elkaar, wachtend in Jeruzalem zoals Jezus hen gezegd had. Na die dag is de kerk gegroeid tot een gemeenschap van duizenden. Deze gemeenschap is ook georganiseerd langs etnische lijnen. Dit is een verklaring voor de ingreep van de apostelen, die ervoor zorgen dat de meest onbelangrijke groep in de kerk een eerlijk deel krijgt van de aanwezige middelen (Handelingen 6).

Wij pleiten er niet voor om christelijke gemeenschappen precies op deze manier in te delen. Maar deze groepsgrootten kunnen helpen bij het ontwikkelen van levende gemeenschappen in onze westerse cultuur. Eén van de taken die in het koninkrijk is toegewezen aan de mensen van God, is menselijke gemeenschap te herstellen waar mogelijk. Vanuit onze ervaring trekken we de conclusie dat we de gemeenschap moeten verdelen in groepen van verschillende grootte en vorm. Als we als leiders goede strategische beslissingen willen nemen, dan moeten we weten waar dat begint. Veel sociologen en antropologen denken dat de belangrijkste groep in de maatschappij die van het uitgebreide gezin is.

Onze ervaring bevestigt dat kerken zich moeten richten op de ontwikkeling van clusters of missiegemeenschappen, tussen de twintig en zeventig mensen groot — de grootte van het uitgebreide gezin. Om dit te doen zullen we leiders moeten opleiden die deze visie uitdragen, in staat zijn om deze groepen te overzien en te werken aan het lange-termijndoel om te bouwen aan onze gemeenschappen en cultuur. Een discipelschapscultuur wordt gekenmerkt door 'weinig controle' en 'veel aanspreekbaarheid'. Huddels voorzien in de perfecte context voor aanspreekbaarheid. Jouw leiders zullen zich gedragen weten en de grenzen van het koninkrijk verzetten omdat ze een veilige plek hebben waar ze regelmatig naar terugkeren. Het leven in gemeenschap is de kern van kerk-zijn. Analyseer je kerk in het licht van de zevenhoek en je kunt voorkomen dat kleine

> **EÉN VAN DE TAKEN** die in het koninkrijk is toegewezen aan de mensen van God, is menselijke gemeenschap te herstellen waar mogelijk.

problemen uitgroeien tot ongeneeslijke ziekten. Als we open blijven staan voor de Heilige Geest, de brenger van leven, dan zullen wij meer van het leven gaan uitstralen dat hij geeft.

HOOFDSTUK 13
MISSIE DOOR RELATIE

DE ACHTHOEK

Daarna stelde de Heer tweeënzeventig anderen aan, die hij twee aan twee voor zich uit zond naar iedere stad en plaats waar hij van plan was heen te gaan. Hij zei tegen hen: 'De oogst is groot, maar arbeiders zijn er weinig; vraag dus de eigenaar van de oogst of hij arbeiders wil sturen om de oogst binnen te halen. Ga op weg, en bedenk wel: ik zend jullie als lammeren onder de wolven. Neem geen geldbuidel, geen reistas en geen sandalen mee, en groet onderweg niemand. Als jullie een huis binnengaan, zeg dan eerst: "Vrede voor dit huis!" Als er een vredelievend mens woont, zal jullie vrede met hem zijn; zo niet, dan zal die vrede bij je terugkeren
Lukas 10:1-6

De toekomst van de kerk is direct verbonden aan de passie van de kerk voor haar roeping. De laatste decennia heeft onze inzet voor de Grote Opdracht vaak geleid tot het Grote Verzuim – we werkten en er kwamen bekeerlingen, maar we hebben nagelaten ze te trainen tot discipelen en ze toe te rusten in alles wat Jezus geleerd heeft. Iedereen in de kerk moet deelnemen aan Gods opdracht om discipelen te maken op de manier zoals Jezus dat aan ons leert.

Heel terecht wordt er de laatste jaren kritisch gekeken naar onze manieren van evangeliseren. Veel van de technieken die werkten in het verleden, hebben nu niet meer de impact die ze hadden.

Eerder stelden we al dat Jezus, de meest wijze mens, de beste leider en de beste leraar was die ooit geleefd heeft. Het is logisch dat hij ook de beste is als het gaat om evangelisatie. In zijn boek *Permission Evangelism* gaat Michael Simpson in op de interactie tussen Jezus en de rijke jongeling (Markus 10), en hij vat het als volgt samen:

"Christus evangeliseerde, maar het leek totaal niet op de manier zoals de meeste mensen dat vandaag doen. Ook al staat er dat Jezus hem liefhad, bleef hij rustig staan en liet de man weglopen. Waarom ging Jezus hem niet achterna toen hij wegliep? Waarom deed hij niet nog een poging toen de man zo geïnteresseerd bleek te zijn? Waarom zorgde Jezus niet dat deze man gered werd voordat hij hem aansprak op het lastige gebied in zijn leven (zijn rijkdom)?

Christus rende niet achter de rijke jongeling aan omdat hij wist dat zijn hart nog niet klaar voor hem was. Jezus wist het en liet hem gaan. Jezus rent nooit achter iemand aan. In plaats daarvan is hij beschikbaar voor hen die met hun hele hart op zoek zijn naar de weg tot God, de waarheid over God en het leven in God."

De achthoek gaat over het delen van het goede nieuws op dezelfde manier als Jezus dat deed en het aan zijn discipelen leerde. Laat de acht kanten van de achthoek je niet afschrikken. We gaan je niet bestoken met acht zware theologische lessen of acht principes die je moet memoriseren. De achthoek heeft één sleutelboodschap: vind de persoon van vrede.

PERSOON VAN VREDE

Als Jezus de 72 discipelen de opdracht geeft om voor hem uit te gaan en de komst van het koninkrijk van God te verkondigen, geeft hij ze de volgende instructie:

> Als jullie een huis binnengaan, zeg dan eerst: "Vrede voor dit huis!" Als er een vredelievend mens woont, zal jullie vrede met hem zijn; zo niet, dan zal die vrede bij je terugkeren.
> Lukas 10:5-6

Jezus' boodschap aan zijn discipelen en ook aan ons is dat wij, terwijl we ons door deze wereld begeven, voortdurend onze ogen open moeten houden voor een 'persoon van vrede'. Wat is zo'n persoon van vrede, en hoe kunnen we hem herkennen?

Het antwoord is erg simpel: een persoon van vrede is iemand die geestelijk is voorbereid is om te luisteren naar de boodschap over het koninkrijk en de Koning.

Zo iemand staat open om te ontvangen wat God op dat moment door jou heen tegen hem of haar wil zeggen. Dit zou ons gebed moeten zijn aan het begin van iedere dag: "Heer, brengt u vandaag een persoon van vrede op mijn weg en geef me de genade om uw woorden tegen hem te spreken." Iemand die geen persoon van vrede is, zal niet ontvangen wat jij hebt te zeggen. We moeten niet blijven doordrammen. Jezus zegt je dat je dan het stof van je voeten af moet vegen en verder moet gaan. Het heeft geen enkele zin om iemand onder druk te zetten om een persoon van vrede te worden. Dat is het werk van de Heilige Geest: Hij alleen kan een hart voorbereiden om het evangelie te horen. Het is aan ons om onze geestelijke ogen open te zetten: wie is de persoon van vrede die ons pad kruist? Misschien krijg je een beter beeld van dit concept als je kijkt naar de manier waarop Paulus het in praktijk bracht tijdens zijn zendingsreizen.

> **EEN PERSOON VAN vrede is iemand die geestelijk is voorbereid is om te luisteren naar de boodschap over het koninkrijk en de Koning.**

HOE PAULUS DE PERSOON VAN VREDE VOND

We lezen in Handelingen 16 dat Paulus samen met Silas, Timoteüs en Lucas plannen maakt voor hun reizen, maar dat ze "door de Heilige Geest werden verhinderd Gods woord in Asia te spreken." Toen wilden ze doorreizen naar Bytinië, maar opnieuw werden ze door de Geest verhinderd. Dan krijgt Paulus 's nachts een visioen van een man in Macedonië die roept om hulp. Onmiddellijk pakken ze hun spullen bij elkaar en vertrekken naar Macedonië.

Eenmaal aangekomen in Filippi, een stad in Macedonië, gaat Paulus op zoek naar een persoon van vrede; iemand die bereid is om het woord van God te ontvangen. Het was sabbat en Paulus wist dat hij vrome Joden en 'God-vrezers' (heidenen die God aanbidden en de Joodse geschriften aanhangen) bij de rivier zou aantreffen om te bidden, omdat dat de gewoonte was. Toen ze daar een groep vrouwen aantroffen nam Paulus — met zijn opleiding tot rabbi — het woord en gaf onderwijs.

Terwijl hij het evangelie verkondigt, opent God het hart van één van de vrouwen, Lydia, een handelaar in purperstoffen. Paulus herkende in haar op dat moment een persoon van vrede. We weten niet precies wat hij tegen haar gezegd heeft of wat haar antwoord was. We weten wel dat zij en haar huisgenoten werden gedoopt in het geloof. Paulus en zijn vrienden bleven bij Lydia terwijl ze een kerk plantten in Filippi.

Ze bleven lang genoeg in Filippi om regelmatige bezoekers te worden van de gebedsbijeenkomst aan de rivier. Tijdens één van hun wandelingen naar de rivier worden ze

HET IS NIET GOED om deuren te forceren die God niet heeft geopend en we moeten ons er niet door laten afleiden zodat we de deuren missen die hij wel heeft geopend.

achtervolgd door een slavin die bezeten is door een demon. Ze schreeuwt: "Deze mensen zijn dienaren van de allerhoogste God en verkondigen u hoe u gered kunt worden!" Weinig deuren gaan zo ver open voor het evangelie. Dit moet wel een persoon van vrede zijn, nietwaar?

Paulus zag het anders. Hij beval de demon om het meisje te verlaten, wat die onmiddellijk deed. Toen kregen de eigenaren van het meisje een probleem, want onder invloed van de boze geest kon zij de toekomst voorspellen. Hiermee verdienden haar eigenaren veel geld en deze bron van inkomsten werd hen ineens afgenomen. Ze waren woedend. Ze sleepten Paulus en Silas voor het stadsbestuur, waar ze stokslagen kregen en in de gevangenis werden gegooid.

Maar opnieuw, zelfs in deze omstandigheden, is Paulus op zoek naar een persoon van vrede. Dit keer kwam die in de persoon van de gevangenbewaarder die de wacht over hen hield. Je kent het verhaal wel: midden in de nacht, terwijl Paulus en Silas God aanbidden met hun gezang, is er een aardbeving waardoor alle ketenen los komen en de deuren open gaan. De gevangenbewaarder denkt dat alle gevangenen gevlucht zijn, en om zijn commandant de moeite te besparen, wil hij zelf een einde aan zijn leven maken.

"Doe uzelf niets aan!" roept Paulus, "we zijn immers allemaal nog hier!"

"Zegt u mij, heren, wat moet ik doen om gered te worden?" kan de bewaarder nog net uitbrengen.

Paulus zat niet op eigen initiatief in de gevangenis, maar de persoon die God voor hem had voorbereid, maakte zichzelf bekend, en Paulus gaat erop in.

De persoon van vrede is iemand die God heeft voorbereid voor dat specifieke moment. Het is niet goed om deuren te forceren die God niet heeft geopend en we moeten ons er niet door laten afleiden zodat we de deuren missen die hij wel heeft geopend. Dit is goed nieuws! Zelfs bij de belangrijkste taak die ons is gegeven, de opdracht om heen te gaan en discipelen te maken, doet God het leeuwendeel van het werk. Ons deel is om door het leven te gaan met open ogen en luisterend naar de Geest die openbaart wie de persoon van vrede is die hij heeft voorbereid.

TOERUSTEN TOT EVANGELISATIE

Onze buiten-relaties horen uit meer te bestaan dan evangelisatie-activiteiten of –programma's. We moeten een leven leiden van missie, evangelisatie en dienstbetoon. Jezus verklaarde zijn opdracht tot missie als "de reden waarom ik ben gekomen" (Markus 1:38). Zo zond hij zijn leerlingen op weg zoals de Vader hem gezonden had (Johannes 20:21), stelde hij ze aan als makers van discipelen (Matteüs 28:19), en beschreef ze als zijn getuigen die in golven uiteindelijk de hele wereld zouden overspoelen (Handelingen 1:8). Elke keer als Jezus zijn volgelingen als discipelen aanspreekt (de twaalf en de tweeënzeventig), verhaalt hij weer van hun missie. De achthoek gaat over deze bijbelse strategie voor evangelisatie.

DE PERSOON VAN VREDE ONTVANGEN

Er zijn zeven andere principes in dit model, maar de persoon van vrede is de sleutel. Laten we dus eerst deze vijf punten overwegen die van belang zijn als je zoekt naar de persoon van vrede.

Tijd — Voorafgaand aan het uitzenden van zijn discipelen stelt Jezus dat er specifieke tijden en plaatsen zijn dat de oogst rijp is (Johannes 4:34-38). Hier koppelt hij een houding aan: houd je ogen open. Niet elk deel van de samenleving, elke subcultuur of elk individu staat even open voor het evangelie. In de ene context is het de tijd om te zaaien, in een andere tijd om te maaien. Het is deel van onze missionaire taak om vanuit Gods perspectief te zien waar geestelijke openheid is. Herinner je wat we hebben geleerd bij de driehoek: voordat we de buiten-relatie kunnen aangaan, hebben we een boven-relatie nodig.

Elke christelijke gemeenschap moet betrokken zijn bij beide: zaaien en maaien. We kunnen onrustig worden van Jezus' woorden als we kijken naar de vele manieren waarop wij de kerk vorm geven. Jezus zegt dat we vol vreugde moeten investeren in de oogst, ook al ligt het resultaat van ons werk aan de kerk een stukje verderop. Als de uitbreiding van het koninkrijk onze missie is, dan maakt het niet uit wie de opbrengst van ons werk oogst. Als werkers in het koninkrijk moeten we leren onderscheiden in welke geestelijke fase iemand zich bevindt. Is het tijd om te zaaien of tijd om te oogsten?

> **ALS WERKERS IN HET koninkrijk moeten we leren onderscheiden in welke geestelijke fase iemand zich bevindt.**

Team — Onze binnen-relaties leiden tot onze buiten-bediening. We zijn niet geroepen om het alleen te doen, zoals we hebben gezien bij het nadenken over onze binnen-dimensie in de driehoek en bij het verschil tussen organisaties en levende

Missie door relatie | 137

organismen (de zevenhoek). De missionaire kerk zal een evangelisatiemodel rondom een team ontwikkelen.

Daar zijn, naast het feit dat Jezus het op die manier deed, goede redenen voor. Doordat in onze cultuur het verlangen om ergens bij te horen erg groot is, gaat er van een authentieke gemeenschap sterke aantrekkingskracht uit. Net als in de tijd van de eerste gemeenten worden ongelovigen uitgedaagd om de boodschap van zo'n groep nader te onderzoeken. Dit principe zien we terug in de bediening van Paulus. Hij refereert continu aan zijn teamleden – Barnabas, Silas, Timoteüs, Titus. Jezus belooft zijn aanwezigheid waar twee of drie gelovigen samen zijn (Matteüs 18:20).

Doel — Jezus was zeer strategisch in de uitvoering van zijn missie. Hij wist dat hij niet overal tegelijk kon zijn en dat zijn discipelen dat ook niet konden. Hij richtte zijn inzet op de verloren schapen van het volk Israël (Matteüs 10:6) en zei zijn leerlingen dat ze zich niet moesten laten afleiden door mensen die er niet klaar voor waren om de boodschap te ontvangen (Lukas 9:5 en 10:4). In missie en evangelisatie moeten we uitkijken naar mensen die open staan voor ons en voor onze boodschap. We moeten ons concentreren op deze ontvankelijke personen van vrede en geen dialoog of relatie afdwingen waar die niet van nature ontstaat.

Taak — Het is de taak van een discipel om het goede nieuws over het koninkrijk te delen met een persoon van vrede, onafhankelijk waar en wanneer deze persoon wordt gevonden. Hoe herkennen we een persoon van vrede? Overeenkomstig met de instructie die Jezus zijn leerlingen gaf in Matteüs en Lucas 10, zal de persoon van vrede:

- je verwelkomen. Zo niet, "schud dan het stof van je voeten," wanneer je zijn huis verlaat. (Matteüs 10:14)
- naar je luisteren. Zij die naar jou luisteren, luisteren naar Jezus. (Lucas 10:16)
- je dienen of ondersteunen. We moeten aan een persoon van vrede toestaan dat hij ons dient. (Matteüs 10:10)

Velen van hen die we leiden voelen zich erg ongemakkelijk als ze het woord 'evangelisatie' horen; misschien voelen ze zich wel schuldig. Maar wat Jezus zei is nogal eenvoudig: zoek naar mensen die naar je willen luisteren onder degenen die je in je dagelijks leven tegenkomt. Dit is iets dat ze kunnen doen binnen hun huidige kring van contacten en relaties. Er valt een zware last van ze af als we ze leren dat God het leeuwendeel van het werk doet.

Problemen — Omdat de leraar niet werd ontvangen, zei Jezus, moeten ook de leerlingen geen warm welkom verwachten. Als wij erop uitgaan en op zoek gaan naar de persoon van vrede om het goede nieuws over het koninkrijk van God aan te vertellen, zullen we problemen tegenkomen. Velen zijn er niet klaar voor om de boodschap te horen en zij zullen sterk afwijzen wat zij beschouwen als intolerantie of ongevoeligheid van jouw kant. Het is niet de vraag of maar wanneer dit gebeurt.

Onze missie voor de wereld is er niet door veranderd. Wat je nu nodig hebt, is dat je het op zo'n manier doorgeeft dat iedereen in je huddel en in de bredere gemeenschap zich toegerust weet om er aan deel te nemen. Veel christelijke leiders bewegen hun hele leven binnen de grenzen van de kerkgemeenschap en vragen zich af waarom ze zo weinig doorbraken zien op het gebied van evangelisatie. Leiders bepalen de cultuur. De mensen die jij leidt en vervolgens de mensen in hun huddels, zullen jou imiteren — niet zozeer wat je zegt, maar wat je doet.

Laten we verder gaan met de principes van de achthoek, met het doel om onze mensen op te bouwen en toe te rusten voor deze missie.

AANWEZIGHEID: JEZUS IS WAAR JIJ BENT

Evangelisatie door aanwezigheid vindt plaats wanneer jij aanwezig bent in een situatie of bij een individu of een groep. Waar jij bent is altijd een mogelijkheid om te zijn als Jezus, te doen wat hij zou doen, te zeggen wat hij zou zeggen. Als jij vriendelijkheid toont en bemoedigende woorden spreekt, kan de persoon van vrede zich bekend maken. Misschien spreek je tijdens een commissievergadering positieve woorden waar anderen klagen. Na de vergadering spreekt een ander commissielid je aan en bedankt je voor je positieve woorden. Dit kan een persoon van vrede zijn die zichzelf bekend maakt. Er is nu een mogelijkheid om te vertellen waarom je positief blijft, doordat je in deze situatie aanwezig bent. Zoals een wijs man zei: "Waar je ook gaat, daar ben jij." En waar jij ook bent, daar is de mogelijkheid om een persoon van vrede te ontmoeten.

KORTSTONDIGE RELATIES: DE SPRINT

Mensen die we maar een of twee keer ontmoeten zijn wat wij noemen 'kortstondige relaties'. De medewerker bij het benzine-station. Een onbekende voor je in de rij bij de supermarkt. De persoon die naast ons zit tijdens een treinreis. Zeer waarschijnlijk zullen we hen tijdens deze ontmoeting, ook al laten ze zien dat ze een persoon van vrede zijn, niet tot een persoonlijke relatie met Christus leiden. Maar we kunnen gebruikt worden om hen dichter tot dat punt te brengen. Paulus zegt dat sommige planten, anderen geven water en God geeft de oogst (1 Korintiërs 3:6). In een kortstondige relatie kun je geroepen worden om een zaadje te planten of om water te geven aan wat al geplant is. Het enkele feit dat je het resultaat niet ziet, betekent nog niet dat je geen belangrijk onderdeel van het proces kunt zijn.

BLIJVENDE RELATIES: DE MARATHON

Blijvende relaties heb je met de mensen in je familie en met goede vrienden. Als een kortstondige relatie op een sprint lijkt, is een blijvende relatie als een marathon. Je ontmoet deze mensen vaak en hebt over langere perioden contact met ze. Het is belangrijk dat je de boodschap niet opdringt als deze persoon er nog niet klaar voor is. Je zult misschien een lange tijd moeten wachten totdat deze persoon een persoon van vrede voor je is. Tot die tijd is zijn of haar hart er nog niet klaar voor om naar jou te luisteren. Het lijkt soms het moeilijkste om ons geloof te delen met de mensen die het dichtste bij ons staan. Dat zou wel

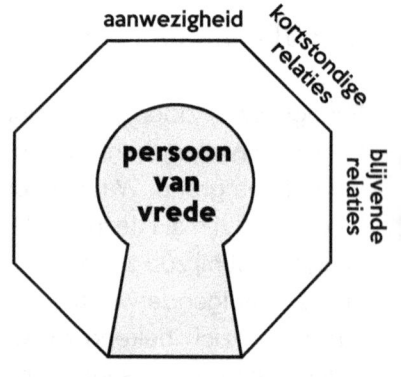

eens door ons ongeduld kunnen komen. We willen zo graag dat ze ervaren hoe geweldig het leven in het koninkrijk is, dat we ze gaan opjagen voordat God hen heeft voorbereid om naar ons te luisteren. Bid, wacht en let op. God heeft nooit haast en hij is nooit te laat.

IDENTIFICATIE DOOR VERKONDIGING

De meeste voorgangers vinden het een buitenkans als ze het evangelie mogen verkondigen aan mensen die niet geloven. Zo zijn bruiloften en begrafenissen een kans om een verlossingswoord te prediken aan niet-gelovigen. Dit is prima, als we maar onthouden dat we nooit iemand kunnen overtuigen die er nog niet klaar voor is. Zo werkt dat nu eenmaal. We moeten de verkondiging inzetten om personen van vrede te identificeren, en daarna gaan we een relatie met hen aan of koppelen we hen aan iemand anders die hen kan begeleiden door de eerste fases van discipelschap. Dit is de kern van evangelisatie: iemand uitnodigen om te wandelen op de weg van het geloof, en hem dus niet alleen het zondaarsgebed laten bidden.

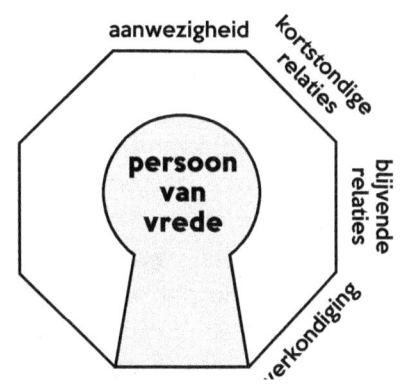

VOORBEREIDING: STAPJE VOOR STAPJE

De voorbereiding is het bewerken van het land en het inzaaien van de grond. Vaak zullen onze woorden zijn als het omspitten van iemands grond. Dan ontmoet deze persoon iemand anders die ook aanvoelt dat dit een persoon van vrede is - en weer wordt de grond omgespit. Een week later gebeurt het weer, en pas hierna komt iemand die de kans krijgt om te zaaien. Weer andere mensen geven water. Het zou kunnen dat maar één of zelfs geen van hen betrokken is bij de oogst. Maar ze hebben allemaal een rol gespeeld bij het maken van deze discipel.

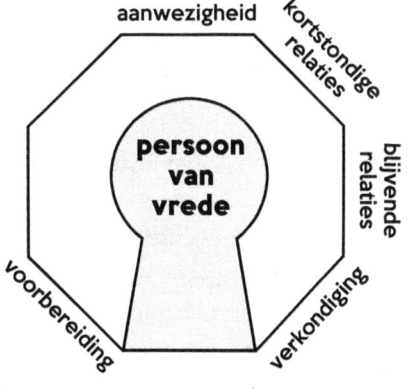

Dr. James F. Engel (Wheaton Graduate School) heeft een model ontwikkeld dat mensen die het evangelie doorgeven kan helpen. Dit model staat bekend als de Schaal van Engel en geeft inzicht in het keuzeproces van een niet-gelovige. Het nulpunt van de schaal is iemand die vergeving vraagt voor zijn zonden en wordt wedergeboren. Rechts van het nulpunt zijn de positieve getallen, zoals 1,3,4, enzovoort. Als de gelovige zicht ontwikkeld en meer volwassen wordt, klimt hij op de schaal.

Links van het nulpunt staan de negatieve getallen. Iemand die niet gelooft, maar open staat voor jouw ervaringen met God en vragen stelt over het koninkrijk, staat op -1. Dit is een persoon van vrede. Iemand die op dit moment niet geïnteresseerd is in geestelijke zaken, kan op -5 staan. En iemand die je nog liever je tanden uit je mond slaat dan te luisteren naar een verhaal over Jezus staat op -10. Als je, in de fase van voorbereiding iemand verder helpt van -5 naar -3, is dat dan geen evangelisatie? We zijn er misschien niet bij op het uur U, maar we zijn wel door God gebruikt in het leven van deze persoon.

KRACHT:
EEN WONDER ALS EVANGELISATIEMIDDEL

Door de kracht van God te demonstreren, identificeerde Jezus vaak de persoon van vrede. Als er gebeden wordt voor een zieke en deze wordt genezen, dan zal er vaak een persoon van vrede opstaan, of het nu degene is die ziek was of een omstander. Onze God is werkelijk een ontzagwekkende God. Hij zal dingen doen die eerbied en ontzag opwekken in mensen die hun hart nog aan hem moeten geven. Wij zijn niet in staat deze wonderen te doen, en we kunnen God niet in onze zak steken of manipuleren om het wonder op onze manier en tijd te laten plaatsvinden. Het enige dat wij kunnen doen, is klaar staan op het moment dat het gebeurt.

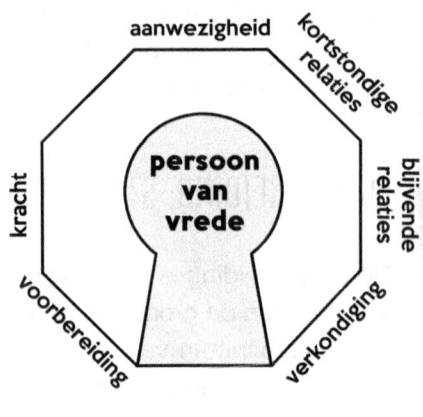

WAARNEMEN: DE TEMPERATUUR OPNEMEN

Waarnemen is wat Peter Wagner noemt "de grond testen". Om de persoon van vrede te identificeren moeten we geestelijk opmerkzaam zijn voor situaties, omstandigheden en mensen. Neem bijvoorbeeld een hedendaagse evangelisatie-setting: je bent aan het golfen met drie mannen die je op de eerste tee hebt ontmoet. Aan het eind van hole 18 houden jullie ermee op en je geeft hen een hand. Vraag je op dat moment af: "wat was de temperatuur van de grond?" Was het heet, warm of koud? Als het koud was heeft geen van hen blijk gegeven open te staan voor het evangelie, ga dan door. Schud als het ware het stof van je schoenen en wens hen het beste. Maar als bij een van hen de grond warmer aanvoelt, ga dan met hem een relatie aan. Hij is een persoon van vrede voor jou.

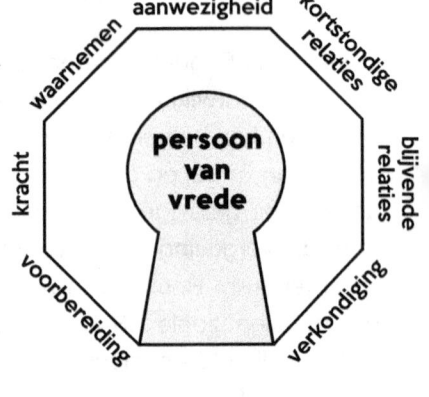

De acht principes van de achthoek bieden een uitgebreide, maar niet alomvattende benadering van evangelisatie. Samen met de andere leefvormen heeft de achthoek zich bewezen als een ongelooflijk effectief middel voor onderwijs.

NOOT VAN DE AUTEURS

Voor we verder gaan, willen we je eerst waarschuwen: het is ons advies dat je de neiging weerstaat om na het lezen van dit boek met een huddel te starten omdat je dit boek gelezen hebt. De enige manier om succesvol een huddel te leiden is door eerst aan een huddel te hebben deelgenomen. Wij komen regelmatig mensen tegen die denken dat ze iets kunnen doordat ze er een boek over hebben gelezen of er met iemand over hebben gesproken. Soms is dit waar, maar vaak ook niet. Bij het leiden van een huddel komt meer kijken dan het juiste boek lezen. Je moet bepaalde vaardigheden ontwikkelen. Je wilt ook niet dat iemand een openhartoperatie bij je uitvoert omdat hij er ooit een boek over gelezen heeft. Wat ons betreft wil je dan ook niet dat degene die jou tot discipel maakt en je vormt om meer op Jezus te lijken, er alleen een boek over gelezen heeft. Je wilt iemand die geleerd heeft hoe het werkt: mensen tot discipelen te maken. Stel dat je lid bent van een kerk waar ze huddels gebruiken, vraag dan aan een van de leiders of je gevormd kunt worden in een huddel. Als er in jouw kerk geen huddels zijn, maar je er in jouw context mee wilt pionieren, kijk dan eens op www.nederlandzoekt.nl. Wij bieden een tweejarig leerproces waar huddels een belangrijk deel van uitmaken.

DEEL 3

SECTIE 1 : SLEUTELBEGRIPPEN

Wat is een huddel?

Wat is het verschil met huisgroepen?

Waarom werken huddels?

Het geestelijke vormingsproces

Fase 1. Taal

Fase 2. Ritmes

Fase 3. Moedig in missie

Fase 4. Leiderschap

Vorm versus formule

SECTIE 2 : STARTGIDS

Voordat jouw huddel van start gaat

Je eerste 10-12 huddels

Na je eerste 10-12 huddels

Missionair leren zijn door middel van huddels

Nadat je alle leervormen gebruikt hebt in je huddel

SECTIE 3 : SAMENVATTEND VOORBEELD VOOR HUDDELS

De leercirkel

De halve cirkel

De driehoek

SECTIE 1
SLEUTELBEGRIPPEN

WAT IS EEN HUDDEL?

- Een plek om je huidige of toekomstige leiders in missie en discipelschap tot discipelen te maken.
- Een plek om bemoediging te geven en te ontvangen en wederzijds aanspreekbaar te zijn.
- Een groep tussen de vier en tien mensen — we adviseren om de eerste keer met vier tot zes mensen te beginnen.
- De groep komt regelmatig en in een consistent ritme bij elkaar, minstens een keer per twee weken.
- De groep wordt geleid door een huddelleider.
- De deelnemers worden uitgenodigd door de leider. Dit is niet de groep waar mensen een vriend mee naar toe nemen. Als je een huddel leidt, is het jouw huddel en jij bepaalt de condities, ook wie worden uitgenodigd.
- Het is een voorrecht om aan een huddel deel te nemen, geen recht.
- Het is ontspannen en leuk — er valt veel te lachen!
- De huddel is afhankelijk van de openheid en eerlijkheid van haar leden.
- Tijdens elke bijeenkomst worden de deelnemers geholpen om twee vragen te beantwoorden:
    - Wat zegt God tegen mij?
    - Wat ga ik daarmee doen?

- De huddel duurt een bepaalde periode en is niet voor altijd — meestal vragen we mensen om zich te verbinden voor de tijd van een jaar. Natuurlijk houd je je eigen leiders in een huddel zolang ze leiding geven, maar af en toe wil je de boel een beetje opschudden.

- Het resultaat wordt gemeten in termen van groei, volwassenheid en vruchtbaarheid.

- Huddels vermenigvuldigen zich doordat de deelnemers ook zelf een huddel gaan starten.

WAT IS HET VERSCHIL MET HUISGROEPEN?

Er zijn een paar overeenkomsten tussen huddels en huisgroepen. De voornaamste zijn de groepsgrootte, namelijk vier tot tien mensen, en de regelmaat in de bijeenkomsten op dezelfde locatie. Maar er zijn ook een paar fundamentele verschillen:

- Huddels staan niet open voor het 'publiek'. Het is een groep van mensen die toegezegd heeft elke huddel te bezoeken. Ze worden uitgenodigd door de huddelleider. Huddels groeien niet doordat er meer mensen bij komen, maar doordat de huddelleden hun eigen huddel beginnen.

- De huddelleiders hebben niet zozeer een faciliterende rol, maar zijn primair 'discipelmaker'. Ze geven hun leven als iets dat het waard is om te imiteren en geven hun leden toegang tot elk deel van hun leven. Huddelleiders nodigen mensen uit om dat deel van hun leven te imiteren dat lijkt op het leven en de bediening van Jezus.

- Voor huisgroepen is het erg belangrijk om een open en vriendelijke plek te creëren met weinig uitdagingen, voor het geval er gasten op bezoek komen. In tegenstelling daarmee heeft de huddelleider uiteindelijk niet de taak om de meest open en vriendelijke plek te creëren. Het is de taak van de leider om een veilige omgeving te scheppen waar mensen aanspreekbaar zijn, leren, bemoedigd worden en worden uitgedaagd. Het is niet ongewoon voor een huddelleider om iets te zeggen dat moeilijk is voor iemand om te horen, maar het wordt gezegd in liefde en met het doel van transformatie.

- Mensen laten een huisgroep schieten als ze het druk hebben of het even niet zien zitten. In een huddel is de verwachting dat je er altijd bent, behalve als het echt niet anders kan. Huddelleiders houden hun mensen scherp op deze afspraak.

- Huisgroepen draaien vaak om specifiek materiaal, DVD's of thema's uit de Bijbel — vastgesteld door de hele groep. In een huddel laat de leider zich leiden door de Geest en door de kairos-momenten van de deelnemers. Op basis daarvan stelt hij de richting en het traject van de huddel vast.

WAAROM WERKEN HUDDELS?

Leren. Zoals we in hoofdstuk drie hebben besproken, leren mensen in een huddel door de relatie met de huddelleider. Alle drie de vormen van leren - instructie leren, praktijk leren en natuurlijk leren — zijn in een huddel aanwezig.

Taal. Huddels werken doordat mensen al doende een discipelschapstaal aanleren. Deze taal kunnen ze weer leren aan andere mensen, maar de communicatie vormt en verandert ook wie ze zijn. Ze kennen de taal niet alleen als theorie: de taal wordt een deel van hun leven. Het creëert in de groep een cultuur van groei doordat mensen meer en meer op Jezus gaan lijken. Ze richten zich op Jezus om hun leven lang van hem te leren.

Vermenigvuldiging. Huddelleden weten vanaf het begin dat ze op een dag zelf een huddel zullen starten. In zijn laatste woorden is het statement van Jezus duidelijk: discipelen maken discipelen. Dus vertellen de huddelleiders aan hun leden dat de verwachting is dat ze binnen zes tot twaalf maanden zelf een huddel zullen starten. Nu zullen wij ze niet vertellen dat ze een huddel moeten starten en wanneer ze een huddel zullen starten; God zal dat aan hen duidelijk maken. Maar ze weten wat er van hen verwacht wordt. Het zal je niet verbazen dat dit een zekere mate van druk op hen legt. Wij hebben ontdekt dat dit wel goed is. Want het betekent dat mijn geestelijke gezondheid en volwassenheid niet alleen mijzelf beïnvloedt, maar ook de mensen die ik binnenkort ga discipelen. De geestelijke ontwikkeling van mensen stokt vaak als ze denken dat het alleen om henzelf gaat. Te weten dat andere mensen op hen rekenen verandert hun denken en het zorgt ervoor dat ze hun eigen geestelijke ontwikkeling serieuzer nemen.

Hoge mate van toewijding. Zoals je waarschijnlijk wel begrepen hebt, vraagt een huddel een hoge mate van toewijding. Dit is een van de redenen waarom huddels succesvol zijn in het maken van discipelen. Als de lat hoog wordt gelegd, haken mensen af óf zetten ze een stapje extra. De meeste mensen gaan ervoor. Wij hebben ervaren dat de meeste mensen willen groeien, maar dat ze niet in staat zijn om zichzelf te veranderen. Ze hebben relaties en structuren nodig waardoor ze worden aangesproken en naar Jezus toe worden gedreven. De meeste mensen weten ook dat dit alleen kan door een hoge mate van toewijding.

Groepsleren. Huddels werken doordat mensen niet alleen betrokken zijn bij hun eigen leerproces, maar ook bij dat van anderen. Het individuele lid krijgt niet alleen te zien hoe de leider hem tot discipel maakt, maar ook hoe hij dat bij anderen doet. Omdat ieder mens weer anders is, vragen verschillende mensen verschillende vaardigheden en input van de huddelleider. Dit stelt de deelnemers in staat om in de toekomst mensen tot discipel te maken die anders zijn dan zij. De betrokkenheid bij elkaar maakt ook dat wat er gebeurt in het leven van een ander een spiegel is voor je eigen leven.

De groep zorgt er ook voor dat mensen hun verantwoordelijkheid serieus nemen. Als jij de enige bent die telkens zijn afspraken niet nakomt, dan ga je druk voelen om het wel te doen. In een één-op-één relatie is het makkelijker om het er een beetje bij te doen. Als daar nog vijf tot acht mensen bij komen, worden mensen geholpen door de groepsdynamiek om hun toewijding serieus te nemen.

Tijd. Het is nu eenmaal zo dat we maar een x-aantal uren per dag en per week effectief kunnen besteden. We moeten wijs met onze tijd omgaan. Ook uit onze ervaring blijkt dat een één-op-één mentorrelatie kan werken, maar dat het ook erg tijdrovend is om meerdere van dat soort relaties te hebben. Huddels stellen ons in staat om behoorlijk aantal mensen tot discipelen te maken en toch goed om te gaan met een van onze kostbaarste middelen: tijd. In plaats van acht mensen elke week een uur lang te spreken, kunnen we ze door middel van een huddel eens in de twee weken in een bijeenkomst van twee uur ontmoeten. Huddels werken omdat je maximaal in een groep kunt investeren, zonder dat het te veel van je tijd vraagt.

Balans tussen uitnodiging en uitdaging. Jezus was vaardig in het maken van discipelen omdat hij het concept van uitnodiging en uitdaging begreep. Hij nodigde mensen uit in een verbondsrelatie met hem en zij kregen toegang tot zijn hele leven. Jezus had ook een duidelijke visie over Gods plan met deze discipelen. Jezus wist dat de Vader hen geadopteerd had als zonen en dat hun identiteit die van koningszonen was. Dat betekende dat het hun rol, hun doel in het leven was om de Koning te vertegenwoordigen in deze wereld; zijn autoriteit en kracht uitoefenen. Het is de uitdaging om in deze identiteit en in deze roeping te leven; om te leven in de realiteit van het koninkrijk van de Vader.

Huddels zijn verslavend voor mensen wanneer ze eenmaal uitnodiging en uitdaging ervaren hebben. Niemand wil uit een relatie stappen met iemand die genoeg om je geeft om zijn hele leven met je te delen en genoeg van je houdt om je op de plek te brengen waar je je ware identiteit kunt uitleven, ook al is het op de weg daarheen soms zwaar. De huddel wordt een veilige plaats van waaruit je de wereld in kunt gaan. Er wordt niet getwijfeld aan je motieven om de soms harde waarheid te laten horen. Ze weten dat jij je voor de lange termijn aan hen hebt toegewijd.

Wij zien dat de meeste mensen - maar niet allemaal - de eerste zes tot negen maanden in een huddel meer geestelijke groei ervaren dan in de vijf jaar daarvoor. Als mensen op deze manier groeien, zijn ze voor hun leven 'verpest'. Ze kunnen niet meer terug naar een plaats waar ze geen uitnodiging en uitdaging ervaren. Ze willen leven in een omgeving van discipelschap en relaties.

Blijvend investeren. Als je zelf met een huddel begint, blijf je deel uitmaken van een huddel. Als jij investeert in anderen, wordt er ook geïnvesteerd in jou. Over het algemeen ervaren mensen de meeste geestelijke verandering als ze zelf mensen tot discipelen gaan maken. Wij geloven dat iedere leider die wordt vrijgezet om te leiden, te beïnvloeden en discipelen te maken, een plek moet hebben waar hij aanspreekbaar is op de keuzes die hij maakt. Huddels werken omdat iedereen die een huddel leidt ook zelf in een huddel zit.

HET GEESTELIJKE VORMINGSPROCES

Fase 1: Taal. Zoals we al hebben besproken, creëert taal cultuur. Wij geloven dat de leefvormen een krachtige discipelschapstaal zijn. Het is belangrijk te begrijpen dat deze taal het fundament legt voor al het andere. De taal helpt om het bijbels wereldbeeld van Jezus te laten inburgeren en het geeft mensen een lens om naar de wereld te kijken zoals Jezus dat deed. In de huddel maken mensen zich deze taal langzaam eigen. De eerste paar maanden zijn als het ware de basiscursus. Je hebt basale kennis van de taal nodig voordat je op een natuurlijke manier de taal kunt aanleren en hem vloeiend leert spreken. Het gaat eerst om de basis.

Het aanleren van de basis is de sleutel en dan voornamelijk wanneer mensen leren om de twee centrale vragen te stellen:

- Wat zegt God tegen mij?
- Wat ga ik ermee doen?

Voor de meeste mensen zijn dit ongebruikelijke vragen. Ze weten vaak niet hoe ze naar de stem van God moeten luisteren, laat staan hoe ze erop moeten reageren. Het is duidelijk te zien hoe Jezus de taal van het koninkrijk vastlegt. Op de eerste dag van zijn bediening introduceert hij het idee van het koninkrijk en kort daarop houdt hij de Bergrede en gaat dieper in op het Koninkrijk van God. Alles wat Jezus leert, elk verhaal dat hij vertelt en al zijn handelingen zijn omgeven door de taal van het Koninkrijk van God.

Fase 2: Ritmes. Deze fase gaat over het aanleren van de levensritmes die Jezus bespreekt in Johannes 15. Hoe er een pendule is die altijd zal blijven zwaaien tussen rust en werk en hoe dit ritme op ons leven is gelegd vanaf het begin van de wereld. Jezus gaat met dit principe verder: *Wij zijn gemaakt om aan het werk te gaan vanuit een plek van rust en niet om te rusten vanuit ons werk.*

Hij maakt krachtig duidelijk dat ware rust wordt gevonden in hem, omdat hij verbonden is met de Vader. Het is in tijden van rust dat we niet alleen energie en leven van de Vader ontvangen, maar ook zijn stem horen.

Omdat maar heel weinig mensen een dag- en weekritme in hun leven hebben ingesteld, duurt het meestal maanden voordat de mensen in jouw huddel zo ver zijn. De meeste mensen zullen om dit te bereiken vroeger moeten opstaan en de dag beginnen met de Bijbel en gebed (niet iedereen zal dit zo doen en dat moet mogelijk zijn). Het is geen wet en het zal zeker zo zijn dat sommige mensen hun dag niet met 'stille tijd' beginnen, maar voor veel mensen geldt dit wel. En voor veel mensen is het moeilijk om dit in te stellen. Je zult ontdekken dat maar weinig mensen op geregelde tijden opstaan en nog minder mensen gaan op een vaste tijd naar bed.

Het is ook geen makkelijk proces. De mensen in je huddel zullen hiermee worstelen. Ongetwijfeld zullen ze het op willen geven. Onthoud dan dat jij als de persoon die zijn leven aan hen geeft, hen hier doorheen helpt. Als ze er niet in slagen om vaste ritmes in te bouwen, zal de vijand zijn kans schoon zien en zullen ze grotendeels ineffectief zijn omdat ze zijn afgesneden van hun bron van leven en energie: de Vader.

In deze fase zullen ze het echt op willen geven. Geef ze een ongelooflijke hoeveelheid genade en blijf ze eraan herinneren waarom ze dit doen. Een goede bemoediging: stuur ze zes weken lang elke dag een sms'je, met daarin de tekst die jij gelezen hebt, als een manier om ze aan hun keuze te houden. Wij hebben ontdekt dat als je dit eerste en allerbelangrijkste gevecht van de dag hebt gewonnen, de andere worstelingen je een stuk makkelijker afgaan.

Hetzelfde geldt voor het nemen van een wekelijkse vrije dag (een sabbat), een belangrijk wekelijks ritme. Je zult ze enorm moeten uitdagen en enorm moeten uitnodigen om te zorgen dat dit in hun leven gebeurt. Hierin zullen ze misschien nog meer falen dan in het vasthouden van hun dagelijkse ritme. Veel mensen zijn verslaafd aan hun werk, aan e-mails, aan doen, doen, doen. We vinden het zo moeilijk om een hele dag vrij te zijn. Je zult ze moeten helpen om ervoor te vechten en de beste manier om dat te doen, is door het in je eigen leven vorm te geven. Nodig hen en hun gezin uit om die dag door te brengen met jou en je gezin. Laat ze zien wat het inhoudt en waarom het zo mooi is.

Fase 3: Moedig in missie. Overduidelijk moeten wij ons bezighouden met de zaken van onze Vader. Wij zijn de vertegenwoordigers van het Koninkrijk. We hebben absoluut een binnenwereld, maar als we diep verbonden raken met de God van de missie, reageren we net als hij omdat we zijn geschapen naar zijn beeld. We dragen zijn autoriteit en er is ons verteld dat we zijn kracht moeten uitoefenen. Daarom hebben we elke dag een missie.

Een huddel stelt je in staat om jouw leden zo te begeleiden dat ze de missie integreren in de manier waarop ze naar de wereld kijken en in hun relaties staan. Het betekent niet dat je samen met je huddelleden op missie gaat (al kan je dit zeker wel doen), maar dat je hen aanspreekbaar houdt om de buiten-dimensie van Jezus' leven te leven door concrete en uitvoerbare plannen. Elke discipel is missionair. Het hoort er gewoon bij! Maar de meesten van ons zijn dit niet gewend.

Als we het hierover gaan hebben, doen we dat in eerste instantie een beetje voorzichtig. We bespreken de persoon van vrede (de achthoek, hoofdstuk 13). Deze persoon kennen we goed en we lopen niet het risico dat we onszelf belachelijk maken. Maar wat als we het idee hebben dat we voor iemand moeten bidden die we niet kennen? Of als we een persoonlijke vraag moeten stellen aan iemand die we nog maar een keer gesproken hebben? Of als we voor genezing gaan bidden voor iemand die we op straat tegenkomen? Of als vrijwilliger aan de slag gaan bij de voedselbank? Of als we iemand die we goed kennen een geestelijk inzicht geven, terwijl we ons afvragen hoe hij achteraf over ons zal denken?

Als je een beetje op ons lijkt toen wij voor het eerste naar buiten traden, dan verstijf je bij de gedachte alleen al. Maar we kunnen niet de Bijbel lezen zonder overtuigd te worden dat God ons voorbereidt op een specifiek doel in het leven van andere mensen. Deze derde fase is een oefening in moed en in wandelen in een ander soort koninkrijk.

Betekent dit dat je in de eerste twee fases niet betrokken was bij missie? Natuurlijk niet. Maar na de fases waarin mensen de taal leren en het ritme waarbij ze regelmatig naar de Vader luisteren, ontstaat er een overvloed waardoor hun inzet, autoriteit en moed sterk toenemen. Het begint in je binnenste en vindt een weg naar buiten.

In deze fase ontstaat er iets heel moois, Alan Hirsch noemt het *communitas*. In het boek *The Shaping of Things to Come* beschrijft Hirsch gemeenschappen die zijn gevormd doordat ze samen door diepe ervaringen zijn gegaan.[19] Een paar voorbeelden van *communitas*: gijzelaars brengen een paar dagen door met mensen die ze nog nooit ontmoet hebben, maar deze aangrijpende ervaring smeedt een ondubbelzinnige band en verwantschap tussen hen: ze blijven dichtbij elkaar tot jaren na de gijzeling. Een voetbalteam speelt, oefent,

---

[19] Micheal Frost en Alan Hirsch, *The Shaping of Things to Come: Innovation and Mission for the 21st century Church* (Peabody, MA: Hendrickson Publishers, 2003)

traint en streeft maandenlang naar het winnen van de Beker. Deze gedeelde ervaring creëert iets bijzonders tussen de spelers. Een gemeenschap vormen is één, een *communitas* is iets totaal anders. Bill Easum zegt daarover: "Het christendom bekommert zich om het openbaren van het Koninkrijk van God in deze wereld, niet om de levensduur van organisaties."[20]

Studie na studie bewijst dat groepen die starten met als doel een gemeenschap en zich op de een of andere manier willen opschalen naar missie, daar bijna nooit komen. De groep heeft als onderliggend principe een missie nodig. Als we beginnen met een missie, krijgen we altijd een gemeenschap, omdat we worden samengebonden door een gemeenschappelijk doel, omdat we voor elkaar moeten zorgen te midden van het gevecht voor de missie. In feite wijzen studies uit dat er in groepen met een missionaire focus, beter voor elkaar gezorgd wordt dan in groepen met een focus op de gemeenschap.

Waarom? Omdat deze groepen *communitas* hebben ontwikkeld. In deze derde fase, 'moedig in missie', begint *communitas* zich te ontwikkelen.

Fase 4: Leiderschap. Een van de eerder genoemde verwachtingen aan het begin van een huddel, is dat je er op een gegeven moment zelf een gaat beginnen. Dit is de manier waarop we ons aan het gebod van de Grote Opdracht houden: *maak discipelen, die discipelen maken, die weer discipelen maken.* Een huddel is er niet alleen voor ons eigen belang, ook al is het erg goed voor ons geestelijk leven.

Als we iets ontvangen, is dat met het doel dat we het weer door kunnen geven. Als mensen kennis hebben genomen van de leefvormen en dit in hun leven toepassen, als ze vaste ritmes in hun leven hebben ingebouwd en als ze leren om moedig missionair te zijn, dan is de verwachting dat ze zelf een huddel beginnen (of een andere missionaire- of discipelschapsonderneming). Elke discipel leidt iemand anders, ook al zijn het maar vier mensen.

VORM VERSUS FORMULE

Wat is in het algemeen de route die mensen in staat stelt om deze principes te leren en te eigenen over de periode van een jaar?

1. Gebruik de eerste vijf tot zes huddels voor de leercirkel. Dit is de basisvorm die in elke huddel zal terugkomen, zodat we leren om Gods stem te verstaan en daar respons op te geven.

---

[20] Bill Easum, *Unfreezing Moves: Following Jesus Into the Mission Field* (Nashville, TN: Abingdon Press, 2002) 17.

2. Observeer en stel door de Geest vast op welke manier God deze groep mensen wil vormen:
   a. Als ze worstelen met hun identiteit, ga dan in een serie huddels de twee driehoeken van verbond en koninkrijk door (zie Mike Breens Covenant and Kingdom: The DNA of the Bible).*
   b. Als ze worstelen met te drukke schema's, oververmoeidheid of stress, ga dan in een aantal huddels door de halve cirkel.
   c. Als ze worstelen met gebed en met verbinding met hun Vader, ga dan verder met de zeshoek in de komende huddels.
   d. Als ze worstelen met oppervlakkige relaties of een geïsoleerd leven, ga dan verder met de driehoek.

3. Na de leercirkel zijn de beste vormen om mee door te gaan voor hun geestelijke vormen de twee driehoeken, de driehoek, halve cirkel en de zeshoek. Ga vervolgens verder met observeren hoe de Geest aanwezig is in de groep en gebruik de vormen in overeenstemming met het werk dat de Geest doet. Het doel is niet zo snel mogelijk door de vormen heen te gaan, maar ze zo aan te leren dat ze deel worden van het leven van de leden van de huddel.

4. Als de huddelleden de twee driehoeken, de driehoek, halve cirkel en de zeshoek werkelijk lijken te integreren in hun leven, dan zullen ze een geestelijke verandering gaan ervaren. Hun geestelijk leven zal stabieler worden, zonder dat ze in de extremen van alles of niets schieten. Je zult zien dat de mensen in je huddel tot leven komen en een gezonder leven gaan leiden.

5. Wanneer dit het geval is, gebruik dan een aantal huddels om de vijfhoek uit te werken. Zo help je je mensen te identificeren welk van de vijf bedieningen God aan hen heeft gegeven, hoe ze dat al van nature uitleven en in welke tijdelijke rol God hen momenteel leidt.

6. Leer ze de zevenhoek en leer ze hoe dit een rol speelt in hun huidige geestelijke familie. Help ze ontdekken hoe ze kunnen bijdragen aan het leven in hun missie gemeenschap.

7. Leer de achthoek, help hen identificeren wie de mensen van vrede zijn in hun leven, wie geestelijk open staan en hoe ze werkelijk kunnen investeren in deze relaties, zodat Gods koninkrijk kan doorbreken in hun leven.

---

* Ook al zijn de 'twee driehoeken' van Verbond en Koninkrijk geen leefvormen, je zult ontdekken dat ze erg belangrijk zijn bij het discipelen maken. We raden dan ook aan om het boek te gebruiken als het gaat om het DNA van verbond en koninkrijk.

8. Het is in dit proces belangrijk om de Geest te verstaan. Ga niet door met aanleren van een nieuwe vorm als er noodzakelijk werk is dat God kennelijk probeert aan te pakken.

9. Het helpt vaak om vormen die al aangeleerd zijn te herhalen, voordat je aan een nieuwe vorm begint, net zoals je de leercirkel regelmatig laat terugkomen en de ruimte geeft om naar God te luisteren en aan zijn Woord gehoor te geven.

10. Aan het eind van elke huddel moet, onafhankelijk van de vorm die je gebruikt hebt, elk huddellid duidelijk kunnen uitleggen: 1) wat zegt God tegen mij? en 2) wat ga ik daarmee doen in de komende twee weken?

SECTIE 2
STARTGIDS

VOORDAT JOUW HUDDEL VAN START GAAT

- Als het enigszins mogelijk is, zorg er dan voor dat je in de gelegenheid bent geweest om zelf deel te nemen aan een huddel voordat je er zélf een gaat leiden. Verwar dit niet met het leiden van een huiskring, dat is echt iets anders. De beste manier om een huddel te leren leiden is door zelf aan een deel te nemen.

- Als je predikant of voorganger bent, ga dan niet een prekenserie houden over de leervormen. Het gaat het ene oor in en het andere uit bij de mensen. De kracht ervan zul je pas ervaren als ze concreet worden toegepast in iemands leven binnen een kleine, toegewijde kring van mensen.

- Dit boek, *Cultuur van Discipelschap*, is overduidelijk de basis voor de taal van leervormen. Er is echter ook aanvullend materiaal in de vorm van audio en video dat je kunt downloaden. Die gaan uitgebreider in op elke leervorm en kunnen bijzonder bruikbaar zijn. Ga hiervoor naar www.weare3dm.com.

- Maak er serieus werk van om God te vragen wie je zult vragen voor je huddel. Neem tenminste 3-4 weken de tijd voor om hiervoor te bidden. Veel mensen hebben de neiging om op dit punt vooral strategisch te denken. Nu is strategisch denken prima, maar vermeng het niet met de vraag wie God wil dat je in je huddel opneemt. God wil je nogal eens verrassen met de personen die Hij bij jouw huddel brengt en wie er uiteindelijk niet aan deelneemt. Kijk naar de persoon van vrede die God voor jouw huddel in gedachten heeft. Dat is degene die je uiteindelijk wilt hebben. Misschien kun je de namen opschrijven van degenen die duidelijk je voorkeur hebben. Kom dan na een week terug en vraag God of hij je namen wil geven van mensen die niet al duidelijk je eerste keus zijn.

- Het is meer dan waarschijnlijk dat je een paar sceptische mensen ontmoet wanneer je het gesprek op je plan voor een huddel brengt. Als ze echt cynisch zijn ten aanzien van de idee van een huddel en jij probeert maar steeds jezelf te verdedigen, dan is het beter ze eerst te passeren. Het is moeilijk om mensen leerling van Jezus te leren zijn als ze cynisch zijn over de manier waarop je dat doet. Er is reële kans dat hij of zij later alsnog overstag gaat, maar dat zal vooral komen door de veranderende levens van de mensen die aan jouw huddel deelnemen. Er zijn genoeg mensen die op zoek zijn naar andere mensen om in te investeren: vind die mensen.

- Vergewis jezelf ervan dat de mensen in je toekomstige huddel zich bewust zijn van de hoge mate van *commitment*, vooral als het gaat om het reserveren van de afgesproken tijden voor de huddel in de agenda. Wat je doet is een huddel op de kalender zetten en de rest van de maand er om heen plannen. Uiteraard zeg je het niet zo vierkant tegen hen omdat ze het belang nog niet zullen begrijpen zonder de ervaring van een huddel. Laat hun weten dat het ze een huddel kunnen missen door onvermijdelijke dingen, maar moeheid, drukte of stress zijn geen goede redenen om een huddel te laten schieten. Eén van die factoren is er namelijk altijd wel (of zelfs meer dan één tegelijk).

- Waar het om draait bij een huddel is: investeren. Je investeert iets van jouw leven in dat van anderen. Wat je in feite tegen hen zegt is: "Ik wil iets van mijn leven investeren in jullie levens; de dingen daarvan die overeenkomen met het leven van Jezus, neem die over, en de rest mag je vergeten." Dit is iets diepgaands omdat de meeste mensen (1) óf nooit hadden gedacht dat ze het waard waren om in te investeren, (2) óf elke investering was direct gekoppeld aan wat ze moesten produceren of opleveren voor de organisatie. Met andere woorden: ze hebben het gevoel dat ze gebruikt worden. Wat jij doet is ze iets waardevols aanbieden: een uitnodiging tot je eigen leven.

- Zet jezelf niet neer als de huddelleider, zeker niet als het jouw eerste huddel is die je leidt. Er is niet alleen een leercurve voor de mensen in jouw huddel, ook jijzelf zult een leercurve doorlopen. Zorg ervoor dat de deelnemers zich bewust zijn van het feit dat het een gezamenlijke reis is, een leerproces, zowel voor jou als voor hen. Zij leren wat discipelschap betekent voor zichzelf en jij leert wat het is om discipelschap aan anderen over te brengen. Herinner je het citaat van G.K Chesterton: "Als iets de moeite waard is om te doen, dan is het de moeite waard om erin te falen." Het leiden van een huddel is een vaardigheid die je moet ontwikkelen zoals alle andere dingen in je leven. Niemand wordt geboren als groot huddelleider. Van nature zul je meer vaardig zijn op het vlak van uitnodiging of juist op het vlak van uitdagen. Dat vraagt erom dat je je richt op de andere vaardigheid om jezelf daarin juist te verbeteren. Het zal je tijd en inspanning kosten en dus geduld. Er zullen momenten zijn dat je het gevoel hebt dat je je huddel niet goed leidt. Dat is normaal! Bid er meer voor, verdiep je er meer in en zorg dat je coaching kan krijgen van een ervaren huddelleider. Na verloop van tijd groeien je vaardigheden.

JE EERSTE 10-12 HUDDELS

- Qua tijd zit je optimaal met een huddel van anderhalf uur, de maximale tijd is twee uur. Het doel van een huddel is niet dat je alle gevoelens van iemand helemaal de ruimte geeft. Het gaat niet om een therapiegroep, een huddel is niet de juiste plek voor zoiets. Het doel is het faciliteren van het luisteren naar God en hoe je daarop kunt reageren. Als iemand een sterke emotionele reactie heeft op een gebeurtenis, is die emotie veroorzaakt door een *kairos* of door een ketting van *kairos*-momenten. We bekijken deze momenten om te komen tot de uitnodiging nog meer in het koninkrijk te leven, niet om gewoonweg onze gevoelens de ruimte te geven. Een huddel biedt de mogelijkheid om beter te leren luisteren naar wat God zegt en om daarin gaandeweg een scherpere blik te ontwikkelen.

- Neem 10-20 minuten de tijd als de mensen binnenkomen om bij te praten en te acclimatiseren. Wij hebben het altijd prettig gevonden als er wat te eten en te drinken was. Dat helpt om een veilige, warme sfeer te creëren. Help mensen om te gaan zien dat dit moment waardevol is en dat ze het als onderdeel van de huddel gaan ervaren.

- Zelfs in het geval dat je een nieuwe leervorm uitlegt, moet je proberen dat niet langer te doen dan 12-15 minuten. Wat je wilt is dat ze voldoende krijgen voor een betekenisvolle *kairos*, maar wat je niet wilt is dat ze afhaken of helemaal overweldigd raken. In de meeste gevallen zul je niet meer dan vijf minuten nodig blijken te hebben om mensen in de positie te brengen die God voor ze op het oog heeft.

- Het feit alleen dat je een huddel doet met elkaar, wil niet zeggen dat er altijd onderwijs moet zijn. Vaak zal het voldoende zijn als je mensen gewoon helpt in hun proces vanuit hun *kairos*-momenten.

- Misschien wordt dit wel je belangrijkste leercurve: met je ene oor luisteren naar wat iemand vertelt en met je andere oor luisteren naar wat Gods Geest je zegt.

Wat dat betreft is een huddel in z'n aard erg profetisch. Nogmaals: dit is iets wat je kunt leren, maar het kost wel tijd om dat te leren. Om jezelf te helpen in deze leercurve is het aan te bevelen om korte aantekeningen te maken terwijl iemand zit te praten. Welke zinnen springen er dan voor je uit? Welke bijbelwoorden? Een verhaal? Een beeld? Een metafoor? Wat is het centrale thema in wat ze zeggen? Dit is een eenvoudige manier om met je beide oren te luisteren. Wat ook helpt is dat je 15 minuten reserveert voorafgaand aan je huddel om stil te zijn en naar God te luisteren. Bid voor de mensen in je huddel en vraag Gods Geest om bij je te zijn.

- Vanuit ervaring hebben we gemerkt dat het de beste volgorde is beginnen met de leercirkel, daarna de halve cirkel en als derde de driehoek. Daarna, afhankelijk van hoe het verder gaat, een volgende leervorm (in het samenvattend voorbeeld voor huddels verderop treden we meer in detail over hoe je dit doet en hoe lang je de tijd neemt voor elk onderdeel zodat je een gezamenlijke taal ontwikkelt). Maar nogmaals: je huddel verloopt mogelijk anders en ook dat kan goed zijn. Er is geen magische formule voor.

- Wat we sterk aanbevelen is dat je de eerste vijf of zes huddels je alleen maar bezighoudt met de leercirkel. Wat we ook aanbevelen is om een van deze huddels te besteden aan onderwijs over de driehoeken behorend bij Verbond en Koninkrijk. Als mensen vertrouwd zijn met de leercirkel is het de moeite waard dit in te brengen om te zien wat voor een *kairos*-moment dit oplevert om hen daarna de leercirkel te laten doorlopen. Ondanks dat dit niet tot het lijstje van leervormen behoort, is het van onschatbare waarde omdat het je echt helpt om een beeld te schetsen van de werkelijkheid van de Bijbel en de wereld waar wij in leven. Bovendien zijn alle leervormen gebaseerd op de principes van Verbond en Koninkrijk en vloeien ze daar uit voort.

- Ga niet te haastig de leervormen af zitten werken. Het gaat er niet om dat je alle leervormen gedaan hebt. Je zult de verleiding moeten weerstaan om de leervormen als een soort curriculum te beschouwen. Het is je taak als huddelleider om te leervormen vlees en bloed te laten worden in het leven van de mensen die je begeleidt. Dit kost tijd en gebeurt niet van de ene op de andere dag. Langzaam is beter.

- Als je aanvoelt dat iemand gebed nodig heeft nadat hij of zij iets gedeeld heeft en daaraan nieuwe stappen gekoppeld heeft, bidt gewoon op dat moment voor hem of haar. Zeg niet dat je het gaat doen, doe het gewoon op dat moment!

- Ga er niet vanuit dat je als je iets uitgelegd hebt, je dat niet weer opnieuw zult moeten uitleggen. Bedenk: taal creëert cultuur. Die cultuur ontstaat op het moment dat 1. zij jou de leervormen kunnen uitleggen en de taal gewoon wordt, en 2. aan hun manier van leven te zien is dat de leervormen vlees en bloed zijn geworden. Neem je tijd dus. Bijvoorbeeld: laat iemand na de derde of de vierde huddel de leercirkel uitleggen alsof hij of zij zelf de leider van groep is. Op die manier strooi je het zaad voor de dag dat deze mensen zelf huddelleiders zullen zijn.

- Zorg op tijd voor uitdaging in de huddel. Hoe langer je daarmee wacht, hoe moeilijker het zal zijn. Door op tijd uitdaging in te brengen, zet je de toon voor het soort groep dat een huddel is, en de mate waarin dat verschilt van andere groepen waaraan mensen eerder hebben deelgenomen. Het is duidelijk dat je bij het uitdagen van mensen een behoorlijke dosis nederigheid nodig hebt en dat je het op een manier zegt die de persoon wil opbouwen door de uitdaging heen, in plaats van hem of haar in verwarring te brengen of zelfs te breken. Soms werkt uitdaging het beste buiten de huddel om. Leer te onderscheiden wat de juiste gelegenheid is.

- Niet iedereen hoeft evenveel tijd te krijgen tijdens de huddel. Sommige mensen hebben een significanter *kairos*-moment dan anderen op dat moment. Dan is daar meer tijd nodig. Dat is prima. Dat betekent niet dat er geen gelijkwaardigheid is wat betreft het leerproces van iedere deelnemer. Zorg ervoor dat mensen dat vanaf het begin helder hebben. Voor hen doet het ertoe om na te denken wat zo'n gebeurtenis hen leert voor hun eigen situatie en wat zij zouden zeggen als ze zelf een huddel zouden leiden. Het leerproces stopt niet als je zelf niet aan het woord bent - je leert van elkaar.

- Als een huddel nog in de beginfase zit, is het beter om mensen niet te veel op elkaars inbreng te laten reageren. Dit klinkt wat bot, maar het gaat ons hierom: ze krijgen alle ruimte om onderling te reageren op het moment dat ze de taal zelf kennen en hun eigen leven er door gevormd raakt. Leg dit je groep uit. Ga terug naar het vierkant als je dit wil uitleggen. (Kijk in het hoofdstuk over het vierkant voor verdere toelichting bij deze opmerkingen.) In fase D1 moet een L1 leider sterk directief zijn. Niemand weet precies wat hij of zij aan het doen is! Het moet ze verteld worden wat nodig is om te doen. Ze zijn enthousiast, maar het ontbreekt in deze fase nog aan competenties in combinatie met een zekere mate van zelfoverschatting. In fase D2 moet de L2 leider meer coachend optreden, maar is nog steeds wel directief. De deelnemers aan de huddel lopen tegen dingen op waar zelf niet uit zullen komen zonder dat je hen daarin begeleidt. Bijvoorbeeld als ze voor het eerst in hun leven missionaire betrokkenheid in praktijk brengen, blijkt wellicht dat ze er niet goed in zijn en dreigen ze af te haken. De fases D1 en D2 kenmerken zich hierdoor dat je deelnemers vrij snel de taal leren, maar nog niet veel effect zien in hun leven omdat ze nog niet het ritme van de halve cirkel ontwikkeld hebben. In fase D3 is er sprake van consensus en de leider vraagt naar de mening van mensen. Dat is een beslissende overgang, die je ziet in de Bijbel als Jezus in Johannes 15 zegt: "Ik noem jullie niet langer slaven, maar vrienden!"

- In de eerste paar huddels is het belangrijk dat je de deelnemers helpt te ontdekken wat God mogelijk zegt en hoe het plan eruit zou kunnen zien. Je doet dit plenair en vooral met veel nederigheid. Misschien kun je het als volgt zeggen: "Het klinkt voor mij dat God misschien zegt dat... . Hoe zou het voor je voelen als je zus en zo zou doen als jouw plan? Hoe komt dat op je over? Klopt dat voor jou? Zit ik ernaast op dit punt?" Doordat jij ze hierin de eerste keren helpt, geef je hun een levensechte ervaring van hoe dit eruit kan zien. *Maar doe het altijd met bescheidenheid omdat je er naast kunt zitten.* En wees open over het feit dat jij het bij het verkeerde eind kunt hebben.

- Zorg bij de afsluiting van de huddel dat elke deelnemer twee vragen kan beantwoorden voor zichzelf:

  1. Wat zegt God tegen mij?
  2. Wat ga ik daarmee doen?

- Het is belangrijk dat de deelnemers in staat zijn zelf onder woorden te brengen wat God tegen hen zegt en wat hun plan is (dus niet wat jij ervan gezegd hebt). Je kunt het ze kort laten opschrijven, en nadat iedereen dit gedaan heeft laat je het nog een keer teruglezen. Als je dit de eerste vier of vijf keer doet zal het helpen om te veranderen in de manier waarop ze denken en reageren.

NA JE EERSTE 10-12 HUDDELS

- Hoogstwaarschijnlijk ondervind je een kloof tussen het onderwijzen van de leercirkel, de halve cirkel en de driehoek in verhouding tot de andere leervormen. Overigens is er wel de kans dat je ook de zeshoek zult moeten uitleggen (de zes zinnen van het Onze Vader) om mensen te helpen in hun leerproces met bidden in combinatie met hun dagelijkse ritme. Deze vier vormen de fundering voor het uitbouwen van je huddel in de eerste twee fases.

- Als de vier fases van een huddel "taal, ritme, moedig in missie en leiderschap" zijn, dan is het erg handig om de evaluatie, van waar mensen zijn in hun ontwikkeling, te doen aan de hand van het vierkant. Zijn ze al onbewust bekwaam in het onderwijzen van de leervormen? Als ze tegen een muur oplopen zijn ze dan vasthoudend in hun missie? Hebben ze ooit de aanmoediging gehad om iets te leiden? Dat geeft je een beeld. Als je weet waar mensen zijn zal dat je helpen om inzicht te krijgen als je bidt waar God naar toe wil met jouw huddel.

- Je kunt de leercirkel gebruiken om de Bijbel te lezen (zie het samenvattend voorbeeld voor huddels voor meer opmerkingen hierover).

- Je kunt het vierkant zowel plenair met de hele groep bespreken als individueel, naar gelang de behoefte in de groep. Als je het individueel doet, zullen mensen het op verschillende momenten nodig hebben vanwege de verschillende fases in hun geestelijke ontwikkeling.

- Begin in deze fase van je huddel met het trainen van je mensen om zelf ook een huddelleider te worden. Als iemand wat deelt, vraag dan spontaan een ander: "als jij de huddel zou leiden, wat zou je dan nu zeggen?" Dit schudt mensen wakker, maar zet ook de gedachten in gang bij alle deelnemers over wat zij zouden zeggen tegen een ander. Dit is een belangrijk punt in het functioneren van een huddel: je bent ook deelnemer van een huddel om te leren er zelf weer een te gaan leiden. Misschien begint iedereen wel in deze fase aantekeningen bij te houden als anderen iets delen om zo vanuit beide perspectieven ernaar te kunnen kijken.

- De kans bestaat dat je in een patroon terechtkomt van directieve uitspraken doen als leider en dat je de deelnemers daadwerkelijk een plezier doet met jouw inzichten en hen op die manier bij de les houdt. Maar het draait er niet om dat mensen zien hoe goed jij kan duiden wat God te zeggen heeft tegen hen, het draait erom dat je hen leert hoe zij dit zelf gaan doen voor zichzelf en anderen. Blijf dus niet langer dan nodig in de fase van L1/L2. Zodra het mogelijk is moet je mensen uitnodigen om actief zelf deel te nemen aan het gesprek. We kunnen dit punt niet genoeg benadrukken.

- Op het moment dat jij het gevoel hebt dat je huddel door de eerste twee fases is (taal en ritme) kun je iedere deelnemer een exemplaar geven van *Een cultuur van discipelschap*. Laat ieder tussentijds steeds een onderdeel lezen en bespreek er samen kort iets van bij de start van je huddel. Door dit te doen: 1. geef je hun de kans om hun geheugen op te frissen en grondiger kennis te nemen van elke leervorm, en 2. herinner je hen eraan dat het draait om de missie bij alles wat je samen doet en dat zij zelf dus ook binnenkort hun eigen huddel zullen leiden.

- Leg de vijfhoek, zevenhoek en achthoek uit als de tijd daar rijp voor is binnen je huddel. Lijkt het erop dat sommigen binnen je huddel niet in balans zijn als het gaat om boosheid, bitterheid, enzovoort.? In dat geval helpt het om de zevenhoek te bespreken die gaat over organisch gezond leven. Het is een hulpmiddel om te bespreken hoe gezond jezelf bent of je gemeenschap. Zijn mensen bezig met vragen over zichzelf en hun identiteit in verhouding tot de missie? Bespreek de vijfhoek, die focust op persoonlijke roeping. Stellen mensen steeds vragen over hoe je het evangelie vertelt binnen de missie die je samen hebt? De achthoek gaat over het maken van keuzes. Voel aan waar je groep aan toe is. Bidt ervoor dat God laat zien waar hij je groep naar toe wil leiden. En gebruik de leervorm die je helpt om daar te komen. Maar nogmaals: het doel is dat je het laat bezinken en dat het iets van jezelf gaat worden.

- Bedenk dat als je een huddel leidt, je de deelnemers alleen nog maar de basisdingen leert ten aanzien van het volgen van Jezus. Het grotere doel is dat je hen zover brengt dat ze in staat zijn om hun eigen leven te delen, wat praktisch tot uiting komt in het feit dat ze zelf een huddel leiden.

MISSIONAIR LEREN ZIJN DOOR MIDDEL VAN HUDDELS

Hier volgen een paar voorbeelden hoe je een huddel kunt gebruiken als een missionaire basis voor de mensen die je discipelschap leert.

- Iedereen komt op de normale plaats en tijd bij elkaar, maar deze keer brengt iedereen vijf euro mee (zonder te weten waarvoor). Ieder krijgt vervolgens de opdracht om het geld uit te geven voor een cappuccino of zo, ergens in een café. Je vraagt vervolgens de Heilige Geest om je duidelijk te maken wie een persoon van vrede is in die situatie voor jou en je hebt met hem of haar één substantieel gesprek. Het hoeft niet per se over Jezus te gaan... maar het moet wel enige diepgang te hebben. Achteraf kom je weer met je huddel bij elkaar en je gaat de kring rond volgens de leercirkel om het *kairos*-moment dat hierdoor gecreëerd is te bespreken.

- Ga uit eten op een avond met je huddel en laat iedereen zijn of haar persoon van vrede met zich meebrengen. Verwerk wat dit gedaan heeft met iedereen in een volgende huddel door middel van de leercirkel.

- Laat iedereen in je huddel zijn of haar gezin meenemen (voor zover mogelijk) en nodig personen van vrede uit met hun gezinnen om samen naar het park te gaan voor een barbecue en gezelschapsspelen.

- Laat iedere deelnemer in je huddel jullie manier om het evangelie te verwoorden delen met een persoon van vrede waar hij of zij een goede band mee heeft. Leg die persoon van vrede uit dat dit is wat je eenvoudig in praktijk probeert te brengen en dat je geen antwoord verwacht, maar het je gaat om feedback. Komt het over en doet het er toe wat je vertelt? Welke vragen roept het op? Voelt de ander een bepaalde druk? Verwerk deze ervaring vervolgens in je huddel.

- Ga met de mensen in je huddel regelmatig iets doen voor armen en bespreek dat regelmatig vervolgens in je huddel.

- Maak de stap naar meer uitgesproken vormen van missionair zijn. Organiseer een 'gratis gebed-punt' in een drukke straat of winkelcentrum en biedt vrijblijvend gebed aan voor elke voorbijganger. Bespreek het *kairos*-moment dat dit biedt weer met je huddel.

- Laat iedereen in je huddel zich verbinden aan het bidden voor een specifieke persoon van vrede elke keer dat je als huddel bij elkaar bent en laat ze dat ook doen in hun eigen gebedsmomenten, totdat je een doorbraak ziet. Bespreek zowel de *kairos* in de frustratie als in de doorbraakmomenten in je huddel.

- Ontmoet elkaar als huddel tijdens de lunch op een werkdag op een plek waar mensen zijn en neem daar deel door een spontane vriendelijkheidsactie. Bespreek het *kairos*-moment hiervan later in je huddel.

- Ga met je huddel naar een openbare plek, zoals een restaurant of café en neem daar tijd om voor de mensen op die plek te bidden en om een persoon van vrede hier tegen te komen. Ga vervolgens op een gepaste manier ermee in contact.

- Gebruik één van je huddels als een gelegenheid om door te praten hoe je het evangelie kunt delen op een manier die relationeel is. Geef ruimte voor feedback, bemoediging, coaching en kritiek.

- Gebruik je huddel om samen te ontdekken wat het verschil is tussen personen van vrede die komen en weer weggaan (de willekeurige ontmoetingen) en de blijvende relaties (die een vast onderdeel van je leven worden). Hoe ben je missionair voor deze beide typen van personen van vrede als je de achthoek gebruikt?

- Laat iedereen in je huddel bij vijf adressen aanbellen in zijn of haar buurt; biedt wat zelfgebakken lekkers aan en ga in gesprek. Nodig de mensen uit voor een maaltijd bij jou thuis als de relatie daar aan toe is. Ondersteun dit proces met je bespreking op de huddel.

- Laat ieder in de huddel God vragen: 1. op welke missionaire context je jezelf zult richten; 2. wat de relevante raakpunten zijn voor het evangelie in die context. Deel dit binnen je huddel en laat je plannen hierop aansluiten.

NADAT JE ALLE LEERVORMEN GEBRUIKT HEBT IN JE HUDDEL

Omdat de huddel niet gebaseerd is op een vastgelegd curriculum, zul je vanaf het begin (en nadat je de leervormen uitgelegd en gebruikt hebt) moeten vertrouwen op de leiding door de Heilige Geest. Dit betreft de richting die jouw huddel gaat in het algemeen, maar ook elk huddelgesprek in het bijzonder.

Wat je nodig hebt als leider is om voorafgaand aan een huddel tijd te nemen voor gebed om God te vragen naar de dingen die deze keer belangrijk zijn. Gaat het om geloof? Om karakter? Om vaardigheden? Hoe wil God dat je het gaat doen? Vaak zullen huddels laten zien wat God je aan het leren is. Eerst ging je door een deur waar God je doorheen geleid heeft, ervoer je de doorbraak, en daarna pas je het toe in de praktijk van je huddel. Er zijn drie soorten huddels:

Geloof huddel — Elke persoon brengt een *kairos*-moment in en de huddel helpt hem om te ontdekken wat God tegen hem zegt en wat hij er mee gaat doen.

Karakter huddel — Gebruik de karaktervragen die ingedeeld zijn naar de driehoek (ze de Appendix voor deze lijst vragen) om je te helpen met een leven dat in balans is en integer.

Vaardigheden huddels — Geeft je de gelegenheid om een bepaalde vaardigheid te onderwijzen en in te slijpen bij de leden van je huddel. Dat kan gaan over luisteren naar Gods stem, om gebed, om het ontwikkelen van visie, om de missie, om leidinggeven aan een huddel, om het inslijpen van de elementen uitnodiging en uitdaging, enzovoort. Elke vaardigheid die Jezus gebruikte, willen we zelf kunnen overbrengen aan de mensen in onze huddels.

Hier volgen slechts een paar ideeën voor wat je kunt doen als je eenmaal de leervormen uitgewerkt hebt met je huddel:

- Hoe gaat het met jou? Hoe gaat het met datgene waar jij leiding in hebt? Diep met elkaar het *kairos*-moment uit.

- Geef een mini-uitwerking van vijf tot tien minuten van een *kairos*-ervaring die je hebt gehad en wat God daarin tegen je gezegd heeft. Vraag vervolgens de anderen op welke manier dit een *kairos*-moment bij hen oproept. Dit is een geweldige ervaring om mee te maken. Je zult snel ontdekken dat de doorbraakmomenten die God jou gegeven heeft in je leven, ook weer gebruikt voor anderen als je het deelt met hen en dat God daarmee weer een nieuw *kairos*-moment biedt. God geeft vaak de mensen in jouw huddel dezelfde doorbraakmomenten.

- Ga opnieuw de leervormen langs en doe dit vanuit een nieuw perspectief. Diep het *kairos*-moment uit door op te diepen wat het *kairos*-moment is dat nu bij deze tweede keer ontstaat en wat God daarmee zegt en hoe je hierop reageert.

- Laat iedereen een bijbelgedeelte inbrengen dat hem of haar geraakt heeft in de laatste twee weken. Diep het *kairos*-moment hiervan uit.

- Begin op deze manier: "God die je Vader is, is zo dichtbij jou dat je hem bijna kunt aanraken. Hij heeft je lief. Hij wil het goede voor je. Wat wil je je Vader vragen?" Diep dit vervolgens samen uit.

- Ga samen een missie ondernemen en diep het kairos-moment vervolgens uit.

- Ongetwijfeld heb je opgemerkt dat elk van deze voorbeelden ertoe leidt dat je achteraf steeds terugkomt bij het *kairos*-moment. Bedenk dat *discipel* in het Grieks *leerling* betekent. Door steeds terug te komen bij deze twee vragen door middel van het aangrijpen van het *kairos*-moment, staan we God toe om ons te vormen tot levenslange leerlingen. God spreekt altijd. En wij antwoorden altijd.

SECTIE 3
SAMENVATTEND VOORBEELD VOOR HUDDELS

NOOT

Deze samenvatting is bedoeld als gids, niet als curriculum. Het zijn de aantekeningen van iemand over hoe hij z'n eerste huddels leidde. Houd deze aantekeningen losjes bij de hand en zet jezelf er vooral niet op vast. Ze zijn alleen bedoeld om wat meer inhoud te geven aan het concept van een huddel, zodat we van de theorie naar de praktijk toe bewegen. De samenvatting beslaat verschillende huddels vanuit de cirkel, de halve cirkel, de driehoek, maar geen van de andere leervormen.

Dat is weloverwogen gedaan.

Als je deze samenvatting namelijk doorleest, zul je bepaalde patronen herkennen in het verloop van een huddel en hoe onderwijs vorm krijgt in huddels, zowel wat de gesprekken betreft als ook de onderlinge aanspreekbaarheid. Als je daar eenmaal iets van geproefd hebt, zul je geen behoefte meer hebben aan aantekeningen van wie dan ook. Wanneer je de leervormen goed hebt leren kennen, je de ambitie hebt om te groeien in je competenties als huddelleider, als je bereid bent om zelf aanspreekbaar gehouden te worden voor de huddel die je leidt en je luistert daadwerkelijk naar Gods stem bij het leiden van je huddel, dan ben je in staat om het zelf te doen.

A. DE LEERCIRKEL (ZIE HOOFDSTUK 6 UITGEBREIDER OVER DE CIRKEL)

Voorbeeld voor een eerste huddel met de leercirkel:

Intro: Eten en drinken

Openingsgebed

Onderwerp: Als je discipelen maakt, krijg je een kerk. Als je een kerk neerzet, krijg je lang niet altijd discipelen. En dat is het enige wat Jezus telt en het enige waar Jezus het over heeft in zijn laatste woorden. Het Griekse woord is *mathetes*, wat leerlingen betekent. Al moet je wel bedenken dat dit woord niet verwijst naar iemand die informatie kan vasthouden, maar gaat over iemand die levenslang blijft leren. Een *mathetes* is iemand die altijd in ontwikkeling is, groeit, z'n grenzen verlegt en meer op Jezus gaat lijken. Jezus suggereert letterlijk dat je alles kunt doen wat hij doet, je moet het alleen nog leren te doen.

Om discipel te worden, hebben we een gemeenschappelijke taal nodig die we allemaal kunnen begrijpen en waar we naar kunnen verwijzen. (Daarom doe je een cursus Spaans voor beginners: als je naar Barcelona gaat heb je veel meer plezier als je de basis kent van de taal, maar je spreekt het pas vloeiend *als je eenmaal in Barcelona bent.*) *We spreken het pas vloeiend als we bezig zijn met onze missie.*

Leervormen als taal: Dit is niet een methode om duizenden bijbelse principes te gaan onderwijzen. Het is eerder zo, dat deze aantekeningen geschreven zijn om jou te helpen met jouw vorming tot levenslang leerling. Dat doe je door Jezus' basisprincipes van discipelschap weer te geven in makkelijk te onthouden en eenvoudig uit te leggen plaatjes, en dat zijn de leervormen. Discipelen zijn mensen die een nieuw kader hebben voor de waarheid, dat hen in staat stelt bijbelse principes in hun leven in te bouwen en met elkaar te groeien in een authentieke gemeenschap. Dit is waar het om gaat bij de leervormen. We kunnen mensen tot discipelen maken die communiceren in een makkelijk te hanteren taal, die hen helpt meer op Jezus te lijken. Zo kunnen ze op hun beurt weer anderen discipelen maken en zo voortgaand een gemeenschap opbouwen (de kerk).

Voorstelrondje: Laat iedereen kort zichzelf voorstellen: hun naam en een kort antwoord op de vraag 'waar ben *jij op dit moment op je weg samen met Jezus?'*

Gelaagde informatie: We starten vandaag met de cirkel, ik ga je de basiselementen daarvan laten zien. Maar als we elkaar vaker ontmoeten, zal ik je ook steeds meer informatie geven over de verschillende vormen. Ik ga je genoeg informatie geven om te begrijpen en toe te passen in je leven.

Lezen: Marcus 1,14-15.

Uitleg van 'tijd' als *kairos* en *chronos*: Gebruik het voorbeeld van de verkeersdrempel en de stenen muur. *Kairos*-momenten zijn gelegenheden (dat kan alles zijn: liederen, bijbelgedeeltes, een gesprek, kijken naar zonsondergang, een auto-ongeluk, iets dat je bereikt hebt) om verder Gods koninkrijk binnen te gaan: de plaats waar Gods realiteit en de onze elkaar raken. Veel van wat ik samen met je doe, is je meer te leren zien hoe deze momenten continu in je leven aanwezig zijn.

Nu we dat moment samen hebben, deze gelegenheid om het koninkrijk verder binnen te stappen: hoe doen we dat? Precies zoals Marcus het beschrijft: door inkeer en geloof. Dat klinkt goed, maar hoe doen we dat dan? Wat betekent dat in de dagelijkse praktijk?

Doorloop de cirkel: observeer, reflecteer, bespreek (dit is inkeer en brengt ons bij de vraag: wat zegt God tegen je?). Plan, wees aanspreekbaar en doe (dit is geloven en brengt ons bij het antwoord op de tweede vraag: wat ga jij daarmee doen?).

Dit zijn twee fundamentele vragen voor christelijke spiritualiteit die ons helpen om van binnenuit te veranderen: wat zegt God tegen mij? Wat ga ik daarmee doen?

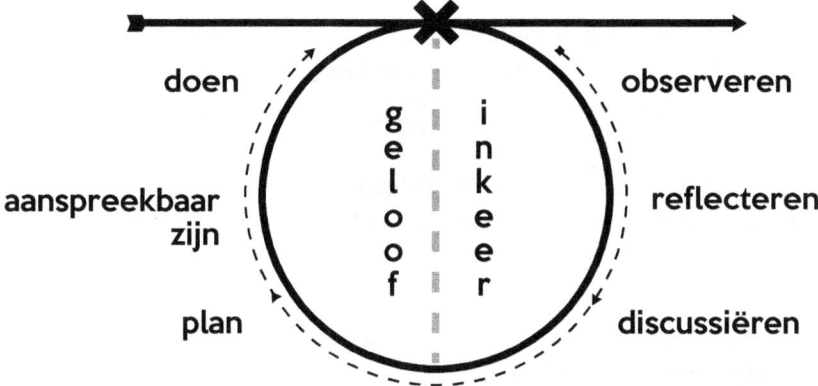

Dus, hoe ziet dit eruit in praktijk? (Doorloop de cirkel vanuit een *kairos*-moment van jezelf. Geef ruimte voor enige kwetsbaarheid en laat de anderen zien hoe het er in de praktijk uit kan zien vanuit een levensecht voorbeeld.)

Handige tips:

- Op dit punt: let op de tijd! Je moet incalculeren hoe groot je groep is en hoeveel tijd je nog over hebt. Je wilt niet dat je eerste huddel langer duurt dan twee uur in totaal. Bekijk dus hoeveel tijd je al gebruikt hebt en besluit of je nog voldoende tijd hebt om iedereen aan het woord te laten komen. Als je dat niet doet, laat de groep dan weten dat deze keer slechts een paar aan de beurt komen om te delen. Een andere optie is om de groep op te splitsen in twee of drie groepjes die tegelijkertijd bezig gaan, dan komen twee of drie mensen tegelijk aan de beurt in plaats van één.

- Voordat je start, lees je Psalm 139:23-24 een paar keer als gebed en vraag je de Heilige Geest om aanwezig te zijn.

- Leg uit dat een aspect van de leercirkel is, dat je leert dat gericht en snel te doen: "Dit betreft een specifiek moment, niet je hele levensverhaal, maar een concrete gebeurtenis. Jezus heeft je dit gegeven met een specifieke reden. Ik heb hier een timer en die zet ik op 10 minuten. Want mijn doel is om in staat te zijn binnen 10 minuten de cirkel te doorlopen. Niet omdat je niet meer tijd waard bent, maar omdat we zo het beste leren om de momenten te doordenken die God ons geeft. Wat ik doe is de bespreking begeleiden. En degenen die zelf niet aan het woord zijn, wil ik vragen goed te luisteren. Want wat ik tegen de anderen zeg, kan ik ook in een aantal situaties tegen jou zeggen op dezelfde manier. Je kunt leren door mee te luisteren."

- Doorloop de cirkel met elke deelnemer en geef duidelijk elke stap aan binnen de cirkel. Vergewis je ervan dat ieder duidelijk heeft wat God tegen hem of haar zegt en wat zijn of haar plan is.

- Laat ieder zijn of haar plan ergens in noteren (bijvoorbeeld in de huddelgids zoals 3DM die te koop heeft). Je vraagt je deelnemers naar hun plannen bij het begin van een volgende huddel.

- Herinner je deelnemers eraan dat je elkaar elke veertien dagen gaat ontmoeten en spreek de volgende datum af.

Afsluitend gebed: Efeziërs 3:14-21.

Voorbeeld voor een tweede huddel met de leercirkel:
Laat mensen een *kairos*-moment inbrengen van de week ervoor toen ze naar de vorige huddel kwamen. Stuur hun een e-mail hierover en noem dit vast tijdens de voorgaande huddel.

Intro: Eten en drinken, een moment voor gezelligheid. Ga daarna de groep grond met de vraag: wat waren je plannen de vorige keer? Heb je ze ten uitvoer gebracht? Hoe werkte dat? Leg nogmaals uit wat 'gelaagde informatie' wil zeggen.

Geef een samenvatting van de avond:
1. Terugkijken op de plannen
2. Dieper ingaan op waarom we altijd terugkomen op plannen
3. De leercirkel bespreken

Dit is de onderliggende overtuiging: we willen ontdekken hoe Jezus dingen deed. Neem daarbij aan dat hij hier beter in was dan wij. Doe wat hij deed. Zo simpel is het. Dus: hoe maakte Jezus discipelen? Wel, hij ontwikkelde een patroon voor zijn leerlingen:

1. Breng een groep bij elkaar (de roeping van de twaalf).

2. Stel een taal vast die ondersteuning biedt voor datgene wat gaat gebeuren in de toekomst. Jezus introduceert het concept van het koninkrijk van God en komt er steeds op terug en geeft vervolgens meer specifieke invulling eraan (de Bergrede). Bijna alles wat Jezus onderwijst vanaf dat punt gaat terug op deze basisprincipes.

3. Hij biedt zijn discipelen de gelegenheid om mee te kijken en betrokken te raken in zijn dagelijkse leven en ritmes.

4. Stuur ze erop uit om hetzelfde te doen! (lees Lucas 9:1-6).

5. Ze komen terug en vertellen wat er gebeurd is. "Wow! Dit werkt echt. Wij kunnen het ook! Maar hoe zit het met die ene geest die we niet konden uitdrijven?" Jezus vertelt hen dat deze ene geest alleen uitgedreven kon worden door gebed en vasten. Wat ze doen is dus: ze gaan terug en rapporteren, ze delen hun ervaringen, worden verder gecoacht en krijgen advies.

6. Hij zendt ze opnieuw uit.

7. Ze komen terug en bespreken het opnieuw.

8. (Dit patroon herhaalt zich.)

Onze huddel zal hetzelfde gaan doen. We zullen veel van onze eerste huddels besteden aan wat Jezus deed: een nieuwe taal aanleren. (gebruik het voorbeeld van vloeiend Spaans leren en naar Barcelona gaan hier opnieuw.). We willen ontdekken hoe Jezus dingen gedaan heeft. Ga er vanuit dat hij er beter in was dan wij zijn. Doe wat hij deed.

De leercirkel

Herhaal: Lees Markus 1:14-15. Er is dus sprake van chrono-logische tijd, maar er is ook een ander soort tijd, dat heet....? (*kairos*)

Leg uit:
- Wat is een *kairos*-moment? (laat hen antwoorden.) Gods toekomst breekt door in het heden en de uitnodiging is om nu al meer en meer te leven in Gods toekomst.

- Vertel een verhaal: Francis Schaeffer en de twee sneeuwvlokken.

Schaeffer had de gewoonte zijn leerlingen mee te nemen naar een bergpiek in de Alpen, waar hij hen twee rivieren liet zien: de Rhône en de Rijn. De rechter rivier was de Rhône, een zeer schone rivier die door het mooie Franse landschap gaat en terechtkomt in het zachte mediterrane gebied; en de linker rivier was de Rijn, bekend om z'n vervuiling en stromend richting het koudere Duitsland en Nederland. Als de sneeuw valt op de kam van de berg, zo zei Schaeffer dan, zou elke sneeuwvlok uiteindelijk in één van deze twee rivieren terechtkomen. Zou het via de linker berghelling smelten, dan kwam het terecht in de Rijn, smolt het via de rechterkant van de berg, dan kwam het terecht in de Rhône. Een *kairos*-moment is zoiets als dit: er is een beslismoment over hoe God in ons leven doorbreekt of niet. Tot nu toe, tot het moment van Marcus 1, konden we alleen maar linksaf gaan, maar nu kunnen we kiezen om ook rechts te gaan. Kairos-momenten zijn zoals deze sneeuwvlokken. Er zijn vele van en wij kiezen wat we ermee gaan doen. Negeren we ze (en dus vallen de sneeuwvlokken links) of onderkennen we ze om te ontdekken wat God ons probeert te zeggen (en dus valt de sneeuwvlok rechts)? We kiezen elke dag.

Je kunt kiezen wat je wilt doen met zulke momenten. Je hebt de kans te gaan leven in en betrokken te raken bij een totaal andere realiteit, of je laat het langs je heen glijden zoals je altijd al gedaan hebt.

Dus: als je werkelijk uit bent op Gods toekomst, blijft er maar één ding over: kom tot inkeer. Geloof.

Maar deze woorden zijn voor veel van ons belastend, nietwaar? Ze klinken vaak zo beroerd om dat wat erin meeklinkt. Ze betekenen niet meer puur wat ze oorspronkelijk betekenden.

Inkeer gaat over *metanoia*: van gedachten veranderen, volstrekt en fundamenteel veranderen in de manier waarop je denkt over iets. Het is een innerlijke verandering die leidt tot een zichtbaar resultaat. In het algemeen verstaan we onder inkeer iets dat we in ons uiterlijke gedrag veranderen. Maar echte inkeer is een verandering van onze binnenkant.

Een goed voorbeeld voor mannen: Stoppen met porno kijken betekent nog niet dat je niet meer naar vrouwen kijkt als lustobjecten en nog steeds daardoor beheerst wordt. (Jezus heeft het over het reinigen van de binnenkant van de beker in plaats van alleen de buitenkant. Lucas 11:37-44.) Als je binnenkant op orde brengt, volgt de buitenkant vanzelf.

Een goed voorbeeld voor vrouwen: We gaan er meestal vanuit dat gewichtsverlies, goed opgemaakt zijn en er zo goed mogelijk uitzien, ervoor zorgt dat we ons beter en waardevoller voelen. Ondanks het feit dat gezondheid belangrijk is, raakt geobsedeerd worden door je gewicht of een dieet niet echt waar het om gaat: we zijn onzeker over wie we zijn en hoe we overkomen op andere mensen.

Geloof gaat over *pisteuo*: zekerheid, verankerd zijn, stevigheid. Het is een actieve transformatie. Het is een zekerheid die zich diep in ons ontwikkeld heeft en die zo sterk is geworden dat ze leidt tot uitwendig gedrag. Als we geloof zeggen, bedoelen we niet hopen. Hoop gaat over verlangens, maar is niet altijd gegrond op zekerheid. Geloof is een antwoord op een innerlijke verandering. Geloof is altijd actie-gericht. We zetten onze wekker omdat we geloven dat ze zon zal opkomen en een nieuwe dag zal aanbreken. Geloof is zekerheid die afstamt van onze diepste zieleroerselen.

Maar merk op wat wij ermee gedaan hebben: we hebben die twee omgekeerd! We zeggen vaak dat inkeer gaat over onze uiterlijke gedragsverandering en dat geloof iets persoonlijks is, privé, innerlijk, iets waarin je gelooft, zoals willekeurige elementen in het heelal.

Maar inkeer en geloof zijn onderling verbonden. Jezus zegt dat innerlijke verandering en daarna uiterlijke verandering in één lijn liggen omdat we innerlijk fundamenteel anders zijn geworden.

Om in Gods toekomst te leven en om een kairos-moment beter aan te grijpen en te verwerken, vragen we God om ons van binnenuit diepgaand te veranderen zodat het gevolgen heeft voor wat we doen. Daarom zijn deze twee vragen zo belangrijk: Wat zegt God tegen mij? (Dit helpt me om mijn innerlijke kant te veranderen.) En wat ga ik ermee doen? (Innerlijke verandering moet tot gedrag leiden!)

Kort over de leercirkel:

- Laat iedere deelnemer de leercirkel doorlopen vanuit een persoonlijk kairos-moment.

- Laat alle deelnemers opschrijven in hun aantekeningen wat God tegen hen zegt en wat ze er concreet mee gaan doen (hun plan).

Afsluitend gebed: Efeziërs 3:14-21

Voorbeeld van een derde Huddel met de leercirkel
Spreek ruim van te voren af dat iedereen een positief kairos-moment inbrengt.

Intro: Informeel samenzijn met eten en drinken.

Deel een samenvatting van de avond uit: 1. Bespreking van de leercirkel 2. Bespreking van de plannen 3. Kairos-momenten 4. Afsluitende opmerkingen

Bespreek de leercirkel: Laat de mensen in je groepen zelf tekenen en uitleg geven, probeer ze zo min mogelijk te helpen.

Bespreking en reflectie: Hoe is het gegaan met jullie plannen in de afgelopen veertien dagen? (Iedereen vertelt, vragen stellen en aansporen indien nodig.)

Gebed: Psalm 139:23-24

Bespreking van de *kairos*-momenten: Iedereen deelt een positieve *kairos*-ervaring en je doorloopt de leercirkel met hen. Begin met een eigen *kairos*-moment en vertel dat door middel van de leercirkel.

Iedereen brengt iets in van zichzelf: gebruik elk positief element als aanleiding om hen te bevestigen in wie ze zijn in Christus. We zijn Gods kinderen, zijn kids, en hij is onze Vader, onze Papa. Hij wil ons het beste geven (naar Jacobus 1:17, "elke goede gave, elk volmaakt geschenk komt van boven" en naar Matteüs 7:7-12, "als jullie dus, ook al zijn jullie slecht, je kinderen al goede gaven schenken, hoeveel te meer zal jullie Vader in de hemel dan het goede geven aan wie hem daarom vragen." (vers 11).

Door middel van de leercirkel proberen we een antwoord te vinden op twee vragen bij deze positieve kairos-momenten: wat bevestigt God aan jou? Wat zou jij kunnen doen om meer vanuit die bevestiging te leven? (plan).

Afsluitende opmerkingen over imitatie: Lees 1 Korintiërs 4:14-17 (uit *The Message*):

Ik schrijf dit allemaal niet als een soort burenruzie om je een rotgevoel te geven. Ik schrijf je als vader, mijn kinderen! Ik houd van jullie en ik wil dat je op een goede manier opgroeit, niet verwend. Er zijn heel wat mensen bij jullie in de buurt die je maar al te graag vertellen wat je verkeerd doet, maar er zijn niet veel vaders die de tijd en de moeite willen nemen om je te helpen bij het opgroeien. Dat ik jullie vader ben geworden, is te danken aan het feit dat Jezus mij hielp Gods boodschap aan jullie te brengen. Weet je, ik kom jullie helemaal niets anders vragen dan wat ikzelf al in praktijk breng. Daarom heb ik eerder Timotheüs naar je toe gestuurd. Hij is ook mijn geliefde zoon, en trouw aan de Meester. Hij zal je geheugen opfrissen ten aanzien van de instructies die ik regelmatig aan alle gemeenten geef over het leven met Christus.

Kijk, er zijn al zoveel mensen geweest die jou neergesabeld hebben, zoveel mensen die je alleen negatief commentaar gegeven hebben. Wat je nodig hebt is iemand die alles wat hij of zij in huis heeft in jou wil investeren. Discipelschap is alleen mogelijk als iemand zegt: "imiteer mijn leven." Dat is wat Paulus ergens zegt: "dus volg mij na, zoals ik Christus navolg."

Net zoals Paulus hebben wij iemand nodig om te volgen, te imiteren. Iemand in wie het leven van Jezus vlees en bloed wordt voor ons. We hebben niet zozeer een perfect voorbeeld nodig, maar wel een levend voorbeeld.

Dat we hiermee worstelen heeft twee redenen:

1. Cultuur: taal creëert cultuur. Je kunt vrij snel een gewelddadige cultuur creëren, een creatieve cultuur of een gemeenschappelijke cultuur als je de taal beheerst om zo'n cultuur te bouwen (met taal bedoelen we zowel

verbale als non-verbale communicatie). Helaas hebben de meeste kerken geen taal (en dus geen cultuur) om een klimaat voor discipelschap te creëren. We weten eenvoudig niet hoe we er over moeten praten. Dat is precies wat we deze eerste huddels aan het doen zijn met elkaar: je een goed verstaanbare, overdraagbare taal aan te reiken die wij allemaal kunnen begrijpen. We creëren een cultuur waarbinnen discipelschap kan plaatsvinden.

2. Vertrouwen: op bepaalde punten hebben we te maken met het feit dat we allemaal onze plussen en minnen hebben. Sommige dingen zijn het waard om over te nemen, anderen zijn dat niet. We moeten naar een punt toe waar we mensen kunnen voorgaan in discipelschap. We zullen moeten geloven dat ons leven het waard is om nagevolgd te worden. Zou het een goed idee zijn om mijn leven als voorbeeld te nemen? We zullen onszelf in het volste vertrouwen moeten aanbieden als levende voorbeelden van die dingen waar we zelf over praten.

1. Ik zeg dat tegen je om twee redenen. Ik heb je bewust hiervoor gevraagd. Jij bent in deze huddel met een reden. Begrijp dit goed: ik geef je mijn commitment om persoonlijk in jou te investeren, zoveel als ik kan. Jullie zijn mijn eerste prioriteit. Niets in mijn bediening binnen de gemeente is belangrijker dan jullie. Dit is wat ik van jullie vraag: dat wat je van mij ziet wat lijkt op Jezus, volg dat na. Doe zoals ik doe, zoals ik weer iemand anders leven als voorbeeld neem.

2. Wees je er van bewust en denk er verder over na dat je op een gegeven moment zelf je leven als voorbeeld gebruikt voor een ander. Jij zult op jouw beurt een levend voorbeeld worden voor anderen. Dat is misschien niet volgende week en zelfs niet binnen nu en zes maanden, maar zelf discipel zijn impliceert dat je ook zelf weer discipelen maakt.

Afsluitend gebed: Efeziërs 3:14-21.

B. DE HALVE CIRKEL
(ZIE HOOFDSTUK 8 UITGEBREIDER OVER DE HALVE CIRKEL)

Voorbeeld van de eerste huddel met de halve cirkel

Intro: Informeel moment en tijd voor eten en drinken.

Geef hen een samenvatting van het programma:
1. Plannen bespreken
2. De halve cirkel
3. Reflectie naar aanleiding van de halve cirkel

Laat iedereen vertellen hoe het is gegaan met de gemaakte plannen en coach ze op het punt van doelgericht bezig zijn met voornemens. Leidt de avond in op de volgende manier:

1. Ik wil samen evalueren hoe de plannen die jullie gemaakt hebben zijn gegaan.

2. Geef ons een voorbeeld van een moment waarop het niet goed ging in de afgelopen twee weken.

Gebed: Psalm 139:23-24.

Uitleg: Vanavond wil ik de halve cirkel bespreken, dat is echt een groot leerpunt. Eerder hebben we het al gehad over ondersteunen en uitdagen. Vanavond is het *kairos*-moment voor jullie er vooral een van uitdaging. Dat maakt het wellicht spannend voor jullie.

1. Lees Johannes 15:1-8.

2. Geef de achtergrond van deze verzen:

    a. Bedenk dat elke Jood een wijnstok had destijds.

    b. De wijkstok groeide gedurende drie jaar. In die tijd werd de plant gesnoeid, zodat er geen druiven groeiden. Daarna werd de stok teruggesnoeid tot op de millimeter, waarna de nieuwe uitgroei een stomp laat ontstaan. Daarna volgt een periode van voeden en laten groeien in kracht (dit wordt de tijd van verblijven en rusten genoemd).

    c. Zodra er vruchten groeien (dat kan veel zijn en het kan gedurende wel zes maanden aan de wijnstok groeien), wordt de rank opnieuw gesnoeid.

    d. Wijnstokken ontwikkelen dit ritme: rust van een jaar, daarna een vruchtbaar seizoen, dan weer een jaar rust, dan weer een vruchtbaar seizoen...

3. Dit is het basisritme dat Jezus zijn discipelen voorhoudt. Want als we geen tijd van rust, van verblijven hebben, kunnen we niet de vruchten voortbrengen waar we toe geroepen worden.

4. Dit is de argumentatie die Jezus ons voorhoudt:

    a. We zijn geroepen om massa's vruchten te dragen.

    b. We kunnen geen vrucht dragen tenzij we tijd besteden aan het verblijven, het rusten (even geen vrucht dragen).

    c. Daarom, met de bedoeling om massa's vruchten te dragen, moeten we verblijven in de wijnstok, zodat we gevoed worden en op krachten komen.

5. De scheppingsorde in Genesis 1:

    a. God maakt man en vrouw naar zijn beeld.

    b. Ze krijgen hun marsorders van God: ga aan het werk! Wees productief!

    c. God rustte op de zevende dag.

    d. Als de mens naar Gods beeld is gemaakt, wie zou er dan nog meer rusten op dat moment? Adam en Eva dus!

    e. Dus de eerste dag dat de mens wakker wordt na de schepping en het krijgen van marsorders is een rustdag!

6. De fundamentele boodschap die Jezus wil overbrengen in Johannes 15: we zijn gemaakt om te werken. *Maar we zijn gemaakt om te werken vanuit rust, niet om te rusten vanuit werken.*

7. Teken de halve cirkel en praat over de seizoenen aan de hand van de pendule. Wat gebeurt er als we de pendule een duwtje geven en hem in de hoek van werken terugduwen? Mogelijk lopen we vast. Het gaat maar niet om rusten, niets doen, het gaat over herstellen. We houden geen vakantie, we komen op krachten. Het is niet toevallig dat onze beste ideeën juist in de vakantie naar boven komen! Dan hebben we eindelijk genoeg ruimte om op adem te komen en nieuwe ideeën te krijgen.

8. En dit is het punt: pas als we tot rust komen, ontvangen we openbaring - dat wil zeggen dat je in staat bent om de vraag te beantwoorden: "Wat zegt God tegen mij?" Het is gegeven met het geboorterecht dat je als kind van God bezit.

9. Onze bedoeling is het om deze ritmes van rust en werk jaarlijks, wekelijks en dagelijks door te vertalen.

Wat is rust? Stel de vraag: "Wat biedt mij ontspanning? Wat geeft mij energie? Welke dingen verbinden mij weer met mezelf, met God en met de mensen waar ik van houd?" Rusten gaat over het vermogen om te spelen! Rust laat onze ogen open gaan voor dat wat God ons al gegeven heeft (waarbij onze relaties tot de beste gaven behoren) en het vermogen om ervan te genieten. En bedenk dat rust er voor iedereen weer anders uitziet. We ontspannen ons allemaal op verschillende manieren.

Vanuit de voedingsbodem van nieuwe energie krijgt ons werk meer effect, meer dan als we maar blijven duwen en trekken. Als we vanuit rust werken, doen we het vanuit Gods kracht en niet op eigen kracht.

We weten dat God dit uitermate serieus neemt. In de Tien Geboden worden de *workaholics* op één lijn gesteld met overspelers, moordenaars, porno verslaafden, enzovoort. Want niet tot rust komen is een vorm van zelfmoord, in feite ben je je leven aan het strippen van elke vorm van menselijkheid. En het vernietigt het beeld waar we naar gemaakt zijn als mens.

Neem een moment stilte om mensen de gelegenheid te geven om het punt eruit te halen dat bij hen haakt.

Laat ieder zijn of haar punt delen: wat raakt je het meest? Help ze tijdens dit gesprek om voor zichzelf een gebed te formuleren dat ze elke keer opnieuw kunnen bidden de komende tijd en wat hen bij een *kairos*-moment kan brengen. Dat laatste is dan punt van bespreking in de volgende huddel.

Leg uit dat je in de volgende huddel een begin wilt maken met het ontwerpen van een ritme dat houdbaar is en hanteerbaar voor ieder afzonderlijk.

Afsluitend gebed: Efeziërs 3:14-21.

Voorbeeld voor een tweede huddel met de halve cirkel

Intro: informeel moment met eten en drinken.

Bespreking van de halve cirkel.

Praat over de noodzaak om een ritme te ontwikkelen waarbij je leven gebaseerd is op rust. Deel hoe dit jouw eigen leven veranderd heeft. Geef een paar persoonlijke voorbeelden en schets je eigen leven. Als we discipel willen zijn, is dat element niet onderhandelbaar, Jezus maakt dat glashelder. Dat betekent niet dat we ons er gelijk aan ophangen en alles in één keer moeten kunnen, maar je maakt wel een start.

Laat iedereen aangeven wat hem of haar vooral geraakt heeft tijdens de vorige huddel en laat ze vertellen over hun gebed van de afgelopen twee weken. Luister naar wat er aan de oppervlakte gekomen is. Doorloop de leercirkel met hen en kom uit bij een solide plan hoe ze een start kunnen maken met een gezond leefritme.

1. Dagelijkse rust betekent dat we op z'n minst tijd nemen voor bijbellezen en uitdrukkelijk gebed. Op deze manier verzamelen we energie en leven vanuit het verblijven in de Vader, en hier krijgen we onze 'marsorders' voor die dag en gaan we leven op zijn adem, niet op onze eigen kracht.

2. Wekelijkse rust betekent dat we een dag niet werken (in welke zin dan ook). De hele dag is een dag voor spelen en voor genot. Lees geen e-mail, zet je mobiele telefoon uit. Als je een mooie dag mag wensen, hoe zou die eruit zien? Zorg dat dit elke week gebeurt. Dit is een dag om mee te spelen.

3. Jaarlijkse rust houdt in dat je vakantie inplant voordat je andere plannen maakt. Vakantie wil zeggen dat het ons in staat stelt het uit de werkmodus te komen en uit te rusten, te zitten en tijd te hebben voor reflectie en om te genieten met de mensen waar we van houden.

Praat erover hoe je contact houdt met je mensen in de huddel om hen hierin te volgen en te helpen en hoe ze hier aanspreekbaar op zijn om deze doelen te bereiken. Maak ergens een begin met dit proces en laat ruimte om het later, als je verder bent gegroeid in dit ritme, dingen verder te ontwikkelen.

Sluit af met een bemoedigend woord waarin je aangeeft dat je in hen gelooft en in wat er voor hen in het verschiet ligt.

Afsluitend gebed: Efeziërs 3:14-21.

Voorbeeld voor nog een andere huddel over de halve cirkel

Deze opzet hebben we gebruikt na een een paar huddels waarbij de deelnemers aan het stoeien waren met hun nieuwe ritmes en er vervolgens meer in begonnen te komen. Het is goed denkbaar dat je deelnemers tegen bepaalde dingen aanlopen bij het vinden van hun eigen ritme. Overvraag ze daarom niet. Gebruik deze opzet om met hen bruikbare en op termijn houdbare ritmes te vinden. Als jouw huddel het op dat vlak prima doet, heb je deze opzet misschien niet echt nodig.

Intro: informeel moment met eten en drinken.

Aanspreekbaarheid: Hoe is het gegaan met je dagelijkse en wekelijkse ritmes zoals je die voorgenomen had? Laat iedereen eerlijk z'n verhaal doen.

Toelichting: Vanavond wil ik je een heel praktische manier laten zien om Bijbel te lezen. Als ik iemand zou tegenkomen die nog nooit een Bijbel ingekeken had, zou ik twee dingen doen: a. ik zou insteken bij het uiteenzetten van de lijnen van verbond en koninkrijk en b. ik zou de leercirkel erbij pakken.

"Laten we een paar minuten nemen om na te denken over een bijbelgedeelte dat voor jou een *kairos*-moment markeert!"

- **Observeren:** Welk onderdeel sprong er vanmorgen uit bij je bijbellezen? Wat was je worsteling? Wat kwam boven drijven in je gedachten? Dat is jouw *kairos*-moment, lees nog eens dat bepaalde vers voor jezelf.

- **Reflecteren:** Waarom? Waarom dit vers? Waarom spreekt dit meer voor jou dan andere verzen? (Eerlijkheid is op dit punt erg belangrijk.)

- **Bespreken:** Wat zegt dit gedeelte over mijn leven? Mijn relatie met God? Over mijn relatie met mijn man of vrouw? De manier waarop ik leef? Welke waarheid komt er naar mij toe? Wat moet ik gaan doen en wat moet ik juist niet meer doen? Welke bevestiging van God spreekt er uit voor mij? Gaat dit vers vooral over verbond of over koninkrijk? Wat zou een vader vanuit dit vers tegen mij zeggen? Specifieker: wat zegt God tegen mij?

- **Plannen:** Als je alleen kijkt naar vandaag en niet naar morgen, hoe zou je dan willen leven vanuit wat God hier tegen je zegt? Wat ben ik van plan hiermee te gaan doen in de komende vijftien wakkere uren?

- **Aanspreekbaar zijn:** Dit is uiteindelijk iets tussen jou en God. Jij vraagt God (gebed!) om jou aansprakelijk te houden om je plan voor vandaag uit te voeren. En je vraagt of zijn Geest jouw geest wil onderzoeken op het moment dat je afstapt va de voorgenomen route.

- **Doen:** Ga verder met je dag en doe zoals je tegen God gezegd hebt dat je gaat doen.

Laat één of twee mensen een bijbelgedeelte kiezen waar je vervolgens met hen de leercirkel mee doorloopt.

Omdat je een begin gemaakt hebt met het opbouwen van duurzame ritmes in je leven, is hier iets voor jou om dat verder te verbeteren:

Het plan: Elke dag (inclusief het weekend) dat je je momenten hebt van gebed en bijbellezing in de ochtend, wil ik graag dat je de volgende dingen noteert en inbrengt op de volgende huddel:

1. Schrijf het specifieke vers op dat voor jou je *kairos*-moment markeert.
2. Schrijf op wat God tegen jou zegt in een korte zin.
3. Schrijf je plan voor die dag op.

Laat iedereen mondeling akkoord gaan. Geef voorbeelden hoe jouzelf dit geholpen heeft (want je moet het eerst zelf doen voordat je het van een ander verlangt).

Afsluitend gebed: Efeziërs 3:14-21.

C. DE DRIEHOEK (ZIE HOOFDSTUK 7 UITGEBREIDER OVER DE DRIEHOEK)

Voorbeeld voor een eerste huddel over de driehoek

Intro: informeel gesprek met eten en drinken.

Bespreking: Laat iemand de leercirkel uittekenen op een *whiteboard* met hulp van de groep, en daarna ook de halve cirkel. Herinner je groep eraan dat het van belang is dat ze dit goed genoeg beheersen om het zelf weer aan anderen uit te kunnen leggen en met hen toe te passen.

Geef iedereen dertig seconden om te vertellen hoe het gegaan is met de persoonlijke plannen sinds de vorige huddel.

Bespreek de driehoek:

Als we willen worden zoals Jezus, is het belangrijk dat we de fijne kneepjes van zijn leven begrijpen. En als we ons hierin verdiepen en van hem leren, zien we duidelijk drie dimensies oplichten waar zijn leven om draaide. Je kunt stellen dat hij drie grote liefdes had waar hij continu aandacht aan gaf. Wat hieruit voortvloeit zijn ongelofelijk diepe relaties:

1. BOVEN (gericht op God, zijn Papa, zijn Vader).

2. BINNEN (gericht op zijn discipelen, het lichaam, de kerk).

3. BUITEN (gericht naar de wereld); we zien dat Jezus' hart op twee punten breekt voor de wereld: bij mensen die God niet kennen, die geen relatie met hem hebben, en bij mensen die onrecht ervaren en beroofd worden van hun menselijkheid in hun gevecht tegen onrechtvaardige systemen.

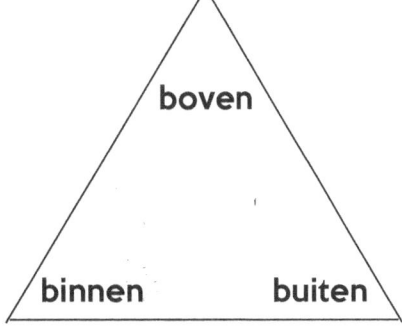

De tent -metafoor: je hebt alle drie de tentstokken nodig om een tent overeind te houden, ze houden elkaar in evenwicht. Als je één stok er tussenuit trekt, begint de tent in te zakken, en wanneer je twee stokken verwijdert stort de tent volledig in. Wij zijn geroepen om dezelfde drie grote liefdes te hebben als Jezus had. Dat houdt in dat we onze aandacht zullen moeten richten op elk van de drie dimensies: BOVEN/BINNEN/BUITEN.

Kerken weerspiegelen dit evenzeer. De meeste zijn vooral in één aspect goed, slechts een minderheid is goed in twee, en je ziet zelden een kerk die in alle drie goed is. Waarom niet? Dat is heel simpel. Kerken weerspiegelen hun leiders. Een leider zei het ooit eens op deze manier: ik zal iemand pas meer leiderschap toevertrouwen als ik er aan toe ben om nog tien van hem of haar te zien rondlopen.

Stelling: We kopiëren wie we zijn.

Kerken gaan na verloop van tijd op hun leiders lijken, hetzelfde geldt voor aanbiddingsteams die na enige tijd op hun aanbiddingsleider gaan lijken. En zo gaat het ook met huisgroepen, die na verloop van tijd gaan lijken op hun huisgroepleider. Daarom hebben we de gedachte van de drie grote liefdes, de dimensies van BOVEN/BINNEN/BUITEN te omarmen, als we willen dat de mensen die we leiden gezonde en levendige discipelen zijn, net als wijzelf!

Laten we daarom nu een moment nemen voor reflectie op dit punt.

Gebed: Psalm 139:23-24.

We zijn een paar minuten stil. En laten we dat gebruiken om ook na te denken over de drie dimensies BOVEN/BINNEN/BUITEN: waar zijn we minder goed in en waarin sterker?

Deel dit vervolgens met elkaar.

Pak nu je huddelgids of de appendix van dit boek, waar een lijst staat met vragen voor elke dimensie. Doe dit met je zwakke punt in je achterhoofd en ga naar de karaktervragen en neem de dimensie waar je het zwakste in bent (boven, binnen of buiten). Neem een paar minuten om dit door te lezen.

Gebed: Lees opnieuw Psalm 139:23-24.

Ik zou graag willen dat je die vraag neemt, die je het minst graag beantwoordt.

Laat iedereen zijn of haar vraag voorlezen. Daarna neem je tijd om één voor één te vertellen waarom je die vraag het minst graag beantwoordt. En benoem daarna het kairos-moment van deze vraag. Doorloop de leercirkel met hen en kom tot een plan waarbij je ook de twee fundamentele vragen beantwoordt: wat zegt God hier tegen mij en wat ga ik hiermee doen?

Afsluitend gebed: Efeziërs 3:14-21.

Voorbeelden voor volgende huddels met de driehoek

Laten alle deelnemers de dimensie benoemen waarin hun sterke kant ligt. Iedereen kijkt vervolgens naar de lijst met huddelvragen: de vaardigheden (zie de Appendix). Bij welke vraag zou je bij het leiden van een groep het meest in je comfort-zone zitten? Waarom? Diep het *kairos*-moment uit. Gebruik dit moment ook als opstap om over de toekomst te praten. Maak met elkaar een plan waarbij je het *kairos*-moment gebruikt om met elkaar te dromen over hoe leiderschap er voor hun uit zou kunnen zien.

Vraag aan de deelnemers om in de agenda voor de komende veertien dagen te kijken naar hun planning. Zien ze een balans tussen BOVEN/BINNEN/BUITEN? Wat zou er doorgestreept moeten worden? Hoe ga je zorgen dat je een continue balans inbouwt?

Laat elke deelnemer beslissen in welke dimensie hij of zij het beste is: boven, binnen of buiten. Kijk vervolgens naar de karaktervragen en laat elke persoon aangeven bij welke vraag voor hem of haar het grootste plezier zit omdat hij/zij er goed in is. Laat ieder daar meer over vertellen. Diep het *kairos*-moment uit om hen te bevestigen en maak een plan om die bevestiging vervolg te geven.

Neem voorafgaand aan een huddel tijd om te bidden en God te vragen een bepaalde karaktervraag te laten bovenkomen in je gedachten om met de groep te bespreken. Zie de Appendix voor deze vragen. Wat zegt dit over de groep? Wat over specifieke deelnemers? Wat zegt het over hetgeen bevestiging of uitdaging behoeft? Probeer te komen tot een gezamenlijk kairos-moment om te ontdekken wat God tegen de groep als geheel wil zeggen. Maak een plan voor de hele groep en houd elkaar aansprakelijk op dat plan.

APPENDIX 1
VRAGENLIJST VANUIT DE DRIEHOEK

BOVEN - BINNEN - BUITEN

VRAGENLIJST BOVEN

Karaktervragen boven:

> Maak ik genoeg ruimte voor stilte, gebed, bijbel?
>
> Groei ik in verbondenheid met Jezus?
>
> Wat leeft er in me waar ik graag ondersteuning en gebed voor zou willen?
>
> Ervaar ik in mijn leven de kracht van de Heilige Geest?
>
> Merk ik in mijn leven iets van persoonlijke vernieuwing?
>
> Ervaar ik blijdschap in mijn geloofsleven?
>
> Ervaar ik rust en vrede met God en leef ik daaruit?
>
> Heb ik last van angst of onzekerheid?
>
> Ben ik bereid te reageren op wat God mij duidelijk maakt?

Vaardigheidsvragen boven:

> Krijgt God ruimte en aanbidding in de manier waarop ik met anderen bezig ben in de gemeenschap?
>
> Lukt het mij goed om de weg van God te vinden voor de volgende stap die we moeten zetten?
>
> Hoe makkelijk spreek ik voor een groep?
>
> Als ik iets voorbereid vanuit het evangelie, kan ik dat dan op een effectieve manier uitleggen?
>
> Wordt de visie die bij mij groeit of die ik uitdraag gedeeld en opgepakt?
>
> Groei ik in het verstaan van de leiding van de Heilige Geest en neem ik anderen daarin mee?

VRAGENLIJST BINNEN

Karaktervragen binnen:

    Houd ik van de mensen die betrokken zijn bij de gemeenschap?

    Is tijd voor mij een zegen of een last?

    Neem ik genoeg rust?

    Hoe gaat het in relaties met vrienden?

    Hoe persoonlijk en diep kunnen relaties die ik heb zijn?

    Houd ik mij aan m'n beloften?

    Hoe gemakkelijk is het voor mij om mensen te vertrouwen?

    Help ik anderen om te leven naar het voorbeeld van Jezus?

    Is mijn gezin gelukkig?

    Eet en slaap ik goed?

    Stel ik me kwetsbaar op naar anderen?

Vaardigheidsvragen binnen:

    Hebben we binnen onze groep het gevoel dat we gezien zijn en draag ik daaraan bij?

    Kan ik effectief en op een volwassen manier een probleem oplossen?

    Durf ik voldoende mensen te confronteren?

    Weet ik goed van mijzelf waar mijn grenzen liggen en weten we dat voldoende van elkaar?

    Hoe worden mijn zwakke punten als leider gecompenseerd door anderen om mij heen?

Hoe ga ik om met mensen die zich te afhankelijk opstellen?

Hoe ga ik om met mensen in de groep die een controlerende rol hebben?

Heb ik problemen in mijn relatie met andere leiders?

VRAGENLIJST BUITEN

Karaktervragen buiten:

Ervaar ik bewogenheid met mensen die op zoek zijn naar God of die het moeilijk hebben?

Hoe vaak deel ik iets van mijn geloof met anderen?

Maak ik tijd om relaties op te bouwen met mensen die niet geloven of op zoek zijn?

Lukt het me om vol te houden, ook als het moeilijk is?

Heb ik een visie?

Wat mag het me kosten om meer mensen te bereiken?

Ben ik trots op het evangelie of schaam ik me ervoor?

Stel ik me dienend op?

Vind ik het gemakkelijk om mensen te herkennen als een persoon van vrede?

Durf ik risico's te nemen?

Vaardigheidsvragen buiten:

Is er groei bij mezelf en bij ons als groep in visie en zijn we gericht op verbondenheid met de samenleving om ons heen?

Passen we het principe van 'weinig controle - sterke aanspreekbaarheid' toe en hoe breng ik dat zelf in praktijk?

Hoe uitnodigend ben ik zelf en is onze groep naar nieuwe mensen?

Kan ik iemand noemen die voor mij een 'persoon van vrede' is?

Worden mijn talenten en kwaliteiten en die van anderen in de groep voldoende benut?

Lukt het me om mensen te helpen om discipel van Jezus te zijn en ook om leiding te nemen?

Zijn we als groep effectief in relaties leggen met mensen buiten de eigen groep?

Hebben we een bepaalde groep mensen op het oog waar we nu nog niet echt verbonden mee zijn?

APPENDIX 2
GAVENTEST VIJFVOUDIGE BEDIENING

Lees deze stellingen door en kies zo eerlijk mogelijk of ze vaak, soms of zelden bij jou passen. Sta niet te lang stil bij elke uitspraak, bedenk dat je eerste gedachte vaak het meest accuraat is.

		vaak	soms	zelden
1	Ik kan goed luisteren en laten binnenkomen wat mensen zeggen			
2	Mensen zeggen dat ik goed ben in het uiteenzetten van informatie en ideeën			
3	Als ik ergens enthousiast over ben, neem ik anderen daarin mee			
4	Ik kan mensen goed inschatten op een eerste indruk en weet intuïtief of ze met mij op één lijn zitten			
5	Je kunt op me rekenen als het gaat om het inbrengen van nieuwe ideeën			
6	Ik zie meer waarde in het opbouwen van iets waardevols dat bruikbaar is dan altijd maar bezig zijn met het bevechten van meer eigen ruimte			
7	Als mensen iets moeilijk te begrijpen vinden probeer ik het meestal op verschillende manieren te verduidelijken			
8	Mensen met verschillende achtergronden geven aan dat ze zich prettig voelen in mijn buurt en dat ik een positief effect heb op hen omdat ik openstaat voor nieuwe inzichten			
9	Mensen geven aan dat ik bijzonder creatief ben			
10	Mensen beschrijven mij als een ondernemend iemand			
11	Als ik mensen de waarheid zeg (zelfs als dat moeilijk is) zie ik verandering optreden in hun kennis, houding en gedrag			
12	Ik houd ervan informatie te delen met anderen			
13	Ik houd ervan verhalen te vertellen, vooral mijn eigen verhalen.			
14	Ik heb onlangs nog toevallig iets gehoord over iemand			
15	Ik zal de eerste zijn om iets nieuws uit te proberen wanneer dat anderen aanmoedigt hetzelfde te doen			

		vaak	soms	zelden
16	Ik creëer graag een veilige plek voor mensen zodat ze opbloeien en zich ontwikkelen			
17	Mensen geven aan dat ik hen op een zinvolle manier geholpen heb bij het leren van belangrijke dingen			
18	Ik houd er van om te delen wat ik geloof			
19	Soms weet ik puur intuïtief dingen die anderen schijnbaar niet opmerken			
20	Ik kan doelen uiteenzetten, strategieën ontwikkelen en een visie neerzetten om taken te volbrengen			
21	Ik herinner me gewoonlijk namen of op z'n minst weet ik waar ik iemand eerder ontmoette			
22	In het algemeen geef ik de voorkeur aan harde feiten boven theorieën			
23	Ik heb met veel plezier een tijdlang deel uitgemaakt van een groep mensen waarbij we deelden in elkaars successen en falen			
24	Ik raak soms gefrustreerd of zelfs gedeprimeerd door het gebrek aan geloof of inzicht van anderen om mij heen			
25	Ik houd van veranderingen, zelfs als dat anderen uit balans brengt			
26	Ik ben sterk betrokken bij, en soms zelfs van slag, door wat anderen meemaken, ook als ik het zelf niet meegemaakt heb			
27	Ik deel meestal mijn kennis met anderen			
28	Ik denk dat ik een goede verkoper zou zijn van een product waar ik echt in geloof			
29	Ik heb een gevoelig onderscheidingsvermogen om de betekenis achter dingen te doorzien			
30	Ik houd van uitdagingen die me moeite kosten en verandering van mij vergen			
31	Ik ben snel met hulp bieden als iemand hulp nodig heeft en ik doe vaak dingen die ik zelf opmerk zonder dat het me gevraagd wordt			

		vaak	soms	zelden
32	Ik laat mensen graag zien hoe je dingen doet waarin ik zelf goed ben om die te doen			
33	Ik meng gemakkelijk met een heel verschillende typen mensen zonder de neiging te hebben één van hen te willen worden			
34	Soms voel ik me geroepen de waarheid te zeggen ook al levert dat voor anderen een onprettig gevoel op			
35	Ik geniet ervan om met nieuwe en originele ideeën te komen, waarbij ik groot droom en nadenk over visies voor de toekomst			
36	Ik houd ervan om een veilige en prettige omgeving te creëren voor mensen waar ze zich welkom voelen en het gevoel krijgen dat ze erbij horen, er naar hen geluisterd wordt en er voor hen gezorgd wordt			
37	Ik deel graag verhalen en ervaringen			
38	Mensen zeggen dat ik gepassioneerd ben over de dingen waar ik in geloof en die ik naar voren breng			
39	Ik houd van mediteren en diep nadenken over geestelijke dingen			
40	Ik heb altijd graag een organisatie willen opbouwen vanaf de grond zodat ik mijn specifieke visie er in kan leggen			
41	Ik ben iemand die betrouwbaar is in het geven van steun en zorg aan anderen voor een lange periode, zelfs als anderen daarmee gestopt zijn			
42	Het levert mij grote tevredenheid op als ik een taak tot in detail verwezenlijk			
43	Ik zoek kansen om relaties aan te gaan met mensen die erg verschillend van mij zijn			
44	Ik druk mijn geestelijke gevoelens uit in plaatjes of in vergelijkingen			
45	Anderen hebben gesuggereerd dat ik iemand ben met een uitzonderlijke visie			
46	Ik zie dat mensen me vertrouwen en regelmatig naar me toe komen voor een gesprek, advies of hulp			

		vaak	soms	zelden
47	Ik maak aantekeningen als iemand spreekt en luister ik nauwgezet naar wat gezegd wordt			
48	Ik vind het niet erg om risico's te nemen als ik iets belangrijk vind			
49	Ik heb dromen gehad die meer betekenis hadden dan normale dromen			
50	Ik help organisaties, groepen en leiders graag met nog efficiënter te worden en vaak zie ik mezelf nadenken over hoe dingen functioneren			
51	Ik heb een sterke afkeer van roddel en als het mij ter ore komt roep ik het een halt toe			
52	Vrienden vragen me regelmatig voor hulp bij het verhelderen van een situatie of onderwerp			
53	Als ik een film of een restaurant goed vind, zal iedereen het van me horen			
54	Soms heb ik de drang mijn gedachten te delen met anderen en wat ik terugkrijg is dat dit voor mensen waardevol en relevant was in hun situatie			
55	Mensen zeggen dat wat ik zeg hen vaak stimuleert om iets nieuws uit te proberen			
56	Mensen zeggen soms tegen me dat ik te zorgzaam ben voor anderen			
57	Ik vind het leuk om aan te komen met de beste en meest efficiënte manier om een taak uit te voeren			
58	Ik hoor mezelf regelmatig praten over de dingen waar ik enthousiast over ben tegenover mensen die ik ontmoet			
59	Sociale gerechtigheid voor armen en mensen in de marge betekent veel voor me			
60	Ondanks het feit dat ik niet dol ben op pietluttige details wat betreft leiderschap, ben ik vaak uiteindelijk wel degene die de leiding heeft			
61	Ik denk eerst na voordat ik iets zeg			

		vaak	soms	zelden
62	Ik creëer graag een veilige omgeving waarin mensen kunnen leren en rijpen			
63	Ik schrik niet terug voor controversiële onderwerpen als die belangrijk zijn voor mij			
64	Ik heb vaak een sterke overtuiging over wat ik moet zeggen tegen mensen in een specifieke situatie			
65	Als ik in een groep zit, ben ik vaak degene die aangekeken wordt voor visie en het geven van richting			
66	Ik ben bereid om mensen uit te dagen of te confronteren als middel om hen te helpen rijpen			
67	Ik geniet ervan om informatie, ideeën of metaforen uit te diepen om een bepaald concept uit te leggen			
68	Soms ga ik in mijn enthousiasme te ver in het overbrengen van mijn gezichtspunten op anderen			
69	Mijn inspiratie verrast me vaak door z'n helderheid en onverwachte eenduidigheid			
70	Ik heb een heldere visie en anderen hebben aangegeven dat ze er vertrouwen in hebben om daarin mee te gaan			
71	Ik vind het soms moeilijk om grenzen te stellen richting mensen die hulp nodig hebben			
72	Ik probeer gewoonlijk verschillende manieren te bedenken om de waarheid naar buiten te brengen			
73	Ik vind het interessant om in het buitenland te leven en te werken of in ieder geval met mensen te werken uit een andere cultuur			
74	Ik vind het gewoonlijk prettig om een langere tijd alleen te zijn om te kunnen nadenken en te reflecteren			
75	Ik raak gefrustreerd wanneer ik geen nieuwe dingen ervaar in m'n leven			
76	Ik heb hart voor mensen die beschadigd of gebroken zijn en ben in staat hen te helpen door de pijn heen op weg naar herstel			

		vaak	soms	zelden
77	Mensen hebben aangegeven dat ik tijdloze woorden of beelden heb gebruikt die duidelijk niet puur van mezelf afkomstig waren			
78	Ik houd ervan nieuwe mensen te ontmoeten en hun verhalen te leren kennen			
79	Soms ben ik in staat om specifieke dingen te onthullen die op dat moment aan de orde zijn of die betekenis kregen op een later moment			
80	Als ik aan het lezen ben is het makkelijker voor mij het grotere plaatje te ontdekken dan de precieze details			

SCORE TABEL (Z.O.Z.)

- Op de volgende pagina vind je de score tabel. Verwerk daarin elk van de bovenstaande 80 nummers voor zover je 'vaak' of 'soms' hebt aangevinkt. De vragen die je met 'zelden' hebt beantwoord tellen niet mee in de eindscore.

- NB: sommige vragen komen meer dan eens terug in onderstaande tabel en daarbij staan de nummers niet altijd in de juiste volgorde!

- Na het invullen tel je het aantal keren dat je 'vaak' hebt ingevuld op en verdubbel je die score, daarna voeg je het aantal keren toe dat je 'soms' ingevuld hebt.

SCORE TABEL

	Vaak	Soms	Zelden		Vaak	Soms	Zelden		Vaak	Soms	Zelden		Vaak	Soms	Zelden		Vaak	Soms	Zelden
1				2				3				4				5			
6				6				8				9				10			
8				7				13				14				15			
11				11				18				19				20			
16				12				21				24				25			
21				17				23				29				30			
23				22				28				34				35			
26				27				33				39				40			
31				32				38				44				45			
36				37				43				49				50			
41				42				48				54				55			
46				47				53				59				60			
51				52				58				63				64			
56				57				63				64				65			
61				61				68				69				70			
66				62				72				74				73			
71				67				73				77				75			
76				72				78				79				80			
Totaal aantal items met 'vaak'				Totaal aantal items met 'vaak'				Totaal aantal items met 'vaak'				Totaal aantal items met 'vaak'				Totaal aantal items met 'vaak'			
Verdubbel score				Verdubbel score				Verdubbel score				Verdubbel score				Verdubbel score			
Totaal aantal items met 'soms'				Totaal aantal items met 'soms'				Totaal aantal items met 'soms'				Totaal aantal items met 'soms'				Totaal aantal items met 'soms'			
Eindtotaal				Eindtotaal				Eindtotaal				Eindtotaal				Eindtotaal			
PASTOR				**LERAAR**				**EVANGELIST**				**PROFEET**				**APOSTEL**			

VERTALING VAN KERNWOORDEN

Huddel	**Huddle**	Term afkomstig uit de sport waarbij spelers in een kring bij elkaar gebogen staan voor een wedstrijd bijvoorbeeld. Feitelijk onvertaalbaar en daarom als huddel letterlijk overgenomen en de spelling aangepast aan het Nederlands. Het is een combinatie van coaching, inter- en supervisie en is een kring die door één persoon geïnitieerd wordt voor een periode.
Leervorm	**LifeShape**	Belangrijke term uit dit boek dat slaat op de driehoek, cirkel, enz. Leervorm geeft het beste weer waar dit om gaat. Het is een bouwsteen die processen in beeld brengt en praktisch toepasbaar maakt.
Missiegemeenschap	**Missional community**	Een middelgrote groep, cluster, netwerkgemeenschap, missiegroep.
Persoon van vrede	**Person of Peace**	Uitdrukking ontleend aan Lucas 10:5-6. Iemand waar God al mee bezig is om in verbinding te brengen met het evangelie.

www.ingramcontent.com/pod-product-compliance
Lightning Source LLC
Chambersburg PA
CBHW070611170426
43200CB00012B/2660